KB271172

내가 사는
캐나다 트렌튼에서는

글 김병년 · 그림 김현정

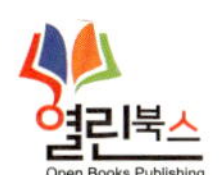

열린북스
Open Books Publishing

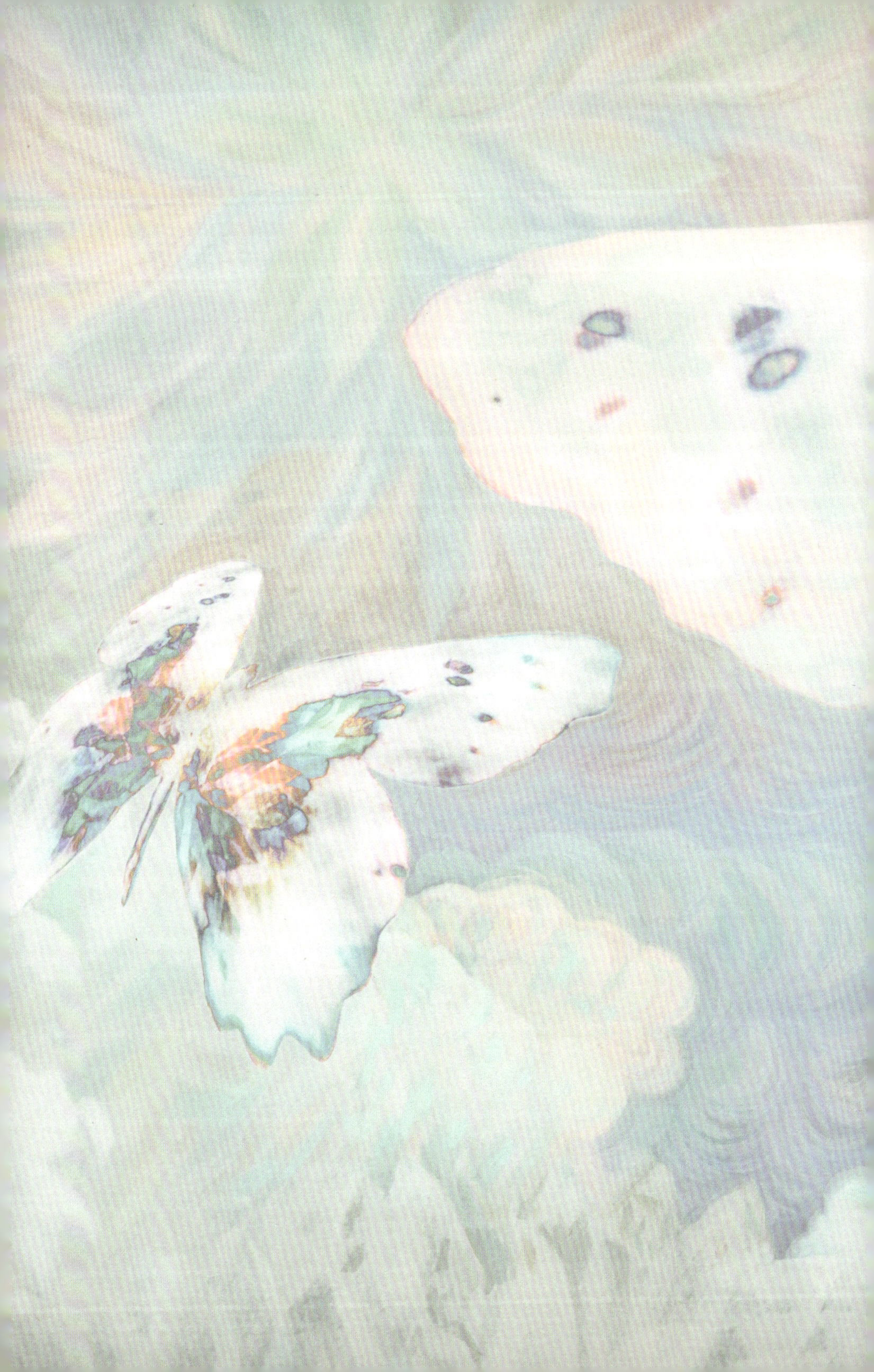

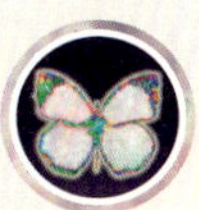

차례

Prologue 1

IMF 여파로 재직하던 회사가 문을 닫고 황급한 마음에 캐나다 이민을 신청하여 2000년 10월에 제 아내와 중학생과 고등학생인 두 아들을 데리고 이곳 캐나다에 왔습니다.

그 뒤 낯설고 말설은 이억만리 타향땅에서 어떻게든 뿌리를 내려보고자 정신없이 일을 하며 세월을 보냈는데 어느 날 문득 돌아보니 20여 년이라는 세월이 속절없이 지나갔음을 깨닫게 되었습니다.
이러자고 이민을 왔는가 생각하니 좀 서글프기도 하고 안타까운 마음에 스스로 제 마음을 다독거려 보고자 대학에서 이공계를 전공하여 평생 별로 써 본적도 없는 글을 쓰며 지난 몇 년의 시간을 보냈습니다.

글 내용의 대부분은 캐나다의 자연환경과 일상을 이야기하고자 했습니다만고달픈 이민 생활을 하며 너무도 달라진 생활환경과 위축된 자존감에 이민오기 전 한창 왕성하게 활동하던 시절을 아쉬워하는 마음으로 돌이켜보며 쓴그때 그 시절의 회고담과 평생 저 하나만을 바라보며 숱한 고생을 마다않고함께 해 온 아내에 대한 제 소회의 글도 있습니다.

그리고 대학 시절 영화 '애수'의 로버트 테일러를 상상하며 군의 초급간부인장교로 지내보고자 ROTC를 했던 것이 나이 든 지금에는 3,484명의 ROTC동기 중에 거의 천 명 가까운 동기들과 그리고 대학 동기와 고등학교 동기들과 카톡으로 소통들을 하며 제가 쓴 글을 동기들에게 선을 보이고 하면서 제가 글을 쓸 수 있는 동기를 부여받곤 하였는데 이 자리를 빌어 그동안 저의 글을 읽으며 성원해 주신 ROTC 15기와 고려대 화학과 73학번 그리고 휘문 고등학교 65회 동기분들에게 감사하다는 말씀을 전합니다.

그렇게 몇 년이 흐르다 보니 졸필이지만 거의 책 한 권의 분량이 되어 나이 칠순을 기념하는 의미로 제가 찍은 글 주제의 사진들과 제 여동생 김현정 (Navikim)의 작품과 함께 세상에 내놓게 되었습니다.

여러 가지로 부족하고 미흡한 글이지만 따뜻한 마음으로 세상을 보며 아름다운 세상의 모습을 담고자 하였는데 읽으시며 공감들을 해주신다면 저에겐 크나큰 기쁨이고 영광이겠습니다.

지난 몇 년 동안 저의 글이 따뜻해서 좋다고 성원해 주시며 꾸준히 신문에 게재하여 주시고 책 출간 권유와 최종 편집까지 도와주신 토론토 중앙일보의 미쉘 양 대표님에게 깊은 감사의 말씀을 드립니다.

이런저런 인연으로 제 책의 첫 페이지를 열어주심에 진심으로 감사드리오며 여러분들 모두의 가정에 내내 건강과 행복이 충만하시기를 기원합니다.

캐나다 트렌튼에서
김병년 올림

24년 전에 캐나다로 이민 간 오빠를 몇 년 전 방문한 적이 있습니다.

이민 전에는 직장생활로 바쁘게 지내며 TV와 각종 매스컴에도 가끔 뉴스로 등장해서 어릴 적 저에게는 큰 산처럼 느껴졌던 오빠였습니다.

캐나다에서 만난 오빠는 일과 후, 한적한 마을의 근처 호숫가에 나가 자전거를 타기도 하고 틈틈이 글도 쓰면서 토론토 중앙일보에도 오빠의 글이 게재되고 있었습니다.

IMF 이후 여러 어려움을 겪고 이민살이의 애로도 적지 않았을 텐데 이전에 빠르게 달려가던 삶을 내려놓고, 자연과 일상의 소중함에 감사하며 안빈낙도 하는 삶을 살고 있는 듯한 모습이 참 보기에 좋았습니다.

저는 병환 중에 운신하시기 어려운 부모님을 10여 년간 모시고 살면서 간절한 마음으로 생명의 빛을 찾듯이 빛의 나비를 그려왔는데, 이번에 오빠가 직접 촬영해 책 표지로 선정한 사진을 보고 놀라웠습니다.

그 사진은 어둠을 밝히는 작은 불빛들에 포커스를 둔 동네 야경이었는데, 저의 그림에서 한 줄기 빛에 대한 희망을 나비로 표현한 것과도 상통하는 것 같았습니다. 멀리 떨어져 살아왔음에도 우리가 각자의 삶을 통해 깨달은 바는 같구나 싶었습니다.

어려웠던 시간도 지나고 보면 감사한 축복이라는 고백을 나누게 됩니다. 지
난 세월 힘들었던 각자의 삶 가운데, 한 줄기 희망의 빛을 찾으며 세상을 아
름답게 바라보고자 했던 이 글과 그림들이 삶에 지친 분들에게 작은 위로가
되기를 바래봅니다.

김현정(Navikim) 올림

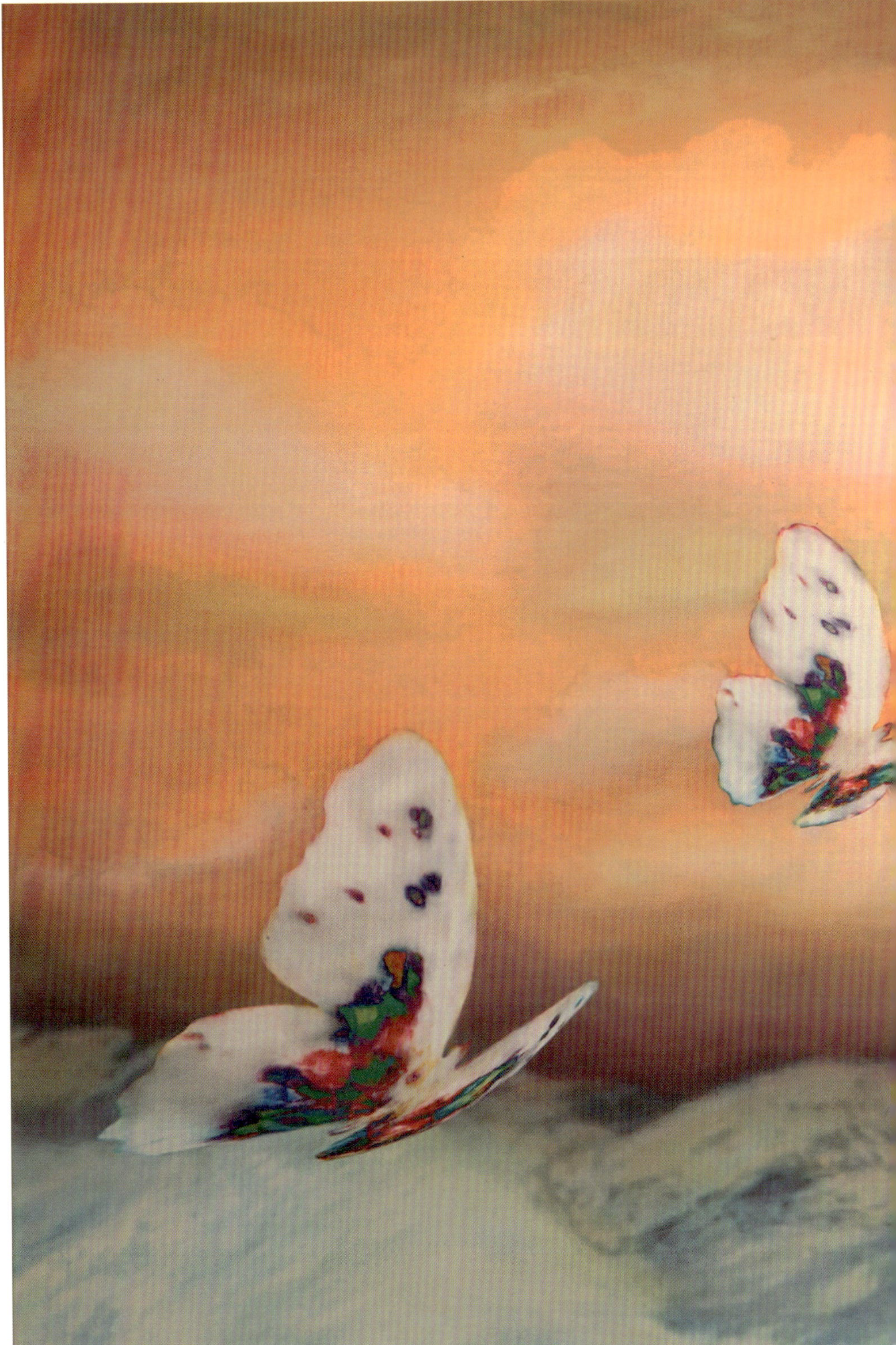

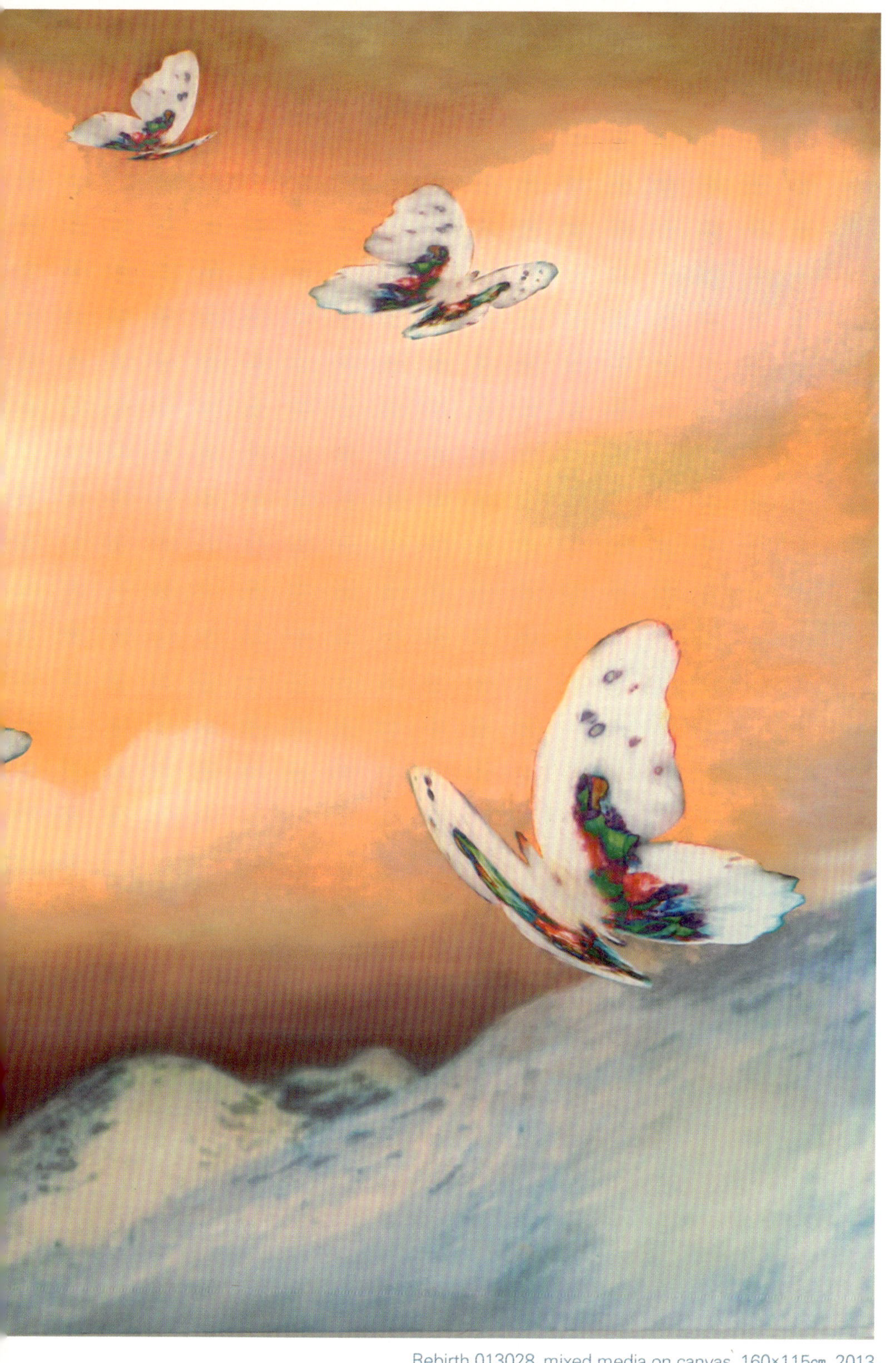

Rebirth 013028_mixed media on canvas_160×115cm_2013

추천사

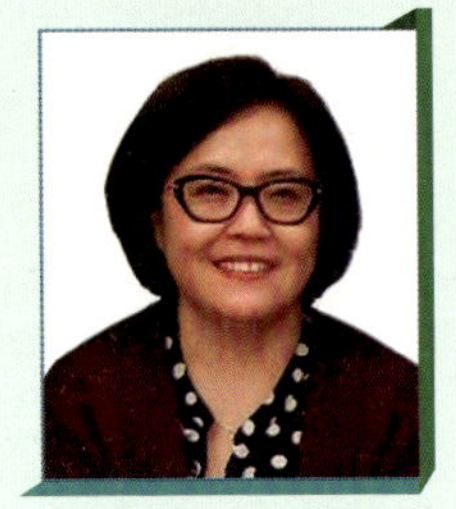

김병년 선생님의 책 출간을 축하드립니다.
그러고 보니 김 선생님이 저희 토론토 중앙일보의 '글사랑 마을'과 인연을 맺어 글을 올리신 지가 벌써 3년이 넘었네요.

그 3년여 동안 꾸준히 올려 주신 김선생님의 진솔한 글들은 독자들로부터 많은 사랑과 관심을 받아 왔습니다.

이로 인해 토론토의 글을 쓰시는 다른 동포들도 '글사랑 마을'에 대한 관심이 높아졌고 또 여러 동포분들이 글을 보내오기 시작하면서 '글사랑 마을'란이 풍성해지고 가장 인기 있는 섹션이 되기도 하였습니다.

김 선생님을 비롯한 글을 올려주시는 동포분들의 저희 '글사랑 마을'에 대한 사랑에 감사의 마음을 전합니다.

김 선생님께서 그동안 토론토 중앙일보에 실렸던 글들을 모아 책으로 묶어 '내가 사는 캐나다 트렌튼에서는'이라는 제목으로 출판하신다고 하니 그동안 김선생님의 글을 보아온 저로서도 기쁜 마음입니다.

김 선생님의 글은 캐나다 이민 생활의 일상을 진솔하고 담담하게 풀어가며 고단한 이민의 삶 가운데 지친 동포들이 공감할 수 있는 짧은 글이지만 긴 감동을 주는 글입니다.

이 글들을 통해 독자들에게 따뜻한 감동과 이민자의 고달픔을 달래주기에 충분하였습니다.

저 또한 이민자의 삶을 살아가는 한 사람으로 인생의 선배이고, 이민의 동기로서 많은 감동을 받았었습니다. 삶의 호흡이 가빠짐을 느낄 때, 호흡 고르기가 필요한 분들께 일독을 권합니다.

이번 출판을 계기로 계속해서 2권, 3권의 '내가 사는 캐나다 트렌튼에서는'이 출간되기를 희망해 봅니다.
다시 한번 축하와 감사의 말씀을 드리며 많은 독자들로부터 큰 호응과 사랑을 받으리라 기대해 봅니다.

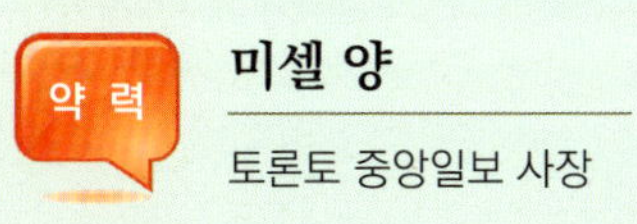

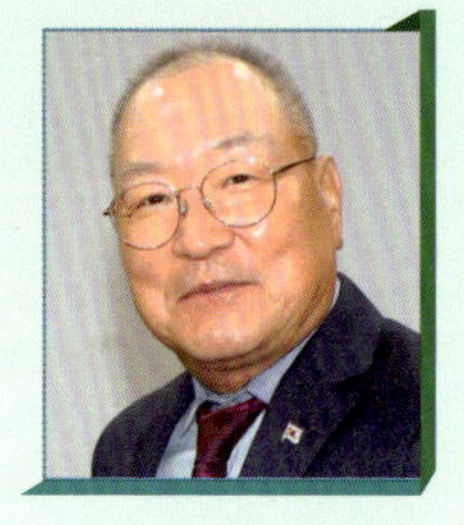

저와 필자는 ROTC 15기 동기이기도 하지만 휘문고등학교의 65회 동기 동창이기도 합니다.

군의 간성인 초급장교로 군복무들을 마치고 필자는 효성그룹에서 저는 삼성그룹에서 사회생활을 시작한 이후로 자기 사업들도 하면서 누구나 그렇지만 일을 하느라 반세기 가까운 중장년의 세월을 정신없이 보내고 나이들이 들어 고등학교와 ROTC 동기 방에서 다시 만나 감회깊은 마음으로 다시 교유를 해왔습니다.

동기 방에서 교유를 하면서 보니 필자는 동기 방의 주필 역할을 하며 동기들을 성원하고 동기 방의 분위기를 활성화시키는 역할을 하는데 이공대를 나온 사람답지 않게 따뜻한 정서와 감성으로 써 올리는 글들이 예사롭지 않았습니다.
아니나 다를까 어느날 그동안에 써왔던 글들을 정리하여 책을 낸다고 추천사를 부탁한다고 연락이 왔습니다.

보통 사람 대개의 경우에 인생의 후반기에 자신의 인생 회고담이나 시, 수필집 등의 책 한 권 내는 것이 꿈으로 생각들은 하지만 정작 실현하기가 쉬운 일이 아닌데 이를 해내는 필자가 대단하다는 생각입니다.

캐나다에서 20여 년의 이민 생활을 하면서 보고 느낀 캐나다의 자연과 일상 등을 본인이 직접 찍은 사진과 함께 필자의 시각으로 소회를 글로 표현해 놓은 것이 독자들로 하여금 마치 캐나다에 살면서 직접 체험하는 듯한 실감을 느끼게 합니다.
글들이 지루하게 길지도 않으면서 감동을 주기도 하고 윗트있는 표현들과 함께 재미까지 느끼게 하여 감히 일독을 권유해 봅니다.

늦은 나이에 책 출간을 하는 제 고등학교와 ROTC 동기인 필자에게 축하의 말을 전하며 많은 독자들로부터 큰 호응을 받기를 기원하면서 부족한 저의 추천사를 대신하고자 합니다.

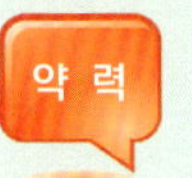

이충희

ROTC 중앙회 명예회장
백운 백합 장학재단 이사장
백운 문화재단 이사장
휘문고 65회 동기
ROTC 15기 동기

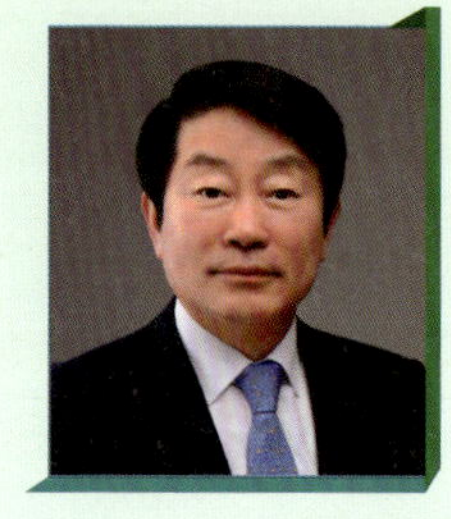

하느님은 모든 인간에게 각기 다른 하나의 재능을 주시는 것 같습니다.
그중에서도 김병년 동기는 많은 사람들이 다른 시공간에서 내는 저마다 다른 수많은 의견들조차 모두 하나가 되도록 하는 특별한 재능을 갖고 있는 것 같습니다.

'소통과 화합' 이것은 대한민국 ROTC 15기 총동기회의 금년도 슬로건이기도 하지만 현재 지구촌에서 일어나는 여러 가지 심각한 사안들을 안고 있는 지구인들 모두에게도 필요한 절실한 것이기도 하다는 생각입니다.

대한민국 ROTC 15기 총동기회는 전 세계에 살고있는 동기 3,484명이 세상의 모든 일을 SNS로 시시각각 소통을 하고 있는 대한민국 ROTC 장교 출신 동기들의 모임입니다.
김병년 동기는 ROTC 15기 총동기회 집행부의 해외특보를 맡고 있으면서 전 세계 동기들이 매일 쏟아내고 있는 수많은 말과 복잡다단한 내용을 탁월하고 위트있는 언어를 동원하여 전체 동기들이 공감하고 호응하도록 리드하며 동기들의 소통과 화합에 큰 역할을 하고 있습니다.

김병년 동기가 그 많은 동기들을 소통하고 화합하도록 하는 특별한 재능은 20여 년간의 해외이민 생활 경험으로 어려운 역경을 극복하기 위한 처절한 고뇌와 노력 그리고 인내를 통하여 얻어진 것 같습니다.

한국에서 왕성하게 활동하던 한 집안의 가장이 이런저런 사연으로 부모님을 두고 해외이민자가 되어 고달픈 삶을 살면서도 한국에 살고 있는 여동생과 함께 보여주는 끈끈한 가족애는 곁에서 보는 우리가 감동하기에 충분하다고 하겠습니다.

이러한 고뇌와 노력의 결과로 얻어진 소중한 경험의 글들이 책으로 발간되어 독자들을 찾아간다니 무척 반갑고 기쁜 일이라는 생각입니다.

김병년 동기의 책 발간을 축하드리며 많은 독자들로부터의 관심과 사랑을 받으리라 확신한다는 말씀으로 이 추천사를 마칩니다.

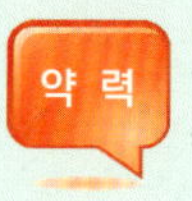

유철욱

(주) 쥬디스 인터내셔날 대표이사
한국의료기기산업협회 회장
학교법인 건국대학교 감사
ROTC 15기 총동기회 제 25대 회장

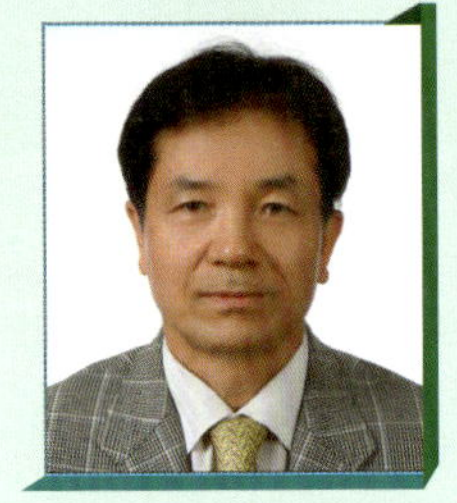

참 편안한 마음으로 부담 없이 읽었습니다.

대부분의 책들은 페이지마다 가득한 활자에 알게 모르게 저자의 의도 이해를 위한 이런저런 생각을 해야 하는 부담이 따랐었는데 길지 않은 글에 따뜻하고 정겨운 언어들로서 글 주제와 관련된 산뜻한 느낌의 사진들과 함께 읽으니 마치 무슨 동화책이나 그림책을 보는 것처럼 아주 경쾌하고 슬그머니 미소를 짓게 되는 그런 느낌이었습니다.

그러면서도 캐나다 한인 이민자의 시각으로 본 봄, 여름, 가을, 겨울과 캐네디언 라이프라는 주제에 맞는 캐나다의 자연과 일상에 대한 소개는 마치 독자들이 현지에 살면서 보고 느끼는 듯이 아주 섬세하면서도 나름의 인생철학이 있는 글들이었습니다.

특히나 한국의 화단에서 큰 활약을 하고 있는 나비작가 여동생의 나비그림 작품을 책 내용의 중간 중간에 소개하여 책 중에 미술전시회를 보는듯 한 시도는 남매 간의 문학과 미술 작품의 콜라보레이션이라는 의미로 꽤 참신한 기획이라는 인상을 받았습니다.

필자와 저는 2023년 제 24대 총동기회의 집행부에서 회장과 임원으로 만나 동기들을 위해 함께 봉사하면서 동기 방에서의 필자의 동기들의 댓글을 성원하고 동기 방을 한결 정서적인 분위기로 승화시키는 주필과 같은 역할로 동기들의 친목과 화합에 큰 기여를 한 공로로 필자에게 감사패를 수여했던 인연이 있습니다.

제 소견으로는 이 책이 영문으로도 번역되어 캐나다와 한국, 상호 국민들 간의 이해증진과 나비작가의 작품 소개를 통하여 한국미술의 캐나다에 대한 소개의 계기로도 활용하였으면 좋겠다는 생각입니다.

필자의 생애 첫 책 출간을 축하드리며 모쪼록 이 책이 독자들의 큰 호응하에 좋은 책으로 자리매김하기를 기원합니다.

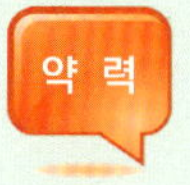

황은식

재우기술 (주) 회장, 장영실상 수상
한국무역협동조합 이사장
한국수입협회 부회장
서울대학교 ROTC 총동문회 부회장
ROTC 15기 총동기회 제 24대 회장

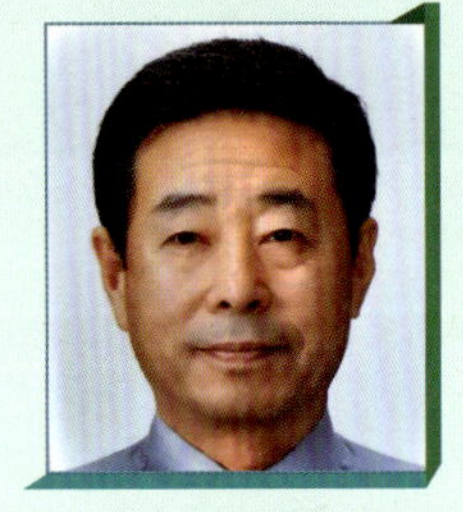

대학 시절 저와 같은 과의 단짝 친구였던 필자는 학군단 후보생 생활까지 함께하면서 제 젊은 날의 추억에 항상 같이 있었습니다.

고려대학교 이공대 캠퍼스와 화학과 실험실, 안암동 당구장과 강촌과 대성리, 정기 고연전과 광주 31사단과 소사 33사단의 연병장과 각개전투 훈련장까지…

참 허망할 정도로 빠른 세월은 어느새 영화 '바보들의 행진'에서의 얄개들과도 같았던 새파란 청년들을 흰머리의 청춘으로 바꿔 놓았습니다만 숱한 사연과 함께 각자의 인생을 살다가 반세기의 세월을 지나보내고 다시 소통하는 요즈음도 영상통화를 하면서 서로 바라보며 느끼는 인상과 말투들은 여전히 그때 그 시절에 가 있습니다.

그 단짝 친구가 책을 낸다고 연락이 왔습니다.
추천사를 부탁하며 보내온 원고를 보니 젊은 날 늘 함께 생활하며 고락을 함께했던 때문인지 글 하나하나가 모두 공감도 되고 제 마음에 와닿는 것 같습니다.

특히나 글 중에 '오월의 아카시아를 보며'는 대학 4학년 때에 제 아버님의 병문안을 왔다가 서울대 동숭동 캠퍼스에서 흐드러진 아카시아를 보며 내년 이 아카시아가 다시 필 때면 우리네 젊음은 끝이 난다고 못내 아쉬워들 했던 기억이 생생합니다.

사설이 길었습니다만 늦은 나이에 어려움도 많았을 제 단짝 친구의 책 출간을 진심으로 축하하며 저로서는 각별한 관심과 진한 감동으로 읽은 이 책이 세간의 주목을 받는 화제작이 되기를 간절하게 비는 마음입니다.

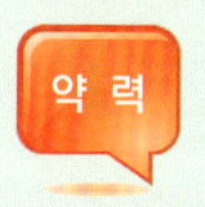

김건한

은동물산 회장
고려대 화학과 73학번 동기
ROTC 15기 동기

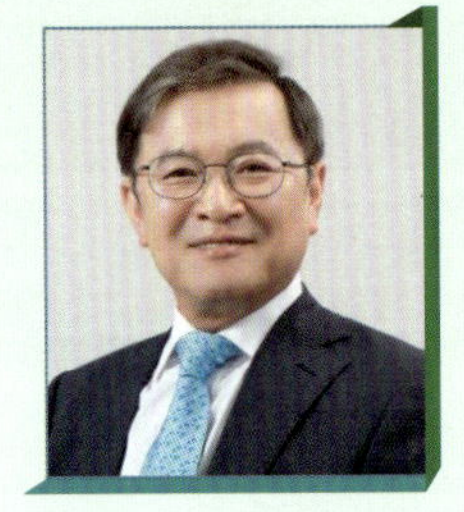

어떤 책은 읽다 보면 '아, 나도 이렇게 쓸 수도 있을 텐데…'라는 생각이 들기도 합니다. 캐나다의 자연과 그곳에서의 소소한 일상을 담아낸 필자의 따뜻한 글은 편하게 읽는 독자들에게 그런 생각이 들게 합니다. 이민 생활에서 왜 애환이 없었겠습니까만은 애환의 이야기보다는 풍경과 꽃과 일상의 아름다움을 노래하는 필자의 글들이 아주 친근하게 다가옵니다.

필자는 2000년 캐나다로 이민을 간 저와는 고등학교와 대학 동기입니다. 그의 삶은 2000년에 그 궤적이 크게 변하였는데 고달픈 이민 생활의 와중에서도 이렇게 자신의 생각과 느낌을 책으로 엮어내다니 대단한 성정의 소유자라는 것을 알게 됩니다. 오대양 육대주를 상대로 뛰어다니던 상사맨에서 변신하여 캐나다에 정착하는 선택을 하였고 나이가 70이 되어 책을 엮어 내다니 동기로서 감탄하지 않을 수 없네요. 아름다운 사계절의 자연과 삶의 어려움을 함께 겪어온 아내와 가족 그리고 자신의 경험적인 사건을 함께 엮어낸 필자의 이야기는 독자들에게 신선한 느낌을 드릴 것이라고 생각합니다.

제가 본 필자의 성정을 말씀드린다면 한마디로 앞장서는 리더쉽이라고 하겠습니다. 어떤 활동을 하더라도 매사에 적극적이고 주위의 인사들의 공감과 협조를 잘 얻어내는 사람입니다. 그런 성정이 '이렇게 책까지 만드는구나'라고 생각되게 합니다. 서두에 '나도 이렇게 글을 쓸 수도 있겠구나'라는 말을 하였지만 막상 그것이 엄두가 나지 않는 일이라는데 동감하실 것입니다.

병년아!
1973년의 몽산포를 기억하지?
대학 1학년 어린 시절, 별이 쏟아지던 그 몽산포, 여학생들과의 캠프파이어.
시비 걸어오던 불한당들을 맞아 불붙은 장작을 휘두르며 이리 뛰고 저리 뛰
던 자네의 모습이 너무나 선명하네. 지금도 그때 일을 생각하면 입가에 슬며
시 미소가 지어지네.

필자는 짧은 기간이지만 여름캠프에서 함께 생활하는 동안에 그 적극적인 성
격에 저희 일행의 리더 역할을 자연스럽게 하게 되었었지요. 그런 적극성이
이민 생활의 애환보다는 아름답고 따뜻한 이야기를 긴 세월 엮어 책으로 만
들었다고 생각됩니다.

김병년 동기의 책 발간을 축하하며 이 추천사가 독자들에게 필자를 소개하는
데에 도움이 되기를 바랍니다.

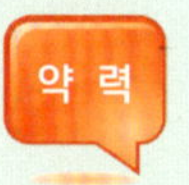

문동준

전 금호 피앤비화학 대표이사
전 금호석유화학 대표이사
전 한국 석유화학협회 회장
전 한국 화학물질관리협회 회장
고려대 73학번 동기
휘문고 65회 동기회 회장

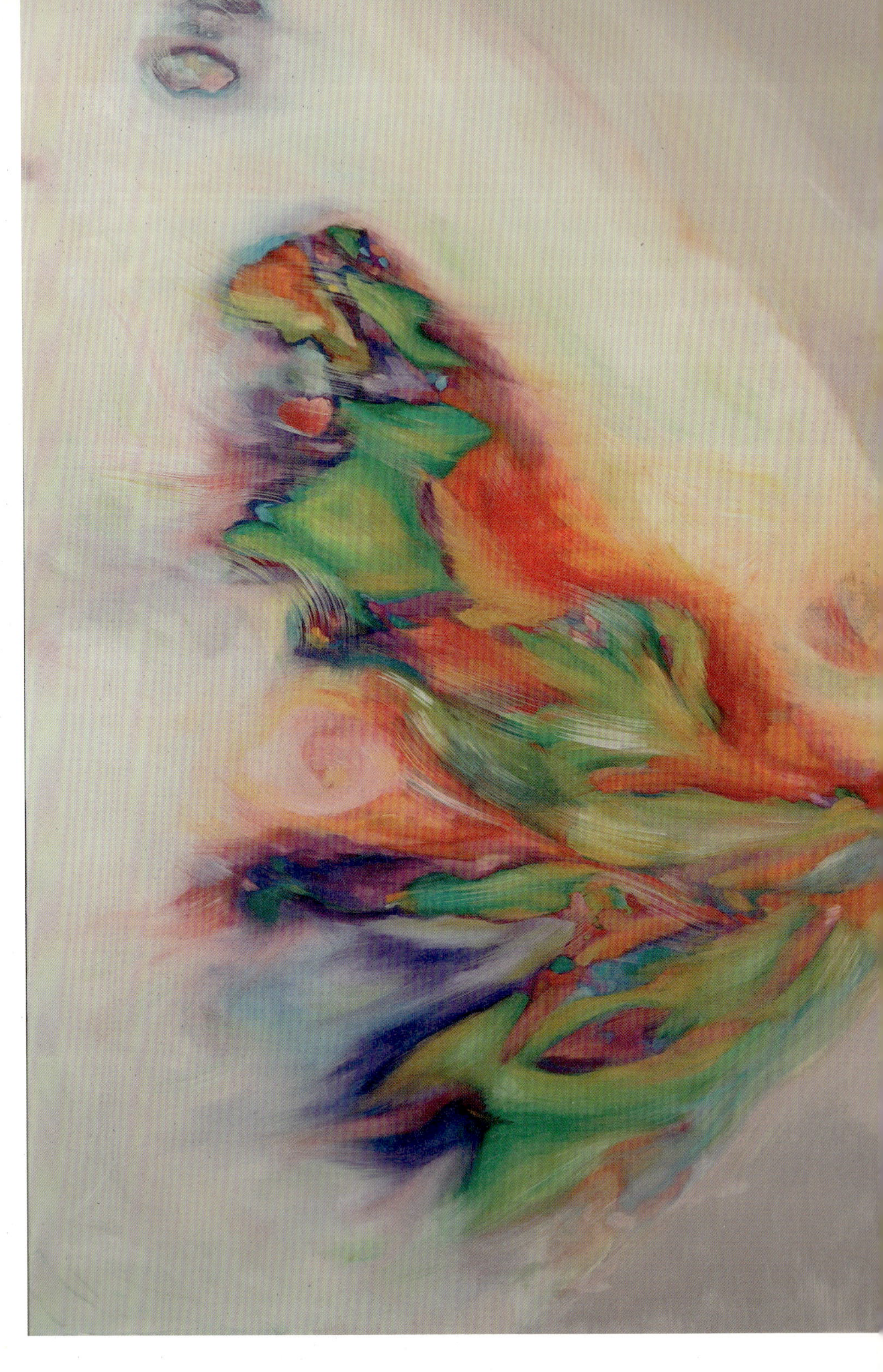

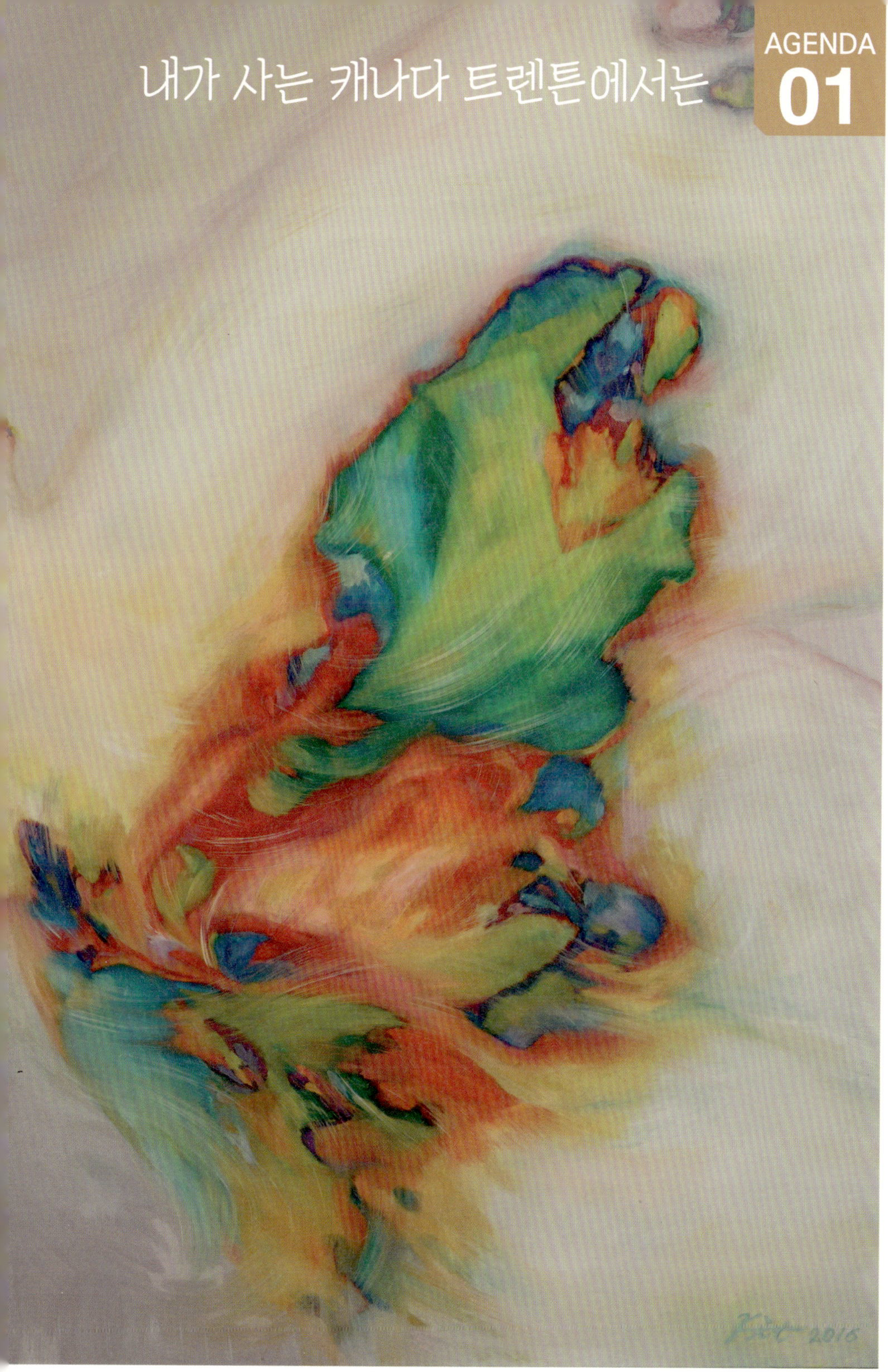

Rebirth 016068_oil on canvas_140x140cm_2016

Spring

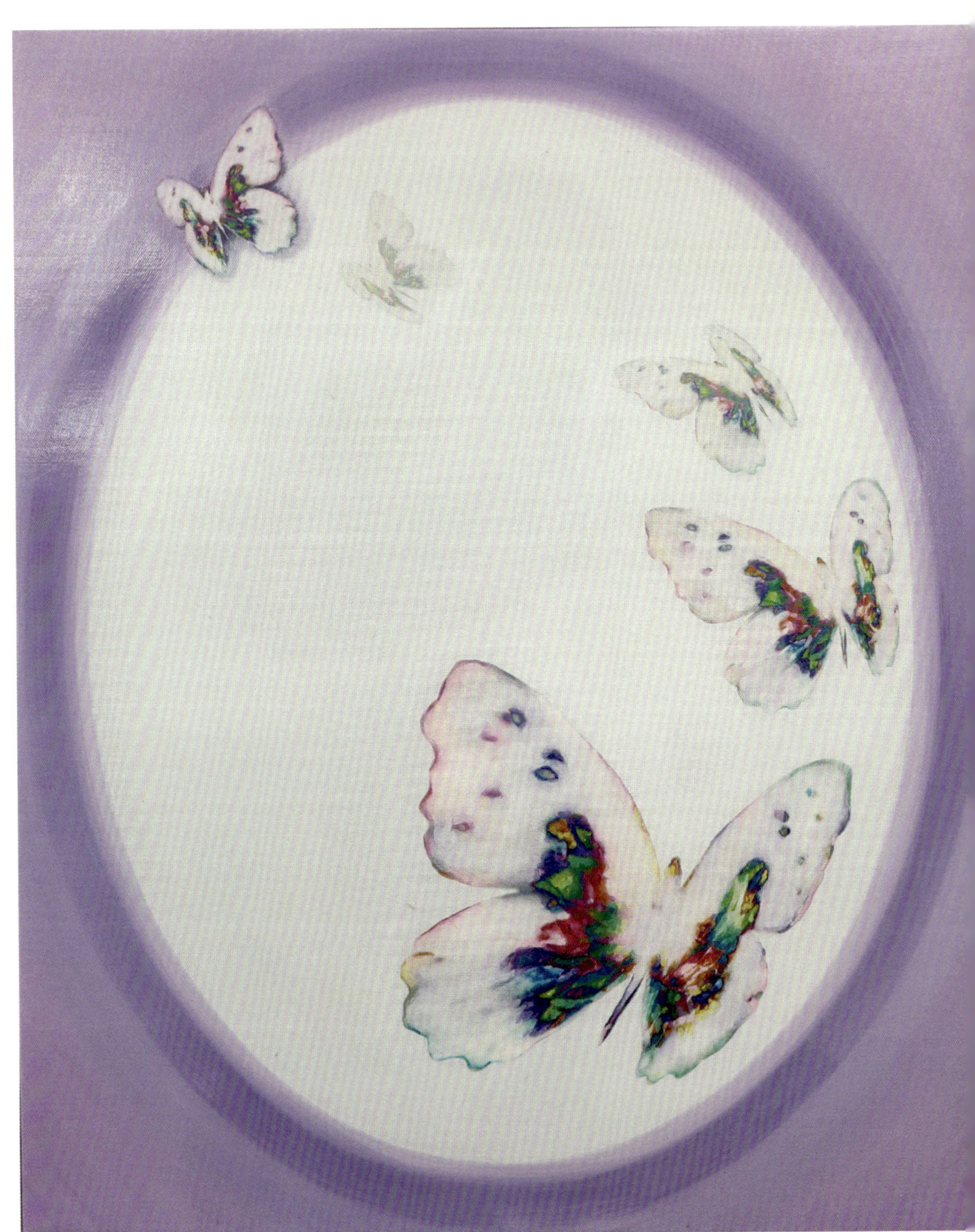

Rebirth of Heart 2402_Acrylic on canvas_65x53cm_2024

봄

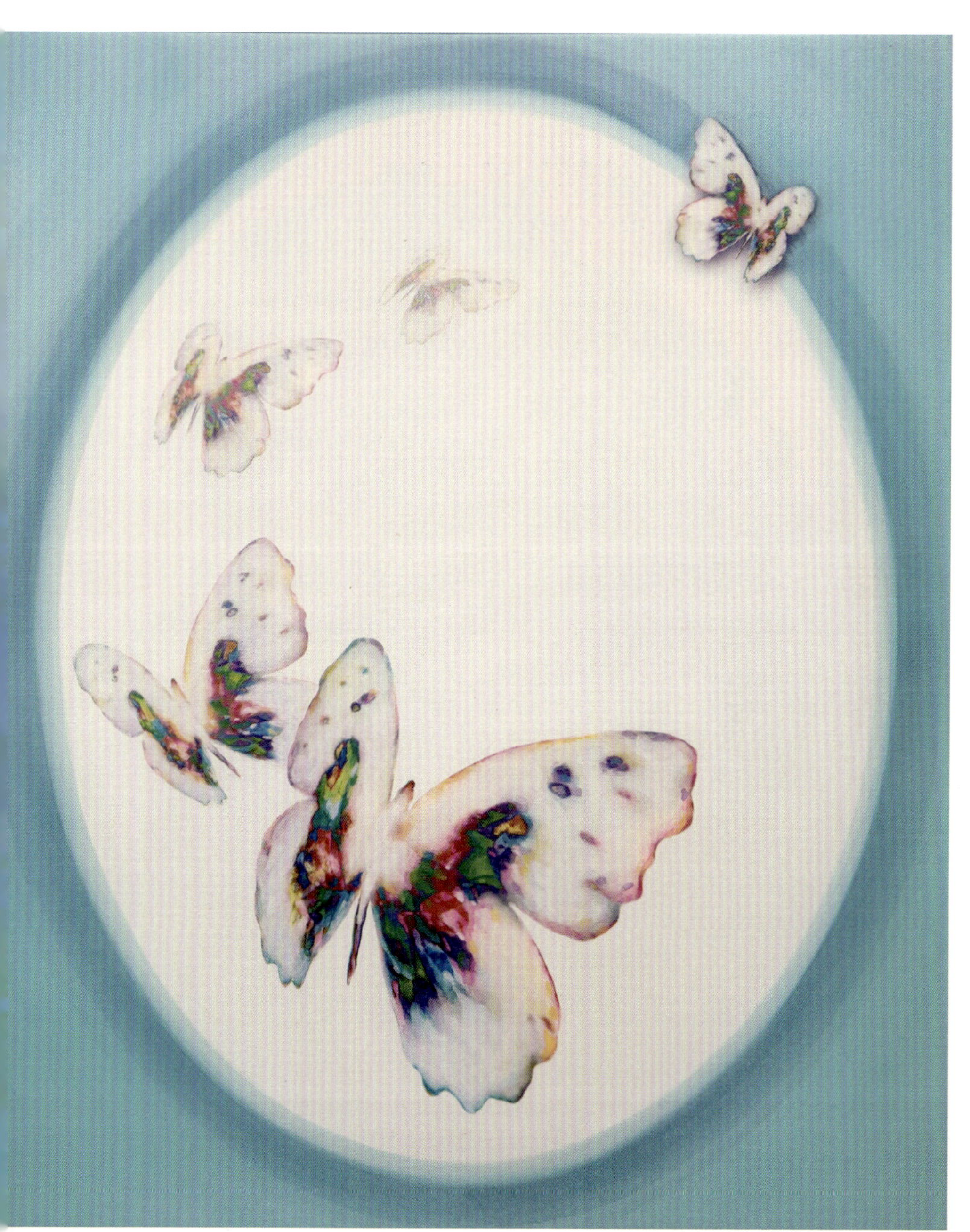

Rebirth of Heart 2401_Acrylic on canvas_65x53cm_2024

민들레

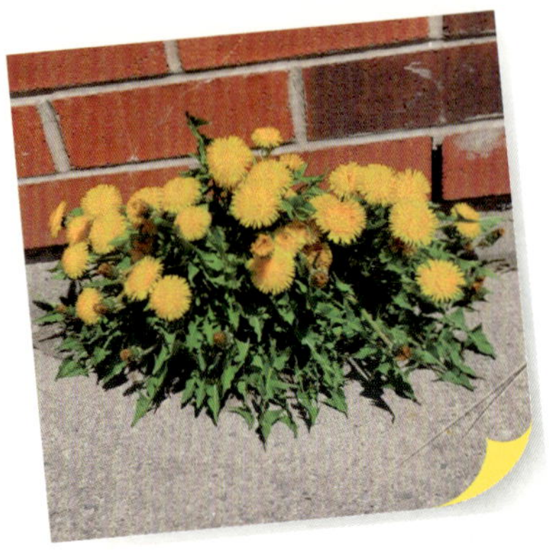

벽돌담과
시멘트 바닥 사이의
빈틈을 뚫고 피어난
민들레를
대견한 마음으로 바라보았다.

그 척박한 환경 속에서
참 소담스럽게도 피었다.

그다지
특별할 것도 없이 사는
수수한 우리네 삶과 같은 풀꽃.
그래도
끈질긴 생명력으로
매서운 한겨울 추위를 견뎌내고
봄의 전령으로 피어나는 꽃.

그래서인가
스치듯 바라보는
우리의 시선엔
자그마한 노란 풀꽃에
남다른 애정이 있다.

내 누이 같고 내 아내 같은

소탈한 민들레를 보며
낯설지 않은 마음에
잔잔한 미소도 지어보게 된다.

사는 게 별 게 있나?
아는 듯 모르는 듯
어제인 듯 오늘인 듯
무심한 듯 어울려 살아도
속 깊은 정은
가슴속 한편에 담아 두고 사는 게
우리네 인생이 아닌가 싶다.

언제나 변함없는
노란 민들레를 보며
내세울 것 없어도
나름
저 민들레처럼
억척스레 살아온
우리네 인생을 되돌아본다.

2024년 4월 14일 자 토론토 중앙일보

봄이 오는 길목에서

지난 겨우내
우리를
움츠러들게 했던 추위가
이제는 좀
한풀 꺾인 것 같습니다.

오늘도
호숫가에 나와
아침을 맞이하는데
어제까지도
남아 있던 잔설들이
밤사이 내린 비에
언제 그랬냐는 듯이
모두 녹아 사라져 버렸습니다.

역시
봄을 이기는
겨울은 없는 것 같습니다.

촉촉하게 젖은
누런 풀잎들이
다가오는
새봄을 준비하는 것 같습니다.
멀지 않아

저 황량해 보이는 들판 위에도
새파란 잔디 위로
노란 민들레가 피어나겠지요.

멀리 떠나갔던
루니와 호수 갈매기들도
다시 돌아와
무리를 지어
노닐게 될 것이고요.

어둡고 추웠던 겨울은
까맣게 잊은 채
싱그러운
또 한 해의 봄을
맞이하는 것처럼

힘들고 어려웠던
지난 세월은 잊어버리고
남은 여생 알뜰하게
나의 행복을
가꾸고 싶습니다.

얼어붙었던
땅 위에 피어나는

내가 사는 캐나다 트렌튼에서는

아지랑이와
움트는 꽃망울들이
경이롭듯이
내 삶도
경이로운 것이라 생각하며

봄이 오는 길목에서

내 인생의
새봄을 기다려봅니다.

2024년 3월 30일 자 토론토 중앙일보

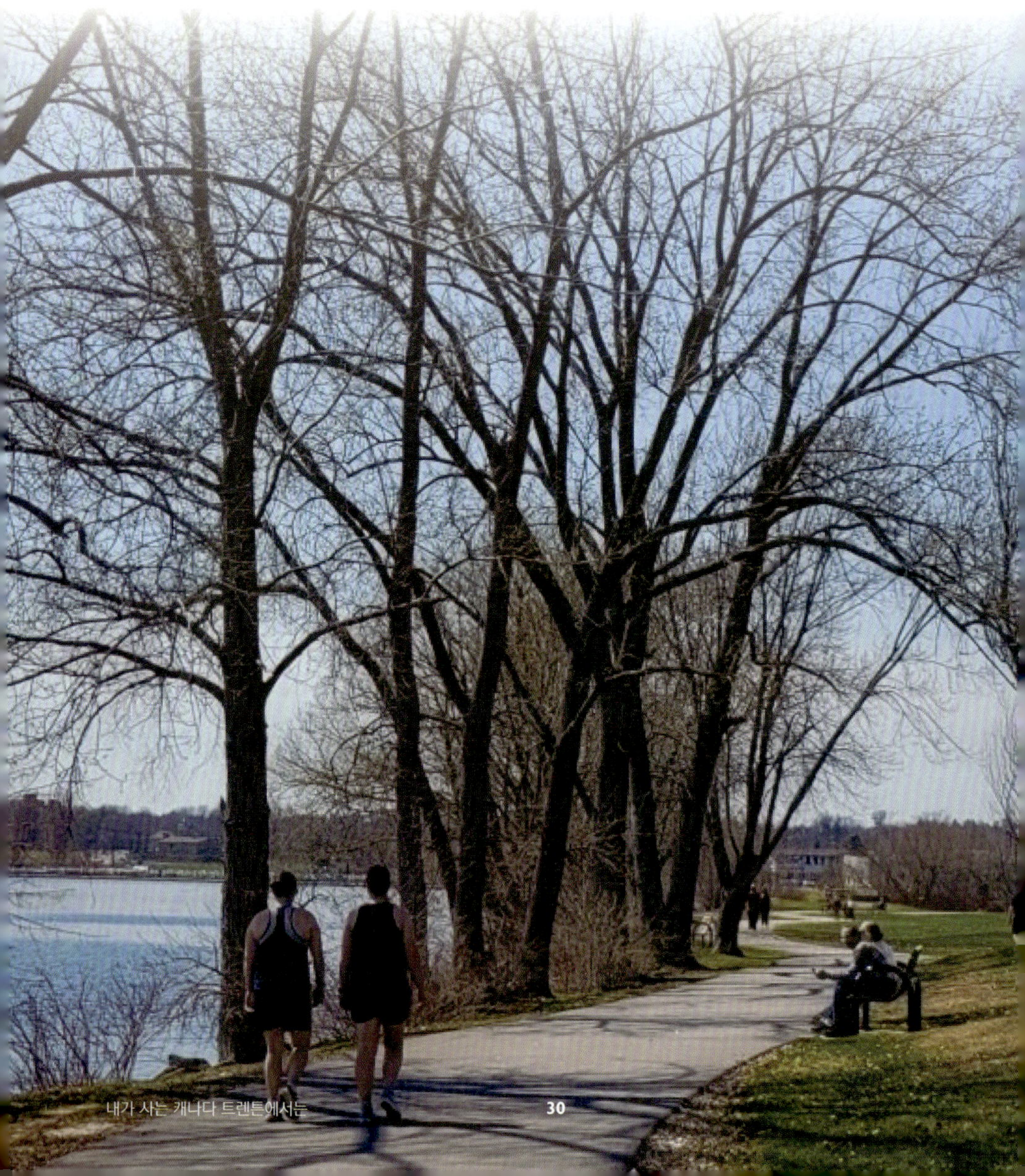

이미 와버린 봄

귓가를 스치는
바람은 차가워도

새순이 움트는
나무들이
숨 쉬는 듯 느껴지고

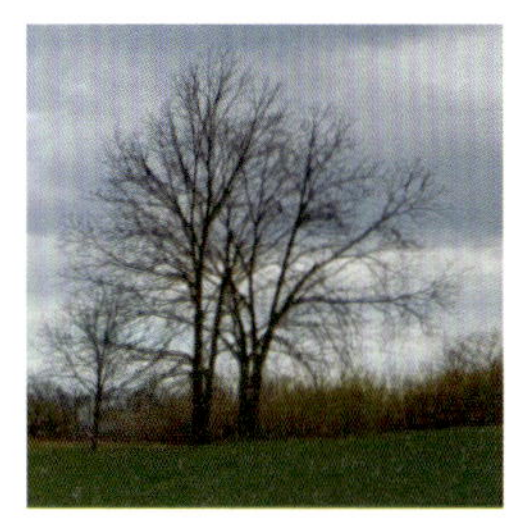

꽃잎들 사이 사이로
사랑을 속삭이는
바람을 꿈꾸는
내 마음엔
이미 봄이 와 있습니다.

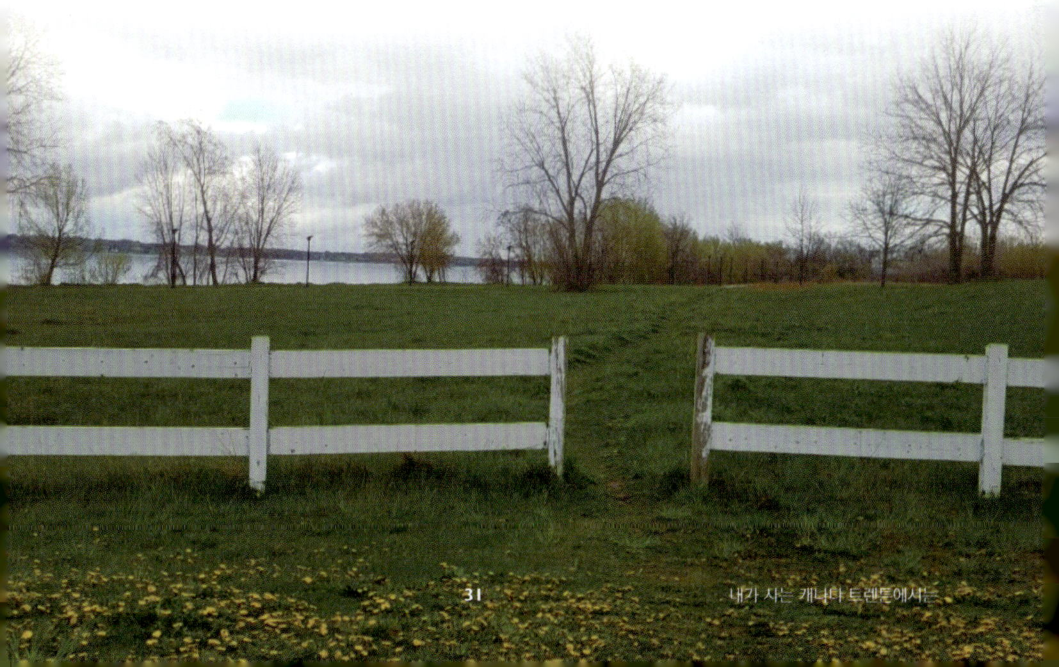

내가 사는 캐나다 트렌톤에서는

봄바람

며칠간 따스한 봄볕이 나더니
오늘은 아예
초여름 같은 날씨다.

지루했던 겨울이 끝나나 싶어
사람들이
바깥나들이를 한다.

사랑하는 사람이나 애완견
그리고 자전거와
갓난아이를 태운 유모차와 함께
호숫가를 거니는 사람들.

물감을 들고나와
그림을 그리기도 하고
벤치에 앉아 음악감상을 하고
오랜만에
보트를 끌고 나와
호수유람을 준비하기도 한다.

물 위의 백조도
봄이 온 걸 눈치채고
유유히 물놀이하고

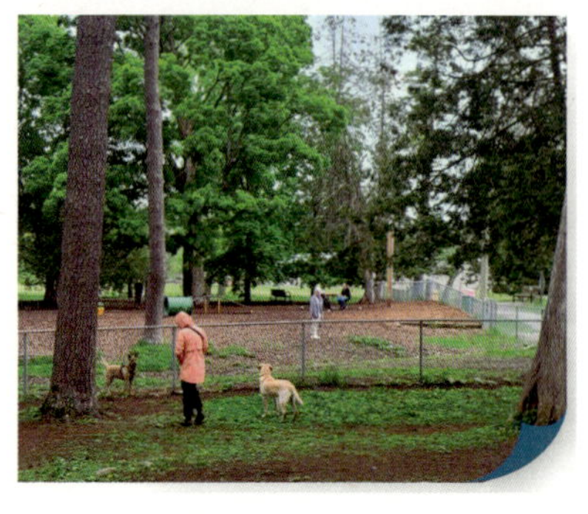

하나같이 물어보면
바람 쐬러 나왔다고 하는데
그게 봄바람인걸
아는지 모르는지…

분명한 것은
이 모든 게
따스한 햇살과 함께 찾아온
봄 때문이라는 것이다.

봄바람 난 사람들이
무슨 잘못인가?
사람 마음을
싱숭생숭하게 만드는
봄 햇살이 죄이지!

어찌 됐든
달콤하고 감미로운 봄바람이다.
나도
그 설레는 봄바람에
자전거 페달을 힘주어 밟는다

오월의 노래

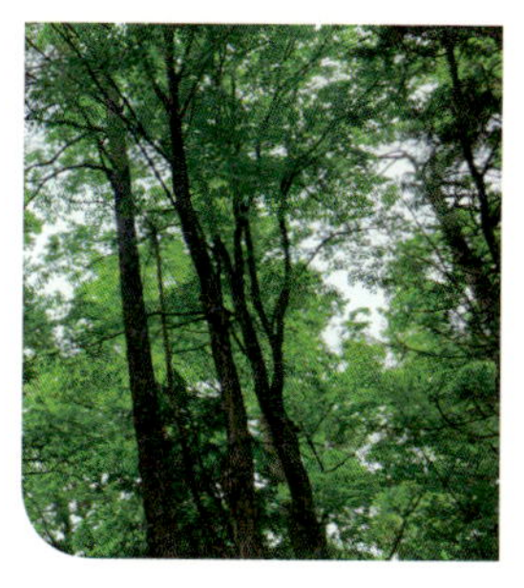

그래!
그러고 보니
신록의 계절 오월이네!

얼굴에 스치는 바람이
훈훈한 것이
어제만 해도
쌀쌀했던 날씨가 많이 풀렸다.

자전거를 타며
내가 사는 트렌튼의
오월의 호수를 본다.

낚싯배 위의
강태공들의 손길도
바빠 보이고

이제
움트는 나무의 새순들도
바쁘게
잎새와 꽃을 피우겠지?

오월의 첫날에 듣는
사라 브라이트만의
'휘스트 오브 메이'가
참 감미롭다.

신록이 우거질 오월!
그 싱그러운
오월의 노래를
나도
흥겹게 흥얼거려 본다.

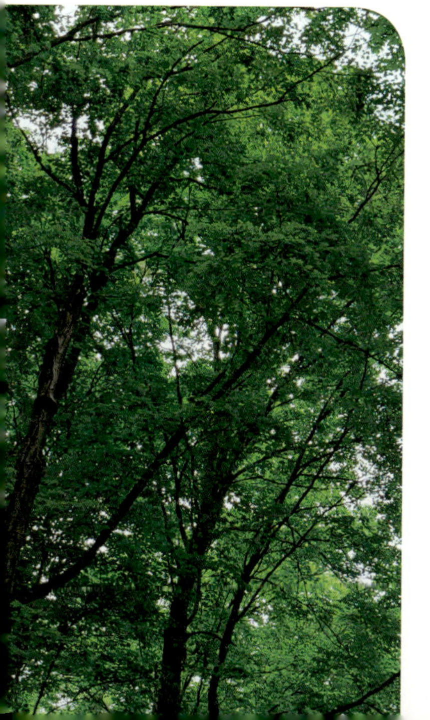

내가 사는 캐나다 트렌튼에서는

숲속의 향연

신록의 계절
오월의 숲속은
온통 싱그러움으로
가득 차 있다.

시원스럽게
쭉 쭉 뻗은 나무들과
오솔길 사이로

이슬 머금은
잎새들과
수없이 피어있는
이름 모를 꽃들

그리고 쓰러져 있는 고목과
이끼 낀 바위들이

촉촉히 젖은 땅과 함께
아름다운 세상을 꾸며준다.
그야말로
숲속의 향연이다.

이른 아침
호젓이 혼자서 걸어보라.

이것저것
후회도 많고
아쉬움도 많은
세상이지만

그저 내가 살아있음에
감사하게 된다.
참! 아름다운 세상이다.

2024년 5월 31일 자 토론토 중앙일보

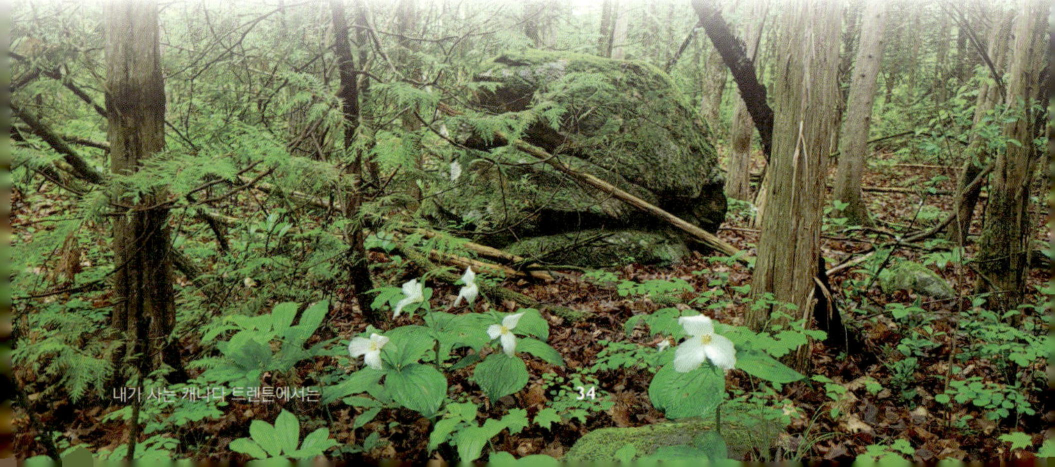

내가 사는 캐나다 트렌톤에서든

하얀 목련

나이가
들어서 그런가

이제는
하얀 목련을 보면
가슴이 뭉클해진다.

그리운 사람의
얼굴로도 보이고…

사람을 그리워하는 게
흔한 우리네
인생사임에도 불구하고

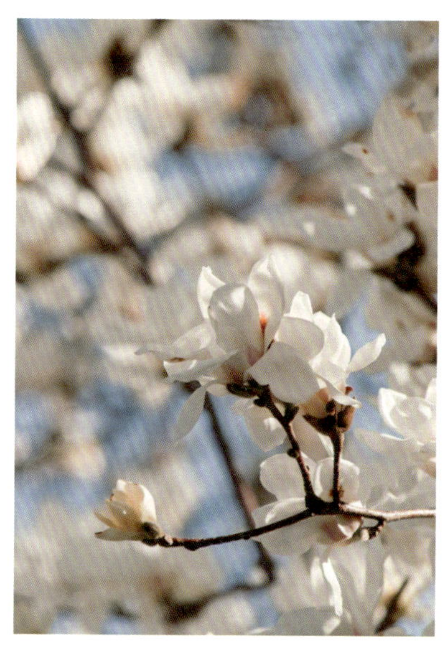

하얀 목련 앞에서
누군가를
그리워할 때면
어김없이
가슴이 설레인다.

겨울지나 봄에 피는
하얀 목련엔
언제나

내 사랑의 기쁨과 슬픔이
함께 피어 있다.

내가 사는 캐나다 트렌튼에서는

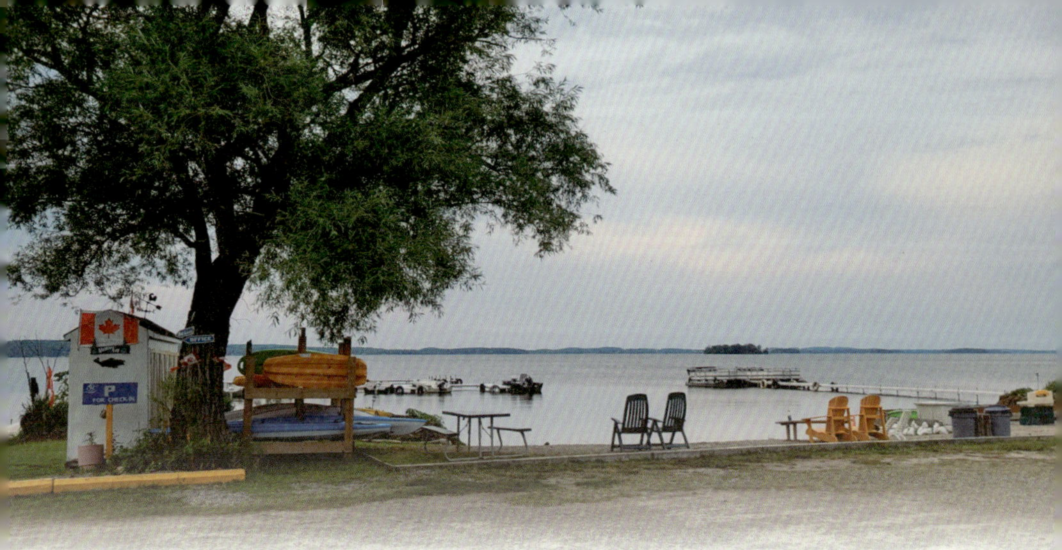

작은 호수

동네 인근에
쌀알만큼 작다고 해서
이름이 라이스 레이크라는
작은 호수가 있습니다.

그곳에
아담한 리조트가 있는데
트레일러들이 모여
캠핑도 하고
카누 보트도 대여하여
보트 놀이도 하고
낚시도 합니다.

작은 호수 같아도
그곳에서
하룻밤 캠핑을 하다 보면
마음은
드넓은 호수처럼
넓어지는 것 같았습니다.

작아도
작은 것이 아니었습니다.
내 마음이 평화로우니
한없이
넓은 세상이었습니다.

온 세상 천지가
내 마음 따라
커졌다 작아졌다 하는 것 같습니다.

튤립 축제

　　일요일 하루 오타와 튤립 축제에 다녀왔습니다.
오전 내내 운전하는 동안 비가 왔습니다만 튤립 공원에 도착해서는 다행히도
비가 멈췄습니다.

공원 꽃밭의 튤립들이 촉촉한 것이 더욱더 신선한 느낌이었습니다.
튤립 꽃밭을 돌아보면서도 참 한가하다고 생각하며 편안한 마음으로 돌아보
기도 하였습니다.

우리가 오는 내내 오늘의 일정을 걱정했던 비 때문이었습니다.
좋은 일이 궂은일이 될 수도 있고, 궂은일이 좋은 일이 될 수도 있는 게 우리
네 세상 일 같습니다.

2024년 5월 26일 자 토론토 중앙일보

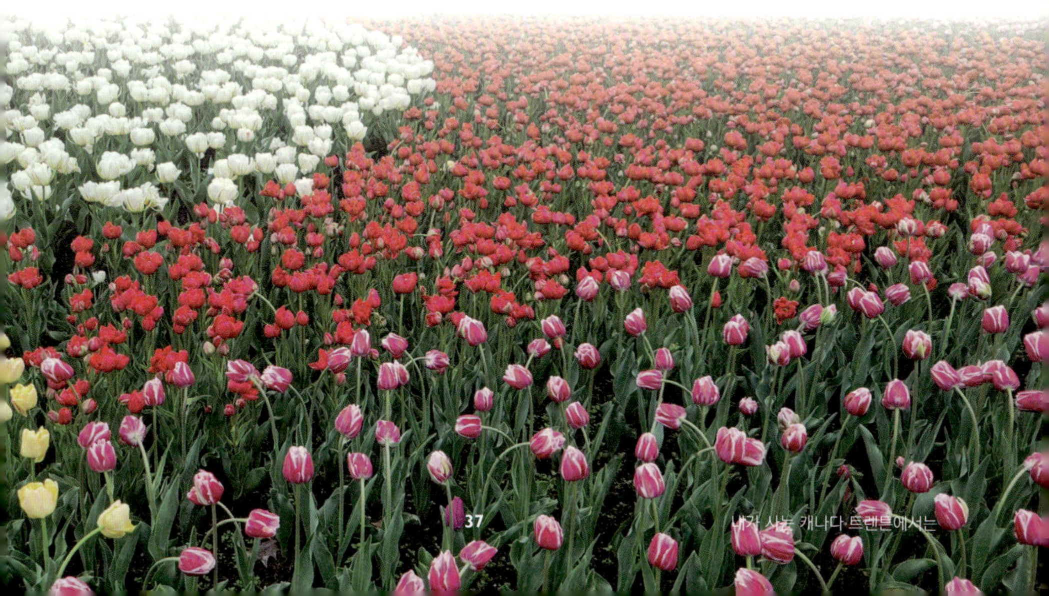

내가 사는 캐나다 트랜튼에서는

평화로운 세상

자전거를 타다 공원을 가로지르는 루니 무리를 만났습니다. 이 녀석들도 캐나다 사람들이 비폭력 평화주의자라는 걸 아는지 사람을 보고도 조금도 겁을 내지 않습니다.

사람이 있거나 말거나 전혀 신경 안 쓰고 그냥 제 갈 길을 갑니다.

그것도 아주 천천히…

어떤 때는 서로가 그게 편하다 싶을 때도 많습니다.

루니는 루니대로 제 갈 길 가고

저는 저대로 그냥 자전거 타고

호숫가 한 귀퉁이엔…

어미 루니의 보호하에 루니 새끼들도 무리를 지어 있습니다. 바람이 차다 싶어서인지 옹기종기 모여 앉아 서로의 체온을 나누고 있습니다.

천천히 걷는 루니들이나 옹기종기 모여 앉은 루니 새끼들이나 참 편안해 보여 좋습니다. 느리고 편안한 모습들은 바라보는 저도 편안하고 평화롭게 하니까요. 제가 호숫가에서 자전거 타기를 즐기는 이유입니다.

산책이나 조깅하는 사람도, 낚시하는 사람도, 벤치에 앉아 호수를 바라보는 사람도 모두 저 루니들처럼 편안해 보이고 그 정경들이 저를 또 평화롭게 하기 때문입니다.

어떻게 들으실지 모르겠지만 뭐 별로 특별할 일이 없어 무탈하니 참 평화로운 세상입니다.

2023년 7월 4일 자 토론토 중앙일보

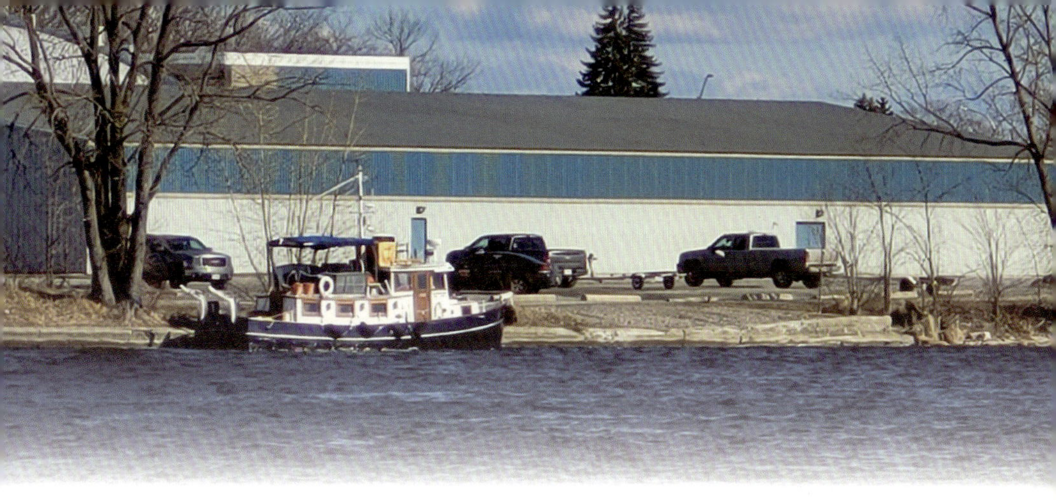

배 안의 행복? 내 안의 행복!

　자전거를 타다가 호숫가에 정박한 작은 배 한 척을 보았습니다. 멀리서 보니 아담하고 예쁘장한 것이 호수와 어울려 제법 운치가 있어 보입니다. 다가가 배 주인과 인사를 하고 내부를 보았는데 작은 배였지만 취사 시설과 침실 그리고 화장실과 작은 창고까지 네 명 정도가 생활할 공간이 있었습니다. 운치 있어 보이던 바깥 모습과는 달리 비좁은 것이 무척이나 불편해 보이네요. 문득 편안한 내 집 놔두고 이게 무슨 고생일까 싶었습니다.

토드라고 하는 젊은 친구의 얘기는 주말에만 이용하는데 배 안에서 바라보는 호수와 노을은 한 주일간의 피로를 풀어주기에 최적이라고 합니다.

가끔 찾아와 어울려주는 친구들과 맥주 한 잔 함께 하다 보면 더 바랄 것도 없다네요. 우리네 세상살이도 멀리서 보기엔 다 좋아 보이는 것 같아도 가까이 다가가 살펴보면 다 들 어려움과 애로들이 있습니다.

하지만 그 와중에 만족하고 사는지의 여부는 내 안의 행복을 찾느냐 못 찾느냐에 달린 것이 아닌가 싶습니다.

배 안의 행복이 내 안의 행복이 무엇인지를 깨닫게 하는 것 같습니다.

2023년 3월 10일 자 토론토 중앙일보

그 추웠던 호숫가 들판에도 드디어 민들레가 피었네요.

금년 겨울을 지나보내고 봄이 찾아오고 나서 처음으로 보는 꽃입니다.
파릇파릇한 잔디와 노란 민들레의 색상 궁합이 기가 막힙니다.

근데 그거 아시나요?
민들레는 주변 풀의 키 크기보다 항상 조금 크게 자라는걸요.
나지막한 잔디에서는 나지막한 잔디보다 조금 크게 자라 나오고 제법 키가
큰 풀 사이에서도 또 그보다는 조금 더 키가 큰 민들레들이 나옵니다.
햇빛을 조금이라도 더 받기 위해서이지요.

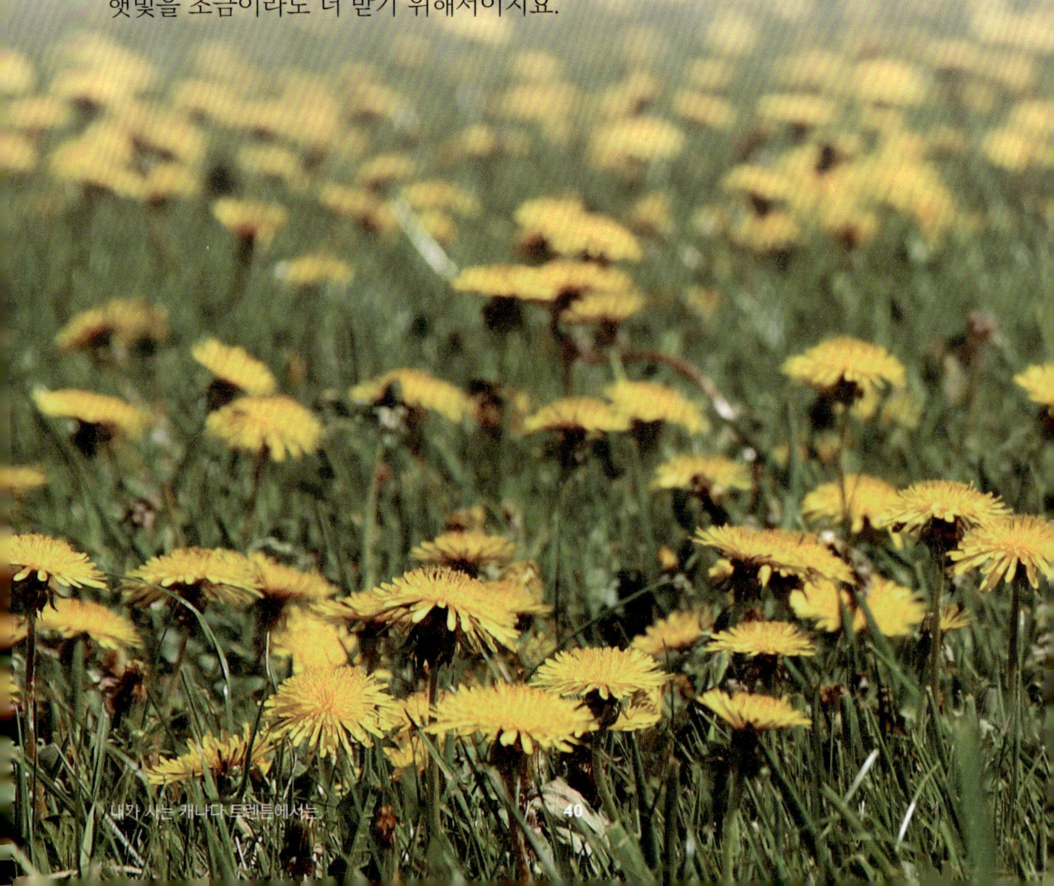

조용히 그냥 피어나는 별생각 없는 풀꽃 같아도 다들 저 살 궁리들은 하고 삽니다.

그렇게 파란 잔디와 어우러져 또 싱그러운 봄 들녘을 이루기도 하고…

저 풀밭의 작은 민들레도 그럴진데 하물며 만물의 영장인 사람들은 또 어떻겠습니까?

우리들 모두 하나하나가 각자의 소중한 인생을 살며 이 한세상 돌아가는 데 기여들을 하다가 때가 되면 모두 다 한 줌의 흙으로 돌아가는 겁니다.

서로가 서로를 존중하며 살아야겠습니다.

그리 살다 보면 너도나도 평화로운 마음에 보다 더 아름다운 세상, 살만한 세상이 되지 않을까 싶습니다.

민들레, 민들레처럼…

내가 사는 캐나다 트렌튼에서는

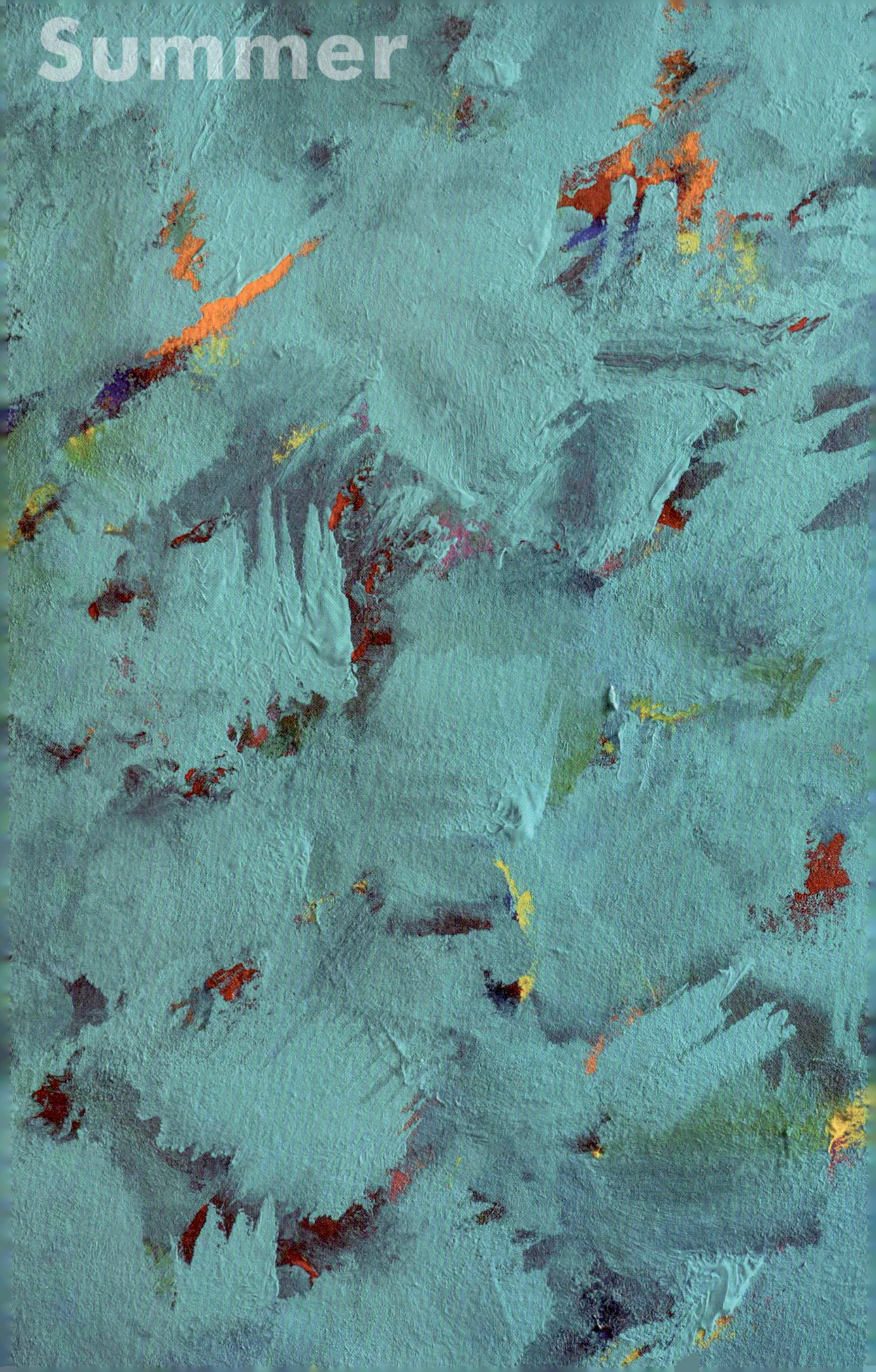

Summer

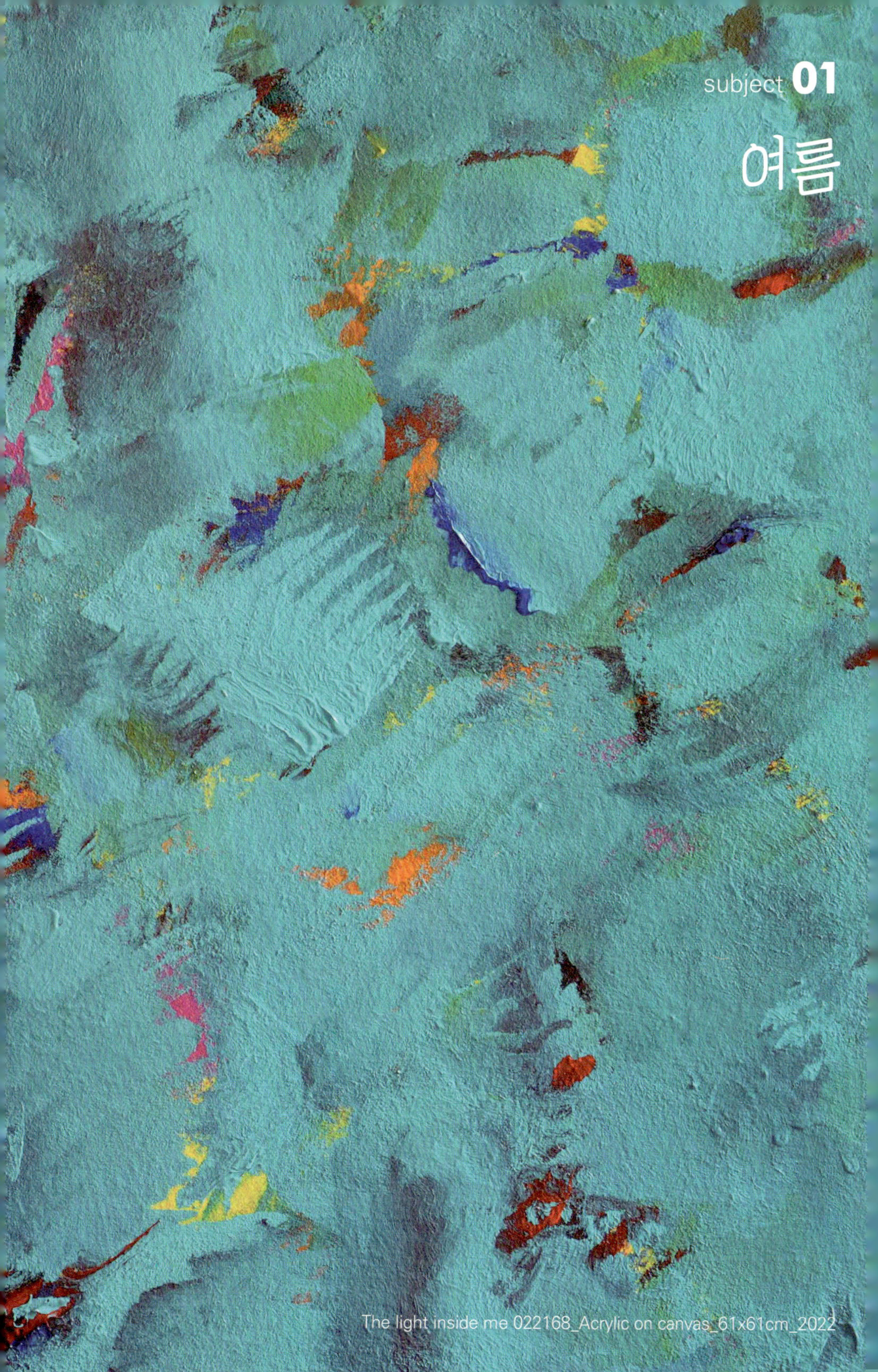

subject 01
여름
The light inside me 022168_Acrylic on canvas_61x61cm_2022

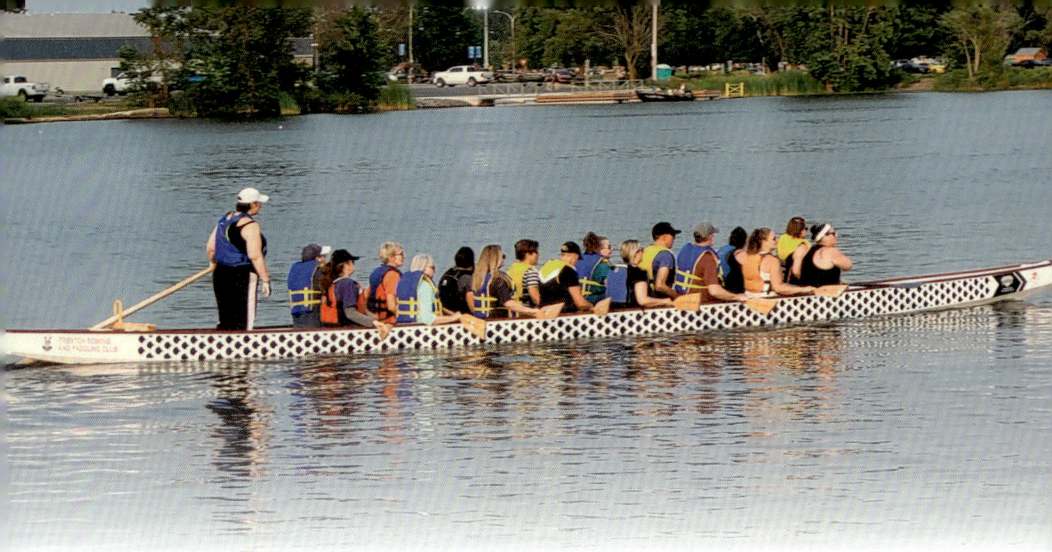

물놀이 천국

오대호인 온타리오 호수와 트렌트 리버가 만나는 트렌튼은 두 갈래의 물 줄기가 한데 모이는 두물머리 지역입니다.

트렌트 리버를 따라 북상하면 오대호 중 다른 하나인 휴론호수와도 연결되는 수로의 중요한 연계 포인트이기에 미국과 캐나다 국적의 유람선과 요트들이 순항하며 한 번씩은 들르는 곳이라 주말이면 요트들로 붐빕니다.

날이 화창한 주말엔 제트 보트들이 춤추듯이 물살을 가르고 요트와 유람선과 카누까지 붐비는 트렌튼은 물놀이 천국입니다.

그 물놀이 천국은 요트 없는 사람들도 눈요기로 즐겁게 하고…

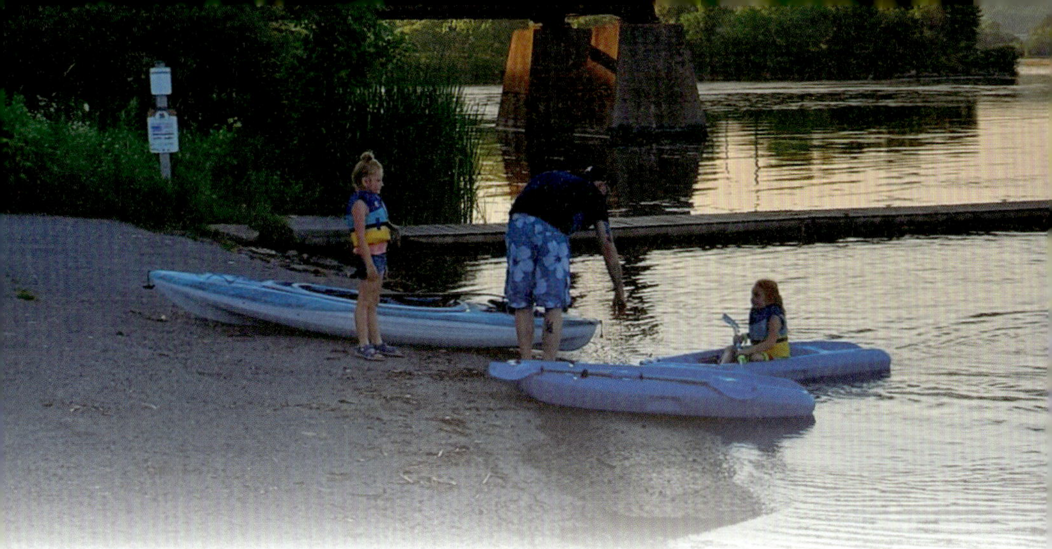

카누 타는 가족

　두 딸과 아빠가 카누를 탑니다. 맨 앞에 아빠가 있고 가운데에 큰 딸이 맨 마지막엔 막내딸이 따라오는데 보기 좋아 그들을 사진으로 담으며 접안하는 모습을 보니 큰딸은 많아야 일곱, 여덟 살 막내딸은 다섯, 여섯 살밖에 되지 않아 보입니다.

젊은 아빠가 참 배짱도 좋습니다.
우리 같으면 물가에 다가가기만 해도 "에비!" 하며 기겁하고 말릴 텐데…
저 아이들이 자라서 어른이 되면 또 자기 아이들을 저렇게 카누에 태우고 자연을 내 집처럼 가까이하며 지내겠지요?
어릴 적에 아빠와 카누 타던 추억을 되새기면서…

하여튼 캐나다인의 자연 사랑은 거의 타고난 것 같아 정말 부럽습니다.

내가 사는 캐나다 트렌튼에서는

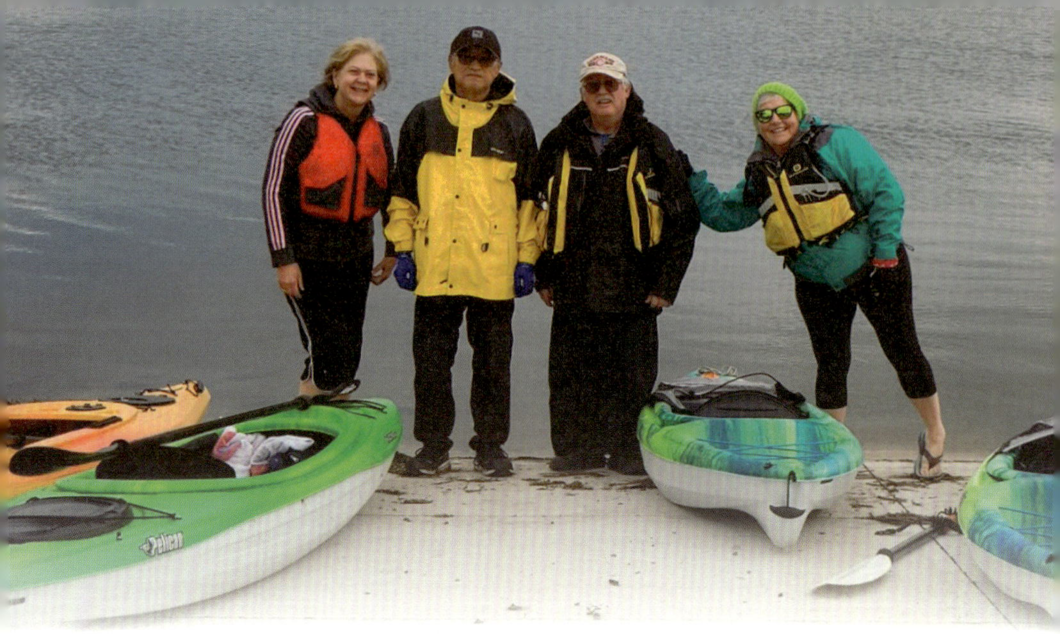

소문만복래

비 올 듯이 우중충하던 날
자전거 타다 만난 카누 타는
내 가게 손님 롤레인과 그녀의 가족들.

반갑다고 환하게 웃어주는 롤레인의 미소 덕에 날씨 따라
우중충했던 제 마음도 환하게 밝아지는 것 같았습니다.

환한 미소가 우중충한 날씨를 이기는 것 같습니다.

웬만하면 그냥 웃고들 사시지요.
소문 만복래라는데…

캠프화이어

　　어둠이 내리기 시작하는 늦은 저녁, 동네 인근 어느 집에서 캠프화이어
하는 모습이 너무도 평화로워 보여 양해를 구하고 한 컷 담아 보았습니다.
맥주 한잔하며 활활 타오르는 장작불을 보면서 이런저런 얘기들을 나누다 보
면 아무리 깊은 세상 근심이라도 모두 다 사라질 듯싶습니다.

이제는 남은 시간이 그리 넉넉지 않습니다. 할 수 있는 한 평화롭고 행복할
수 있는 분위기에 나를 두어야겠다는 생각입니다.
그래서 노후에는 여행을 많이 가는 것 같습니다.
그리고 또 우리가 동기 방에 모여서들 농담과 덕담 등 대화를 나누는 이유이
기도 하구요.

건강들 챙겨가며 행복하시도록 애써보세요.
등잔 밑이 어둡다고 내 가까운 곳에도 그 행복이 여기저기 숨어있습니다.
보물찾기하듯 하나하나 찾아서 즐겨들 보시지요.
내가 하기에 따라서 참 재미도 있고 행복하기도 한 세상입니다.

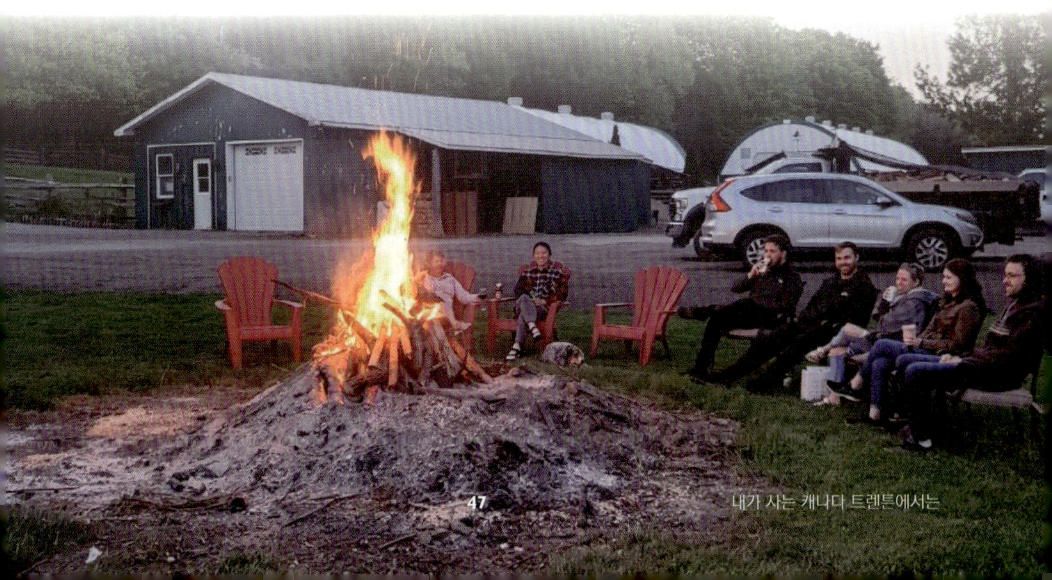

내가 사는 캐나다 트렌튼에서는

유월이 오면…

싱그러운 계절
유월이 오면

푸르른
잔디와 나무를 바라보며
한때는 나도
저 푸른 잔디와 나무들처럼
싱그러웠던 시절이 있었음을
생각합니다

그리고
내 안엔 아직도
활짝 필 꿈을 가진
새순이 자라고 있음도
알고 있습니다

머리엔 허연 안개가 내리고
얼굴엔 깊게 패인 주름이
자리를 잡았어도

싱그러운 계절
유월이 오면
언제나

다시
가슴 뛰는 설렘을
꿈꿔 보곤 합니다

흐르는 세월도
어쩌지 못하는
내 안의 싱그러움으로…

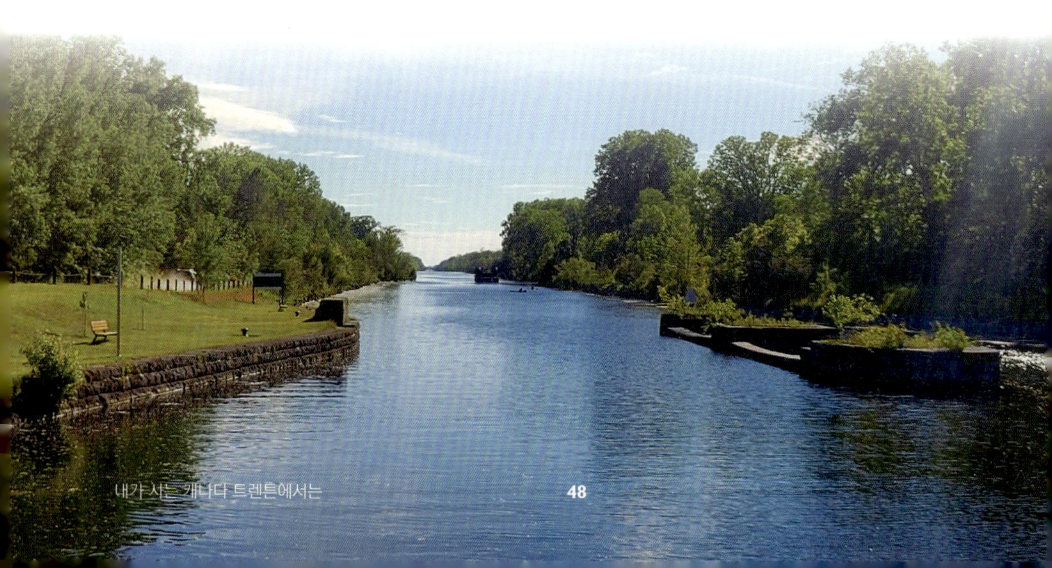

어둠이 내릴 무렵의 마리나

잉크 빛 하늘과 호수와
마리나의
조명등 불빛들이
환상적인 분위기를
자아냅니다

지상낙원이
따로 없다는 생각에
그저
바라보기만 하여도
행복한
제 사색의 장소입니다

지나온 제 인생을 돌아보며
가슴 설레어 보기도 하고

한숨 쉬며 그리워도 해보고
슬그머니
혼자서 미소도 짓는
저만의 공간이지요
후회도 많고
아쉬움도 많은
지나온 세월이지만

그래도
이곳에서는
모든 것이
아련하고 아름답게
승화되고는 합니다

제가
트렌튼을 못 떠나는
이유입니다

2024년 6월 28일 자 토론토 중앙일보

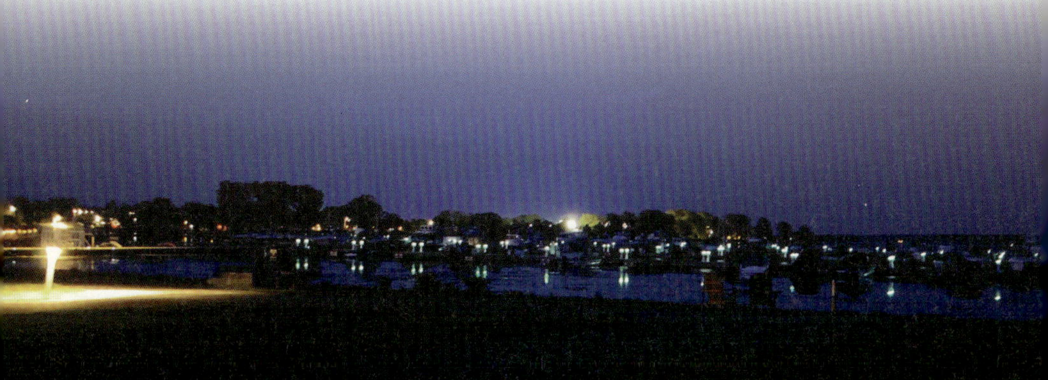

내가 사는 캐나다 트렌튼에서는

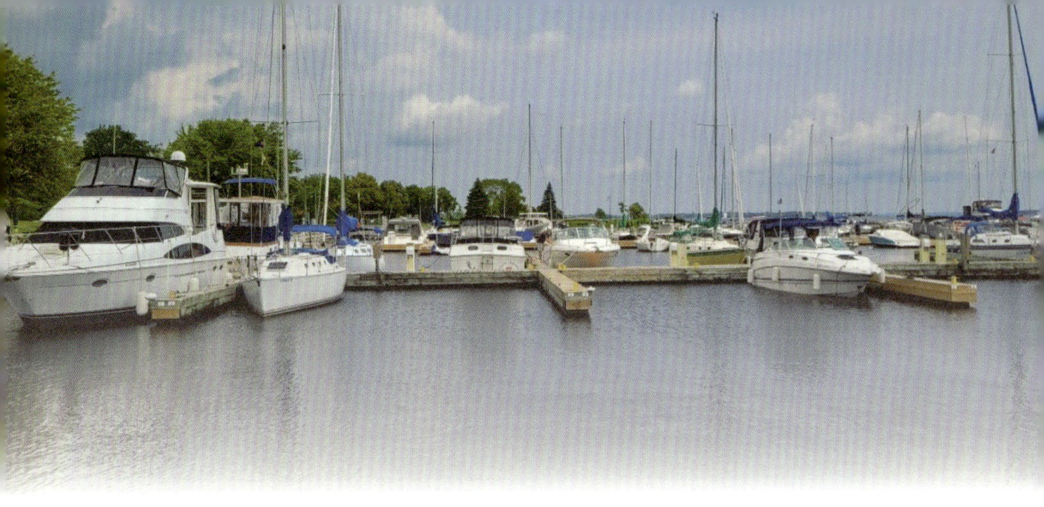

마리나의 요트를 보면서···

　　트렌튼 타운에서 차로 20분 거리에 있는 인구 5만의 인접 도시 벨빌의 호수와 마리나입니다. 트렌튼보다 큰 도시라고 마리나의 규모도 눈에 띄게 차이가 납니다.

호수가 많은 캐나다에서는 지천에 깔린게 요트와 보트인 것 같습니다만 이민 생활이 오래돼도 익숙치들 않아서 그런가 요트나 보트를 즐기는 한인들은 거의 보지 못했습니다.

제가 보기에 놀이 문화가 다르기도 하지만 바쁘게 사는 생활 습성 탓이 아닌가 생각해 봅니다. 서둘지 않고 느긋하게 사는 게 몸에 밴 캐나다인들의 생활 습성이 부러우면서도 쉽게 익숙해지지를 않습니다.

우리의 2세와 3세들이나 되어야 비슷해지지 않을까 싶은데 막상 그렇게들 적응들이 되고나면 자신들이 한인이라는 뿌리 의식조차 없는 것이 아닌가 싶을 정도로 사고방식들이 완전히 서구화되기도 합니다.

고향을 두고 떠나 낯선 세상을 살다가 세월이 지나면 가족조차 낯설어지는 게 이민자들의 삶이기도 한 것 같아 마음이 착잡하기도 합니다.

2024년 6월 14일 자 토론토 중앙일보

자전거 타며 보는 세상

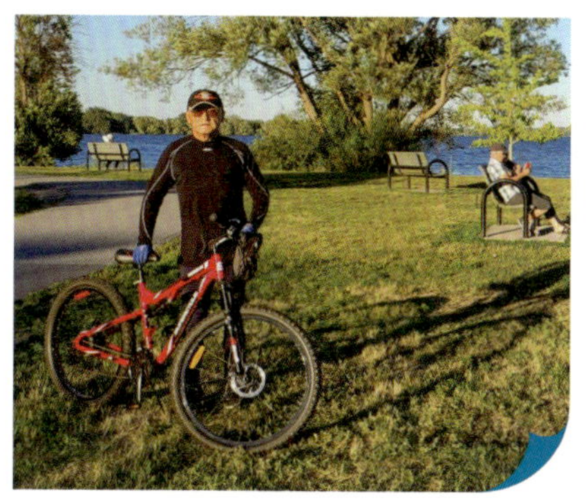

연휴 주말의 토요일 아침, 자전거를 타며 제가 사는 트렌튼의 풍경을 돌아봅니다. 한적하니 시골 동네 다운타운의 길은 차도 없이 텅텅 비었고 청소차 아저씨만 열심히 주말의 거리를 정리합니다. 한가로운 아침나절 강가에서 낚시하는 사람들과 강변 식탁에 앉아 빨간색의 국민 커피 티몰튼을 음미하며 정담을 나누는 사람들 그리고 공원길에서 애완견과 산책하는 사람들과 토요일 이른 아침부터 열리는 파머스마켓에서 물건 흥정을 하는 사람들 모두가 한가로이 연휴의 여유로움을 즐기고 있습니다.

그리고 호숫가의 산책로에 피어 있는 이 꽃 저 꽃과 파도치는 호숫가의 정경도 평화롭기만 합니다. 소일거리삼아 타는 자전거가 별것 아닌 것 같아도 제게는 꽤 의미 있고 보람 있는 일을 합니다.

늘상 무심코 지나치던 길에서 평소에는 보지 못했던 또 다른 세상을 보여 주기도 하고, 한두 시간의 투자로 건강에도 도움이 되는 운동도 하게 하고 기분 전환도 시켜 주면서 삶에 대한 의욕을 재충전해 주기도 하는데 자전거를 타며 보는 세상 풍경들은 더욱더 정겨워 보이기도 하고 아름답게 보입니다.

제가 자전거를 즐겨 타는 이유입니다.

틈나는 대로 자전거 타보시기를 권해봅니다.

썸머 페스티벌

매년 칠월 중순이면 내가 사는 트렌튼에서는 썸머 페스티벌이 열린다. 다운타운의 모든 점포가 가게 앞에 천막을 치고 사이드 워크 세일을 하기도 하고 동네 무명 악사들의 연주회와 심야의 야외극장 상영 그리고 시에서 주관하는 불꽃놀이 등 며칠간은 그야말로 축제 기간이다. 트렌튼과 인근의 주민들이 거의 모두 나와 늦은 밤까지 축제 분위기를 즐기고…
하여튼 캐네디언들은 6개월의 긴 겨울만 벗어나고 나면 무슨 구실이든지 명분을 만들어 이리저리 놀 궁리만 하는 사람들 같다.

우리 어렸을 적에 어른들에게서 하라는 공부는 안 하고 놀 궁리만 한다고 야단맞던 기억이 나는데 희한하게도 이민 생활이 좀 된 나도 캐네디언이 다 되어 가는지 뭐 그다지 볼 것도 없고 별것도 아닌 흥청거림에 덩달아 들뜨곤 한다.
하긴 뭐 잘 놀면서 즐겁게 지내기만 한다면 더 바랄 것도 없는 게 우리네 인생들이 아닌가 싶기도 하다.

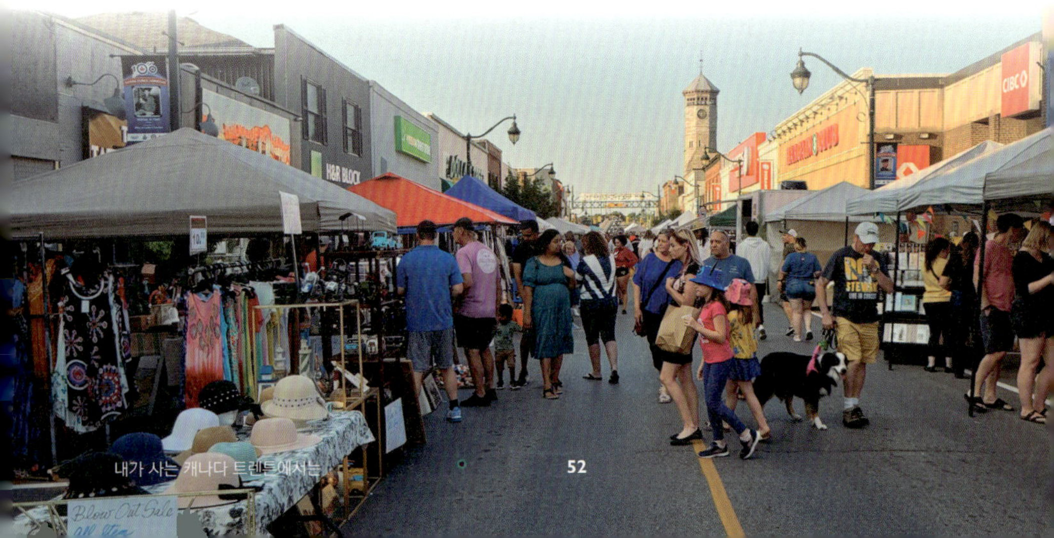

내가 사는 캐나다 트렌튼에서는

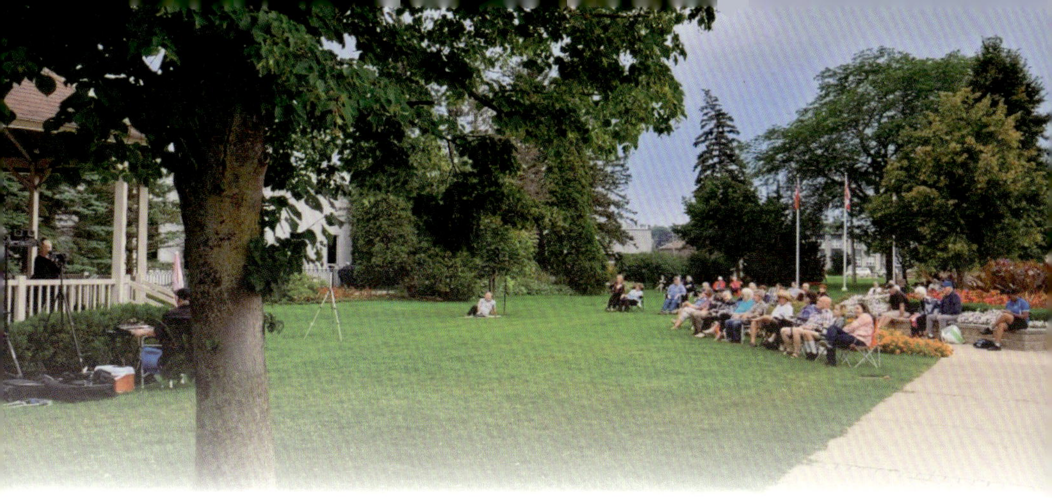

동네 음악회

    한여름의 매주 주말 저녁에 열리는 다운타운 강변공원의 동네 음악회에 가 보았습니다.

무명 가수들의 노래 무대입니다만 노래하는 가수들이나 노래를 듣는 청중들이나 노래를 잘하고 못하고를 떠나 분위기를 즐기는 모습이 참 보기 좋네요. 크게 기대도 안 하고 크게 실망도 안 하고 사는 생활이 부담이 없어 보여 편안하고 좋은 것 같습니다.

평범한 재주들이지만 우리들 동기 방이 사랑받는 이유이기도 하지요.

트렌튼의 주말 밤 풍경

　어둠이 내린 늦은 저녁에 자전거를 탑니다. 자전거를 타며 보는 주말 밤의 동네 풍경이 아름다워 몇 자 적어 그 풍경을 그려봅니다.

온타리오 호수와 휴론 호수를 왕래하는 소형 크루즈 유람선이 주말이라고 우리 동네 트렌튼의 선착장에서 하룻밤을 묵어가네요. 창문에 비치는 사람들의 모습이 한가로워 보이기도 하고요.

강변 산책로의 가로등 불빛이 오늘따라 유난히 부드러운 노란색으로 비쳐 보

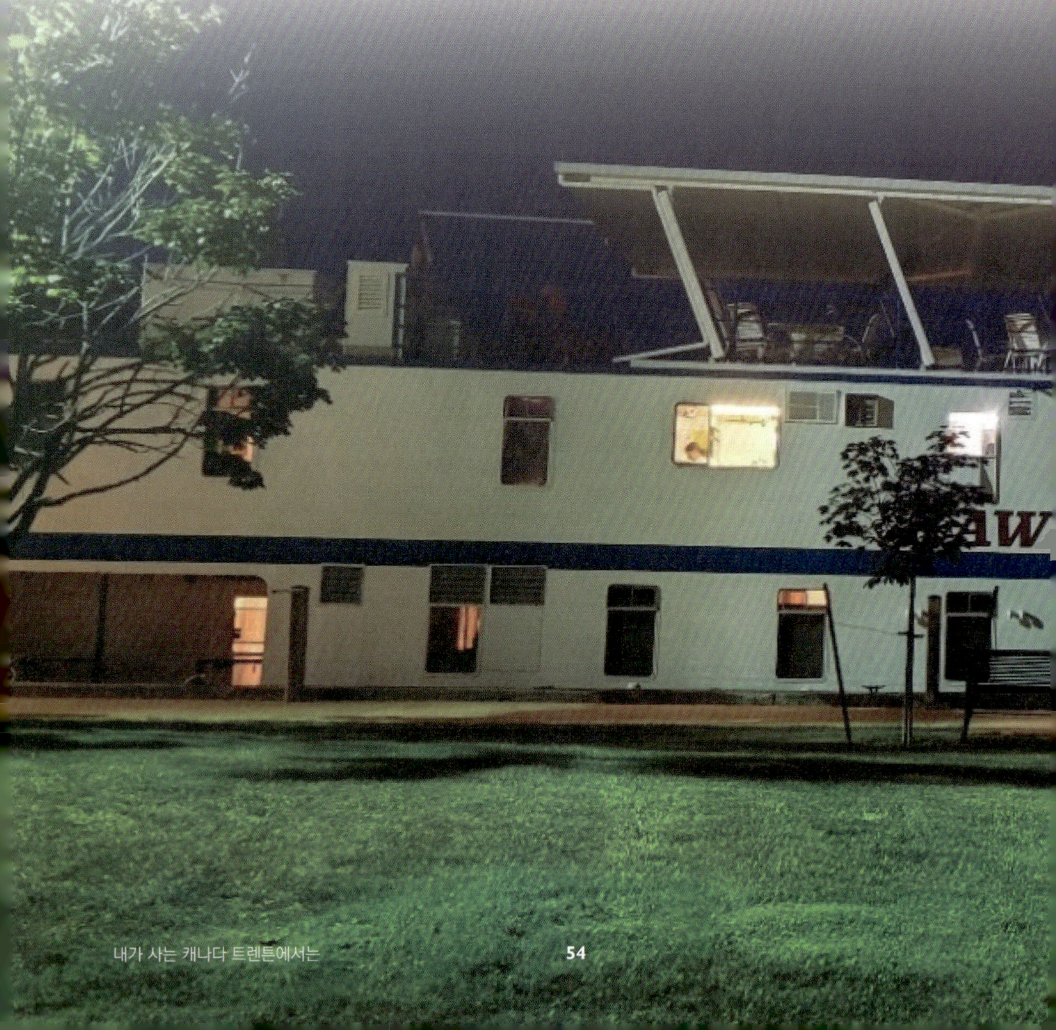

이며 고적한 분위기를 자아내고 있는데 파란색과 핑크빛으로 물든 다리의 불빛 조명은 어둠이 내려진 밤이라 그런지 그 화려함이 더하는 것 같습니다.

이미 모두들 떠나버린 레스토랑의 파티오 테이블들은 휑하니 텅 비어있고 거리의 간판과 가로등 불빛은 잠시 전까지 흥청거렸던 거리가 너무 허전해 보여서인지 뭔가 아쉬워 보이는 듯하네요.

늦은 시간인데도 결혼식이 있었던 마리나 클럽하우스에서는 피로연이 한창인데 창을 통해 보이는 사람들의 춤추는 모습이 참 흥겨워 보입니다.

밤은 깊어가는데 클럽 하우스 가든의 불빛과 호수 위의 달빛은 이제 한창인 것 같아 보입니다.

피로연 하객들의 웃음소리에 지금이 교교한 밤인 줄도 모르고…

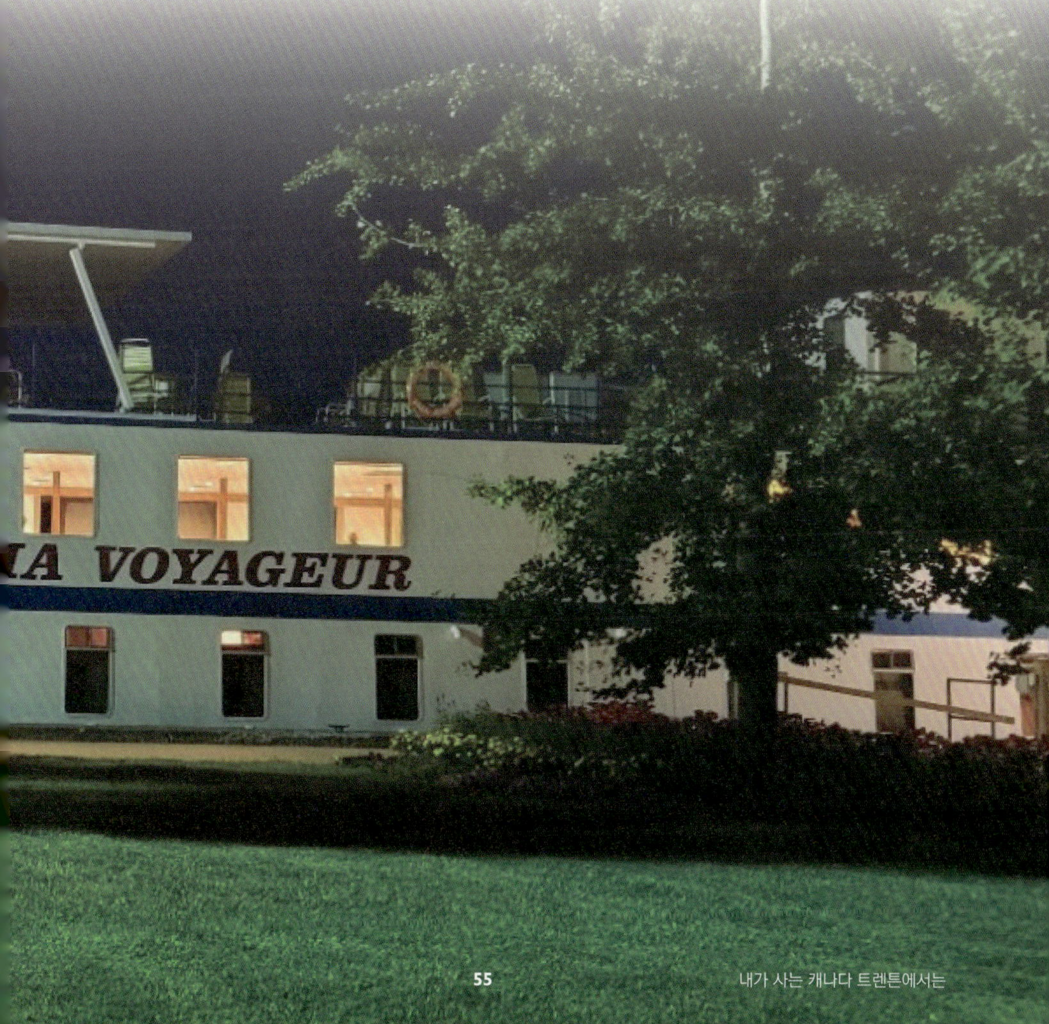

내가 사는 캐나다 트렌튼에서는

재미없는 천국? 재미도 있는 천국!

　　캐나다는 겨울이 길다. 11월부터 다음 해 4월까지 6개월이 영하의 날씨에 눈을 보고 살아야 하는 확실한 겨울이다. 선선한 봄과 가을을 빼고 나면 야외 활동하기 좋은 계절은 6, 7, 8월 3개월 정도의 한 여름이다.

이 여름에 대한 캐네디언들의 집착과 애정은 정말 대단하다고 할 수 있다. 각종 페스티벌과 이벤트 등이 추운 겨울에 맺힌 한이라도 풀듯이 이 계절에 집중되어 있다.

8월의 마지막 토요일인 어제는 가는 여름이 아쉽다고 양쪽 길을 다 막고 통행 차량을 우회까지 시켜가며 시 예산으로 밴드까지 불러다 아예 댄스 파티장을 만들었다. 원래 내숭이 없는 캐네디언들이라 여기저기서 망설임 없이 밴드의 연주에 맞춰 온 동네 사람들이 모여 나와 흥겹게 춤을 춘다.

원래 야외에서는 음주 금지이지만 이날 하루는 음주도 허용하였다. 음주라고 해야 음주량이 많은 우리 한인이 보기에는 맥주 한 병으로 저녁 내내 술 마시는 흉내만 내는 정도들이지만, 그래도 그 한병의 맥주로도 흥을 돋우기에는 충분하다.

7시 반에 시작한 보컬 밴드의 연주와 댄스파티는 밤 11시가 넘어서야 끝이 났다. 그것도 아쉽다고 사람들은 자리를 뜨지 못한다.

코로나 바람에 오랫동안 우울한 생활을 했던 아픔이 있어서인지 아주 뿌리를 뽑자고 든다.

누가 캐나다가 재미없는 천국이라고 했는가?
캐나다 그렇게 재미없는 나라가 아니다.
캐나다도 제법 재미도 있는 천국이다.

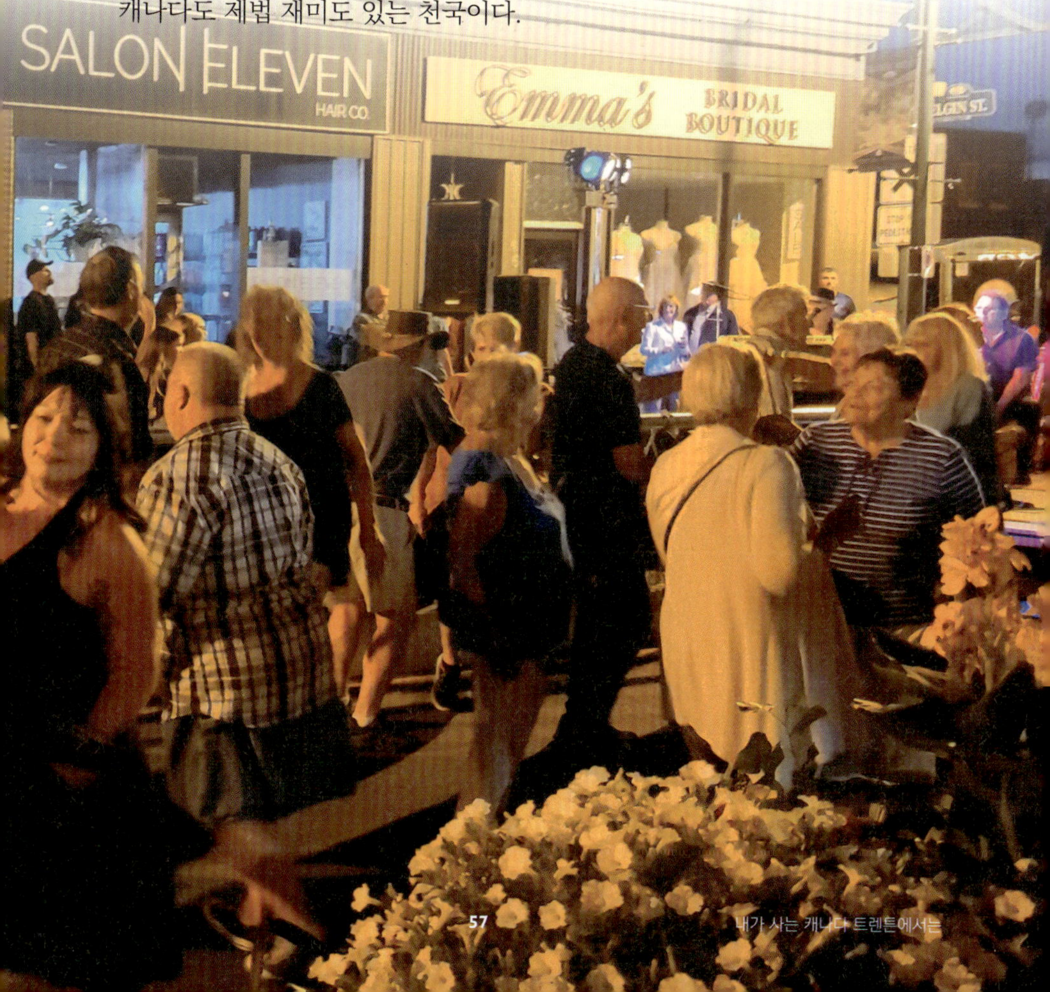

내가 사는 캐나다 트렌트에서는

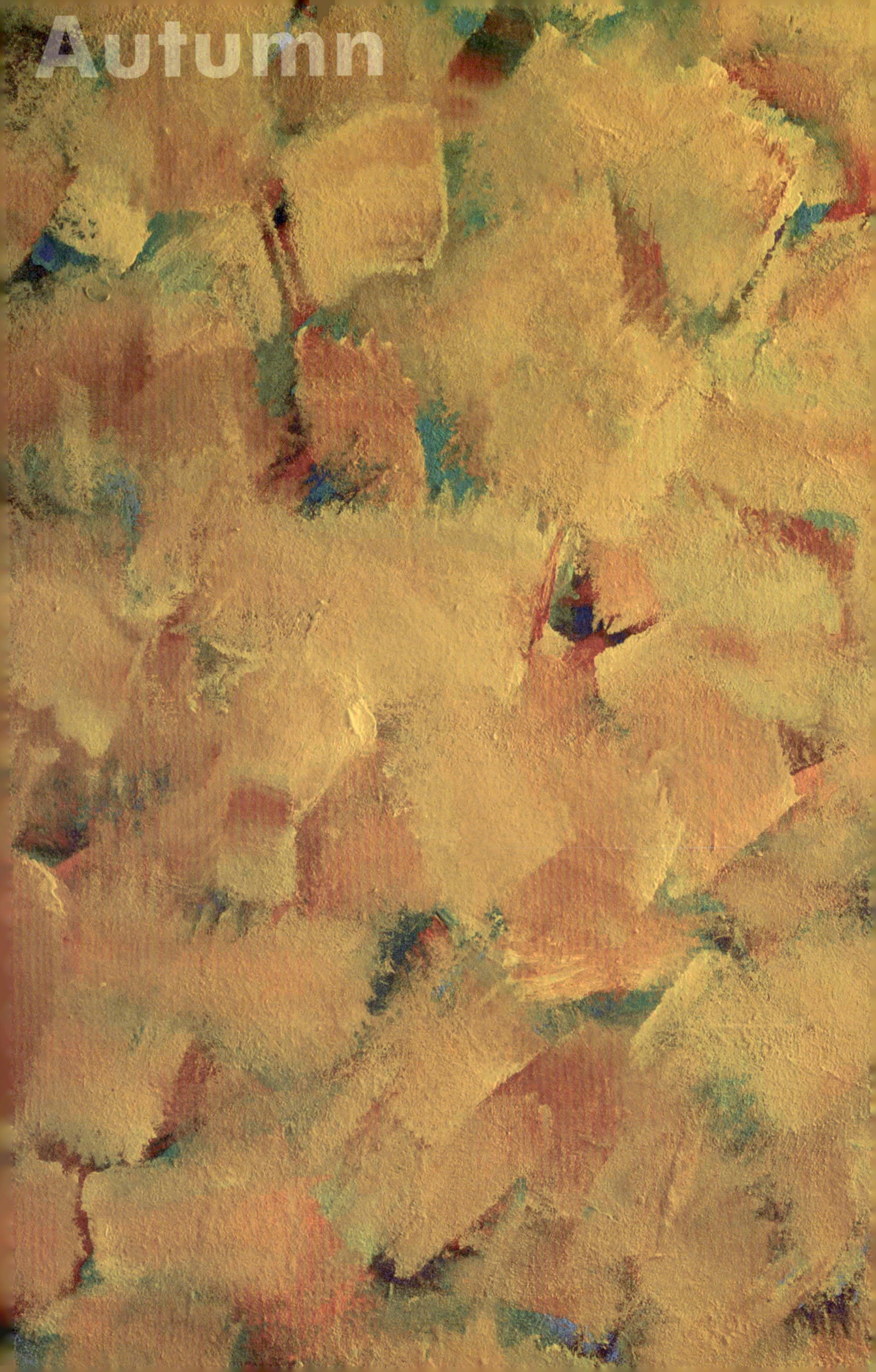
Autumn

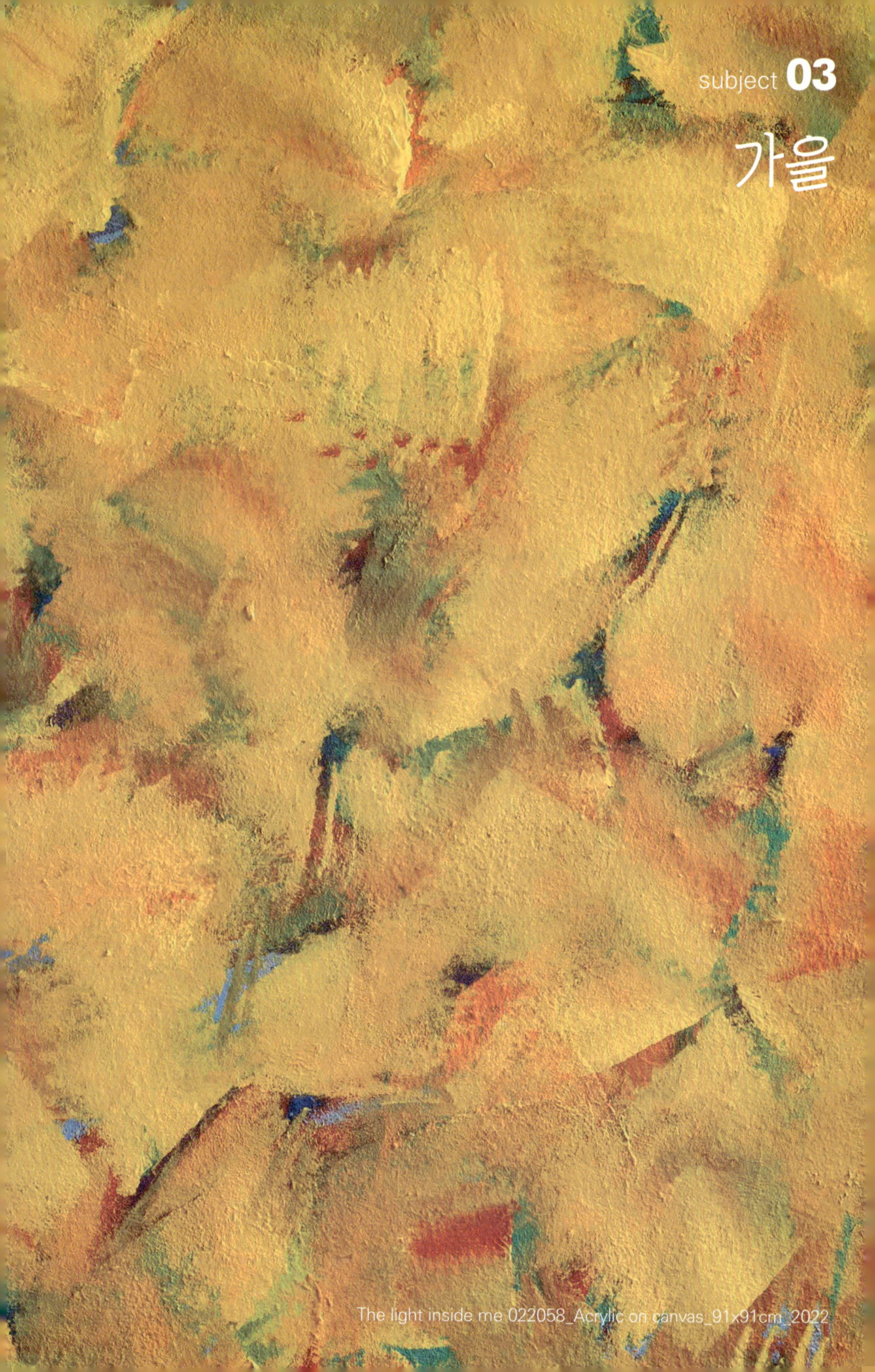
subject 03
가을
The light inside me 022058_Acrylic on canvas_91x91cm_2022

초가을

가만히 보니
가을이
살금살금
다가오고 있네요.

푸른 나뭇잎들
사이에 숨어서
하마터면
그 가을을
못 알아볼 뻔했네요.

곧
화려한 자태로 변신할
일 년 중에
가장 아름다운 계절,

무더웠던 여름날에도
매섭게 추웠던
눈 덮인 겨울에도
다시 보기를
꿈꾸었던

내가
사랑하는 사람의
곱게 단장한 얼굴 같은
그 가을을…

2023년 10월 13일 자 토론토 중앙일보

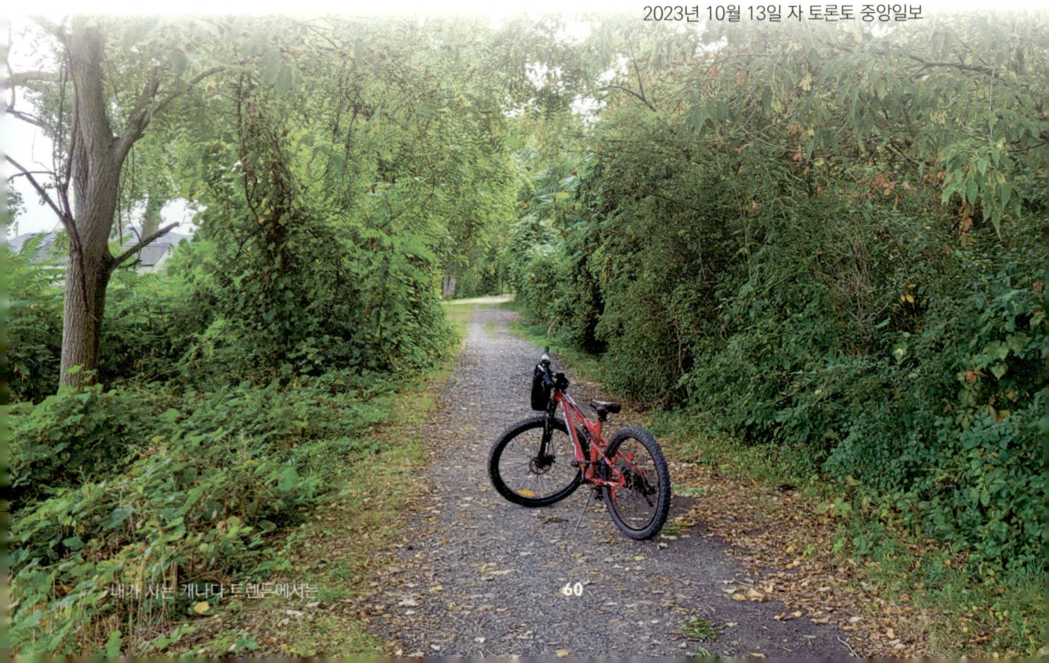

가을 본색

제가 사는 트렌튼에
가을이 찾아왔습니다.

강변 산책로에도,
트렌트강 다리 위에도,
호숫가 공원의
숲속 오솔길에도…

호수 위의 루니들도
가을이 좋은 줄 아나 봅니다.
끼억 끼억 소리높여
노래까지 하는 걸 보면…

천고마비와
사색의 계절 가을이
그 본색을 드러냈기 때문입니다.

계절의 보스!
영웅본색?
가을 본색입니다.

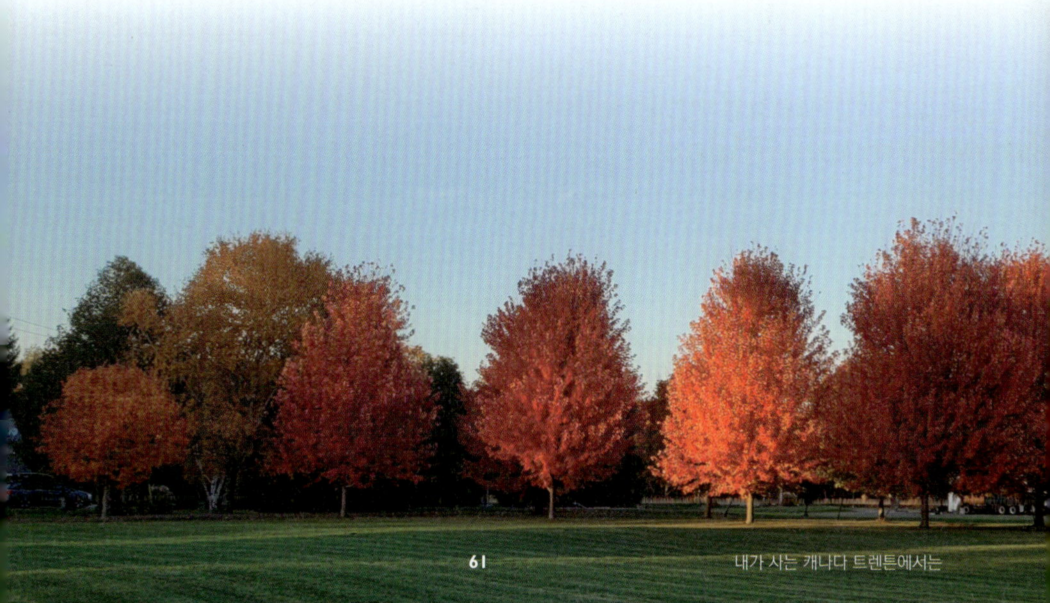

내가 사는 캐나다 트렌튼에서는

억새와 가을

가을은 가을인데
억새만 있는 가을이다.

울긋불긋한 단풍이 아닌
우리네 흰머리 같은
억새만 있는 가을이지만

화창한 하늘과
푸른 강물이 있어
또 다른 운치가 있다.

단풍 진 가을도
허옇게 바랜 억새의 가을도
하나같이 아름다운 가을이다.

분주했던
지난 세월 다 보내고
쓸쓸히 맞이하는
우리 노년의 세월도
아름다울 수 있는 이유이다.

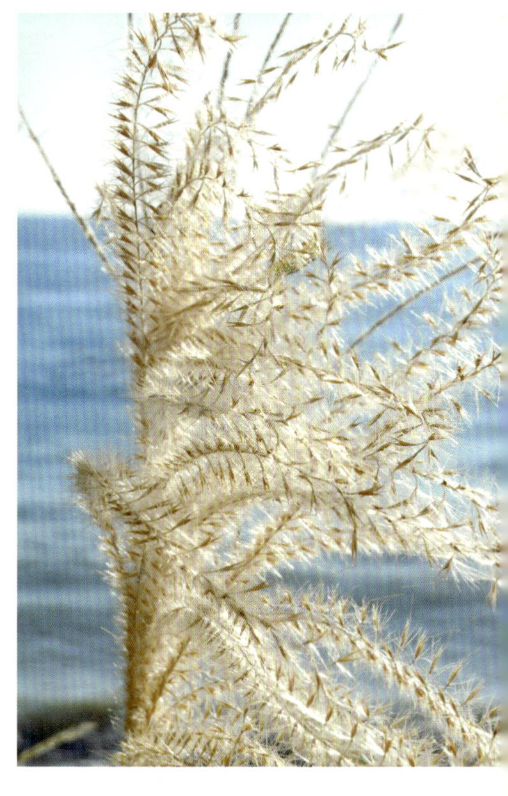

남은 세월
마음 다스리며
기품 있는 모습들이면 좋겠다.

바람 속에 흔들리며
꼿꼿이 서 있는
저 억새들처럼…

트렌튼의 가을

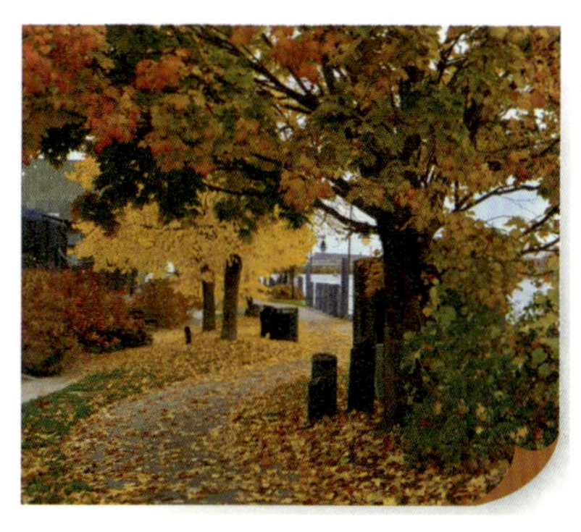

　　시월도 이제 막 중순을 넘겼다.
단풍은 거의 어제오늘이 절정이다.
자전거를 타며 내가 사는 트렌튼의
가을을 본다.

토론토에서 8년을 살다 이곳으로 이사와 만 15년을 살아오면서 숱하게 지나
다닌 호숫가 길이지만 오늘 처음 보는 풍경처럼 생소할 정도로 아름답다.

마치 항상 곁에 있어 몰랐다가 무슨 행사가 있어 단장을 하고 나선 아내의 아
름다움을 보고 놀라는 것처럼 매일 보는 내 동네 호숫가의 가을 풍경에 화들
짝 놀란다.

역시 가을의 솜씨다.

여기도 예뻐 보이고 저기는 더 운치가 있어 보이고 호수와 하늘이 어우러져
자리를 깔아주니 한창 물오른 단풍들이 춤을 추듯 화려한 몸짓을 한다.

아!!

정말 단풍 지고 낙엽 쌓이는 계절, 가을이다! 이 풍요롭고 아름다운 가을을
몇 번이나 더 만끽하다 갈 것인가?

몇 번이라니? 몇십 번은 더 보고 가야지!

가을이 나더러 장수하라고 유혹한다.

아무럼 오래오래 이 단풍 진 가을을 만끽하다 가야지!

내가 사는 트렌튼의 가을은 아무리 여러 해가 바뀌어도 여전히 내게는 새롭
게 느껴지는 가을이다.

호수와 마리나와 강이 어우러진 아담한 동네 이 트렌튼의 아름다운 가을이
내 삶의 의욕을 충만하게 해준다.

참 고마운 트렌튼의 가을이다.

2022년 10월 21일 자 토돈토 충앙일보

내가 사는 캐나다 트렌튼에서는

캐나다의 가을

　　캐나다는 지금 최고의 계절인 가을이다. 캐나다의 가을은 국기의 문양이 단풍잎일 만큼 단풍이 풍성하고 아름다운 계절이다.

이제 막 시작된 단풍철은 짧지만 앞으로 한 보름은 거의 환상 같은 풍경 속에서 지낼 수 있게 해 준다.

이 짧은 가을이 가고 나면 다시 춥고 지루한 6개월의 겨울이 시작되지만 모두 다가올 겨울은 마음에 두지 않고 이 가을의 정취를 즐긴다. 이 짧은 기간의 계절이 1년을 지탱하게 해 주는 힐링의 시간이 되기 때문이다.

우리네 인생도 짧지만 흐뭇하고 보람 있을 그 시간을 위해 한평생 수고하며 고된 삶을 사는 것이 아닌가 싶다.

삶의 고단함이야 그 크고 적음을 어찌 논할 수 있겠는가?

누구에게나 삶은 고달픈 여정인 것을…

삶의 의미와 척도를 슬기롭게 헤아릴 수 있는 사람이 진정한 인생의 승리자가 아닌가 생각해 본다.

천고마비의 계절, 이 가을에 우리네 인생의 의미를 되새겨 본다.

동네 마리나와 호수의 풍경을 담아보며 흐뭇한 마음으로 외쳐 본다.

오메! 단풍 들었소!

2022년 10월 21일 자 토론토 중앙일보

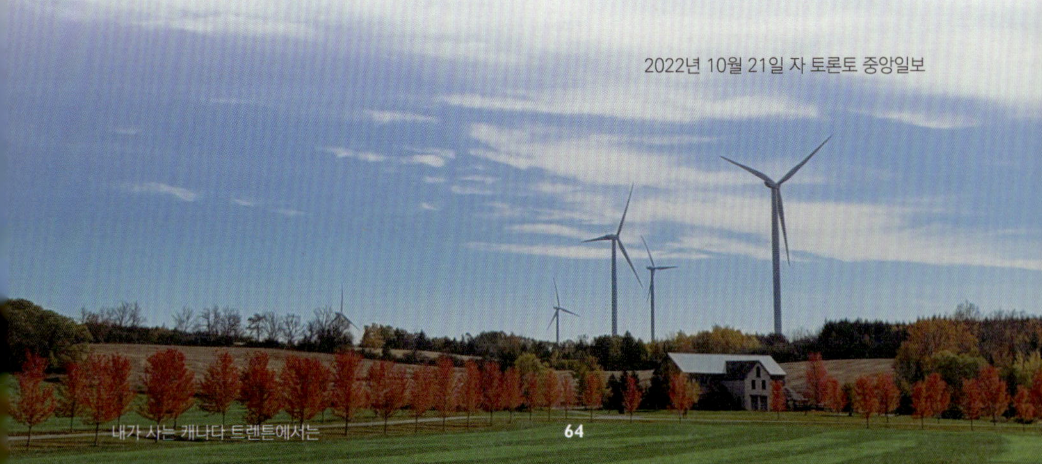

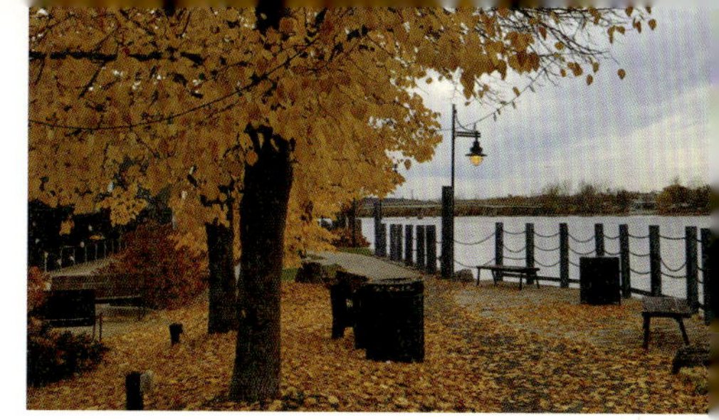

괘씸한 가을!

영수야!

어느새
거리의 가로수들이
노랗게 물드는 가을이 왔다.
어김없이 바뀌는 계절은
자연이 우리에게 주는
큰 선물이다.

높고 파아란 하늘과
조금씩 물들어 가는 단풍
그리고
바람에 일렁이는 코스모스가
우리의 마음을 평화롭게 한다.
우리 젊었던 날
등산길을 함께 걸으며
행복해 했던
소싯적 친구들도 생각나고…

그거참!
가을은 우리 모두를
행복하게 만드는 신통방통한 계절
이다.

건강해라!
영수야!

이 좋은 가을은
내년에도 내후년에도
그리고 십 년 뒤에도 이십 년 뒤에도
어김없이 찾아온다.
아무리 즐겨도 물리지 않는
이 가을을 할 수 있는 한
질기게 만끽해야 하지 않겠니?

구질구질하게
오래 살고 싶은 생각은 없는데
괘씸하게도
이 가을이 나를 참 비굴하게 한다.

아무려면 어떠냐?
우리 오래도록
이 가을을 즐기며 살자꾸나!
이 가을이
나를 장수하라고 자꾸 꼬드끼는것
같다.

내가 사는 캐나다 트렌튼에서는

다 저문 가을

늦은 가을날에는
하루 비바람이 무섭다.

그러잖아도
떨어져 낙엽이 된
단풍잎들이 대부분인데
어제 하루 비바람에
나뭇가지가 붙어있는
잎새를 보기가 힘들다.

다 저문 늦가을 저녁에
힘없이 내려앉는 노을만 붙잡고
가을과의 이별을 아쉬워한다.

아직은 날이 차지 않아
그런대로 가을이 남겨 논
정취를 느낄 수 있다.

이제는
정말 겨울을 준비해야 하나 보다.

오는 겨울은 또 겨울대로
살갑게 맞이해야지.
여섯 달씩이나 되는
운명 같은 겨울인데…
지난 세월 살아오면서도
어디 좋은 시절만 있었나!
안 좋은 시절이 더 많았었지.
가을 같은 좋은 시절은
잠깐뿐 아니었던가!

사는 게 다 그렇지, 뭐!
잠깐의 좋은 시절을 위해서
그 많은 세월 땀 흘리지 않았는가!

겨울은 겨울대로
그 낙을 찾아 살아야겠다.
살날도 그리 넉넉지 않은데
다 저문 가을이
좋은 충고를 해준다.
그래도
아직은 아름다운 가을이다!

2022년 11월 24일 자 토론토 중앙일보

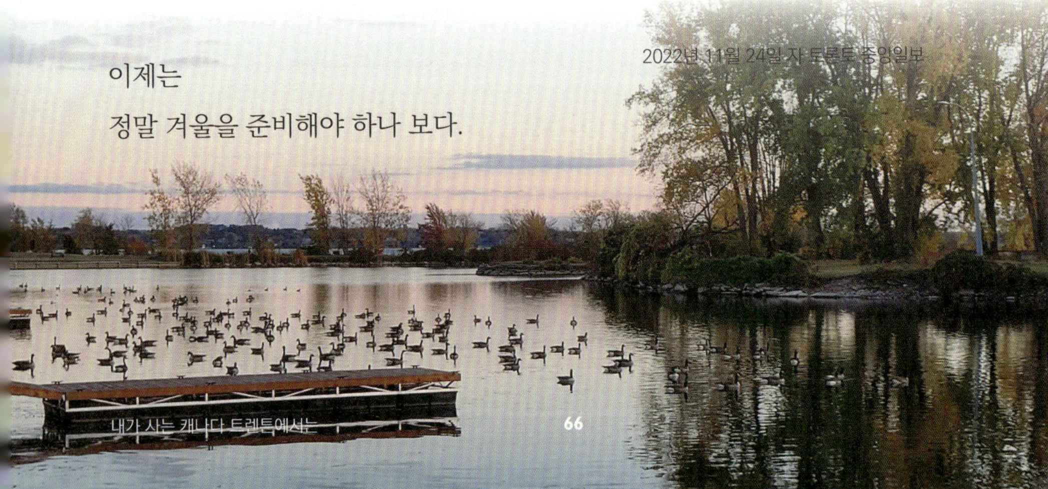

자전거와 노을

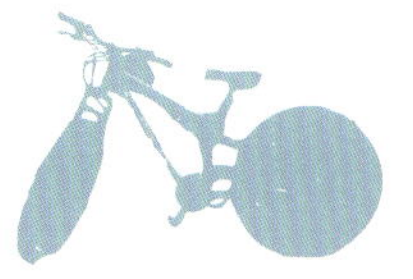

이제는
노년의 내 일상이 되어버린
자전거와 노을의 정경을
담아 보았습니다.

그 슬프도록
붉은 노을을 보며
아쉬움 많은
내 인생도 되돌아봅니다.

이것저것
참 생각도 많습니다만
지금은
그저 저 아름다운 노을만을
즐기고 싶습니다.
아무리 아쉬워도
저 노을은
잠시 후면 지고 말테니까요.

내게
남은 세월도
마음 상할 일 없이
그저 무탈하게
자전거 타며 지는 노을을
감상할 수 있기만을
바랄 뿐입니다.

2024년 10월 4일 자 토론토 중앙일보

내가 사는 캐나다 트렌튼에서는

노을 단상

호수와 노을이
어우러져
황금빛 세상을 보여주네요.

잠시 뒤면
사라질 노을이지만
지금은 황홀합니다.

또 잠깐 뒤면
사라질 우리네 인생도
지금을 만끽할 수밖에요.

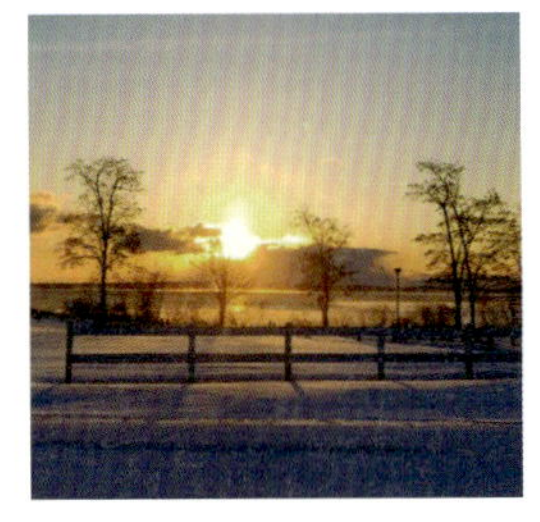

누구라 할 것 없이
하나같이
저 노을처럼
사라져 버릴 인생들이기에…

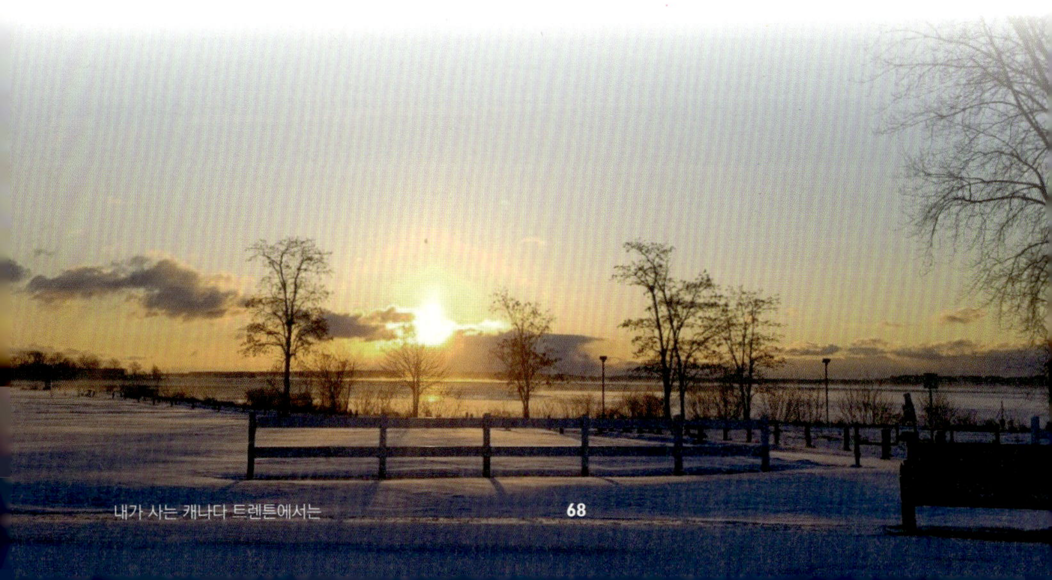

노을과 인생

　　환하게 밝았던 대낮을 지나 하루가 저물 무렵 어둠이 오기 전에 보여지는 노을은 대낮의 눈 부신 햇살보다 오히려 그 부드러운 붉은 빛이 더 할 수 없이 아름답다.

발갛게 물들었다가 어둡게 저물어 가는 노을을 보며 가슴 저미는 감동 속에 지나온 내 삶을 되새겨 보기도 하고 황혼의 나의 삶을 생각해 보기도 한다.

우리네 인생도 나이 들어 삶과 행복의 의미를 깨달을 즈음인 황혼의 노년이 혈기 왕성했던 젊은 날들보다도 더 아름답게 느껴진다.

저녁 무렵 노을의 아름다움을 바라보고 심취할 수 있으면 그 하루가 고단했더라도 삶의 기쁨이 느껴지기도 하고…

사람들은 끝이 좋으면 해피엔딩이라고들 하는데 그 해피엔딩은 내 마음먹기에 달렸다.

지나온 세월이 어떤 인생이었는지 지금의 내 처지가 어떤지와 관계없이 노년의 인생을 더 소중하게 생각하고 살아야 하는 이유이다.

체념과 낙담이 아닌 아량과 관용으로 내 노년의 행복에 충실하여야겠다.

2023년 11월 12일 자 토론토 중앙일보

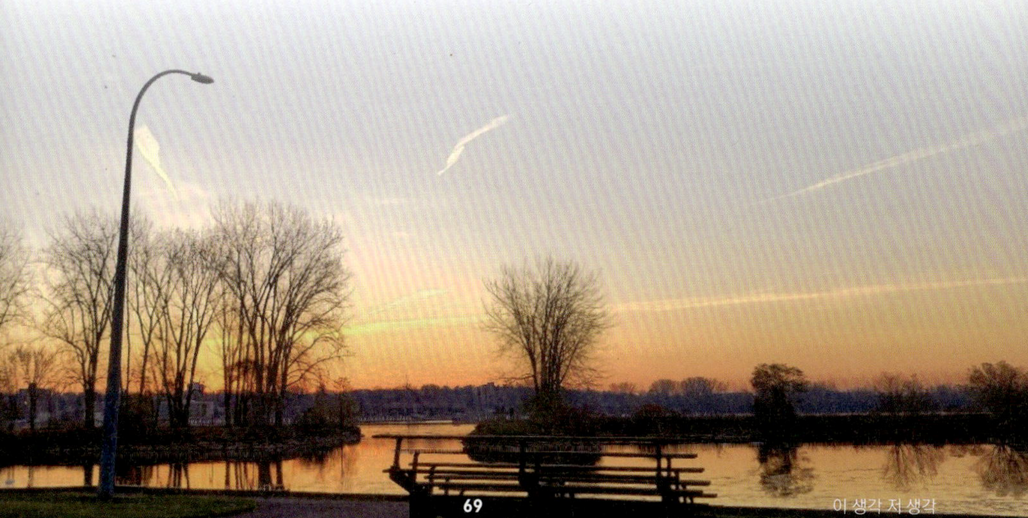

이 생각 저 생각

저녁 노을과의 대화

　　해도 길고 날도 화창한 저녁나절에 자전거를 타면서 내가 좋아하는 자전거 코스의 풍경들을 바라보는데 일몰이 시작되어 어둠이 내릴 때까지의 풍경이 정말 환상이다.

황홀할 정도로 아름다운 노을과 호수를 바라보며 이 생각 저 생각 상념에 젖어본다.

내가 이곳 트렌튼에 산 지가 14년이 되었지만 이 아름다운 풍경을 보기 시작한 것은 자전거를 타기 시작한 불과 3년 전부터이다.

똑같은 모습으로 그 자리에 그대로 있었건만 사느라고 바쁘다는 명분하에 이렇게 아름다운 세상이 있는 줄 미처 깨닫지 못했었다.

사는 형편은 비슷해도 뒤늦게 보기 시작한 요즈음의 생각은 이 좋은 세상을 보고 느끼지 못하고 살았던 것이 살기 바빠서라기보다 내 마음의 여유가 없었던 것이었음을 깨닫게 된다.

언제나 그 계절의 뒷자락에 가서야 지나가는 계절의 아쉬움에 안타까워했던 일들이 생각난다.

심지어 거리에 쌓이는 눈과 살을 에이는 추위에 이 추운 계절이 어서 가주기를 그렇게 기다렸던 그 겨울조차도…

우리네 인생도 그 끝자락에 와서야 세상의 아름다움을 깨닫는 것이 참으로 안타깝다 하지 않을 수 없다.

진작에 깨닫고 살았더라면 내 마음의 평화를 얻어 삶의 질이 더욱더 좋아졌을 텐데…

그래도 뒤늦게라도 아름다운 세상, 살만한 세상, 재미있는 세상임을 알게 되어 참으로 감사하는 마음이다.

좀 늦었기는 해도 내 인생의 끝자락에 많이 남지 않은 세월이지만 꼼꼼히 챙겨가며 그 아름다움과 즐거움을 만끽하며 살리라.

지난 세월 보지 못하고 느끼지 못했던 그 어리석음을 모두 만회라도 하겠다는 듯이…

오늘은 노을이 내게 참 많은 말을 해주는 것 같다.

2022년 8월 19일 자 토론토 중앙일보

내가 사는 캐나다 트렌튼에서는

찾아보는 아름다운 세상

　어제는 볼 일이 있어 제가 사는 트렌튼에서 동쪽으로 한 시간 거리인 킹스톤에 다녀왔습니다. 다니러 간 길에 인근에 있는 천섬 유원지의 유람선 정박장에 들러 보았습니다.

요즘 나이가 한해 한해 더 들어가면서 한가지 재밌는 버릇이 생겼습니다. 어디를 가든지 그곳 인근의 풍광이 좋은 곳은 꼭 들러 봅니다.

예전에는 바쁜데 뭐 나중에 또 오지하며 지나쳤습니다만 요즈음은 할 수 있는 한 꼭 들러서 또 볼 수 있을까 하는 생각으로 명화를 감상하듯 꼼꼼히 둘러봅니다.

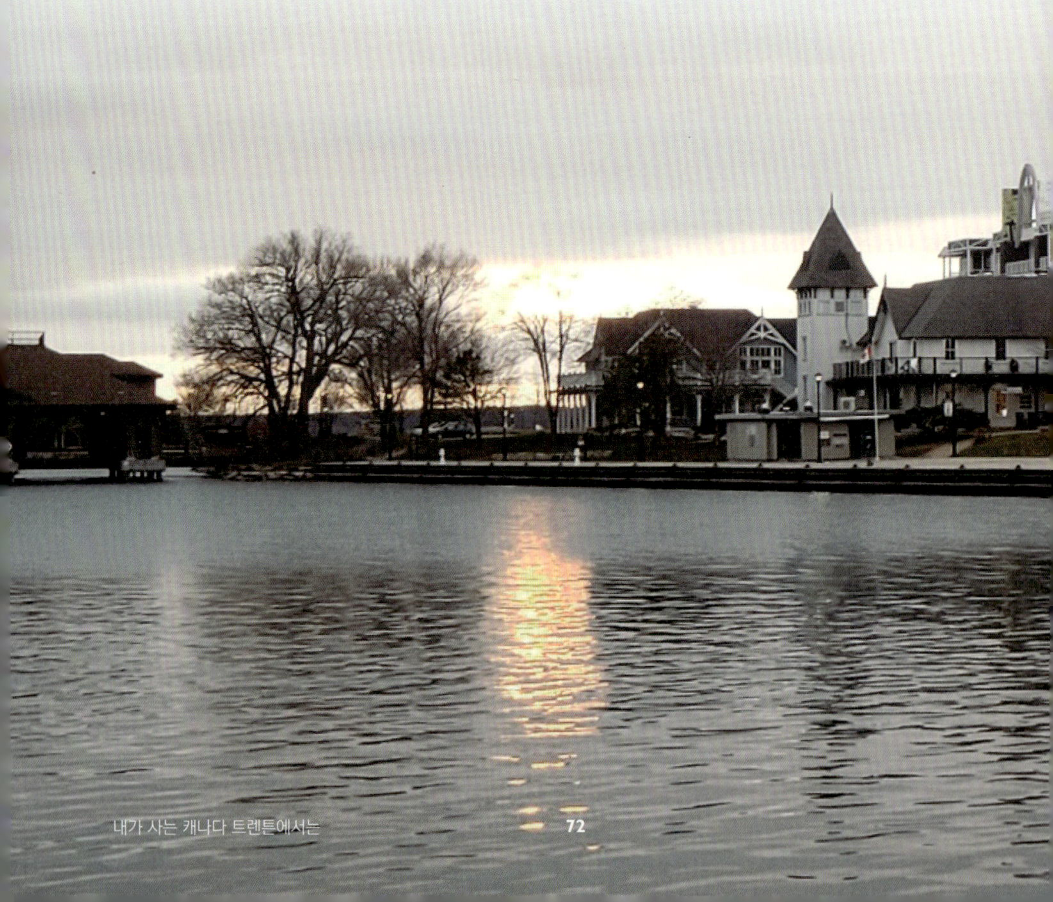

그래요!

우리에게 남은 세월이 그리 많지 않은데 언제 또다시 오겠습니까?

바쁘다 미루지 마시고 세상 소풍 꼭 챙겨서 즐기시지요.

그런 아쉬운 마음으로 돌아보는 세상 구경은 유난히 더 운치도 있고 아름다운 것 같습니다.

그거참! 희한하지요?

예전에도 똑같은 풍경이었었는데 오늘은 왜 이리 더 아름다워 보이는지 모르겠습니다.

참 아름다운 세상입니다.

2024년 8월 2일 자 토론토 중앙일보

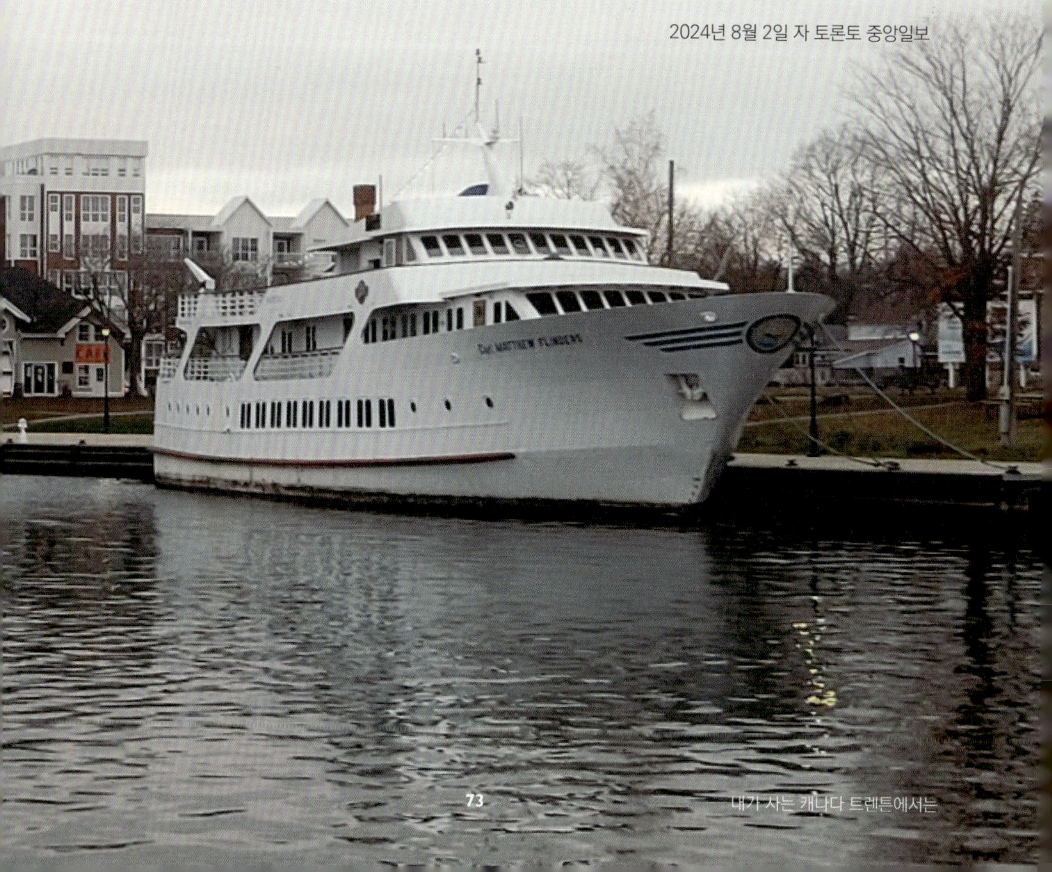

내가 사는 캐나다 트렌튼에서는

Winter

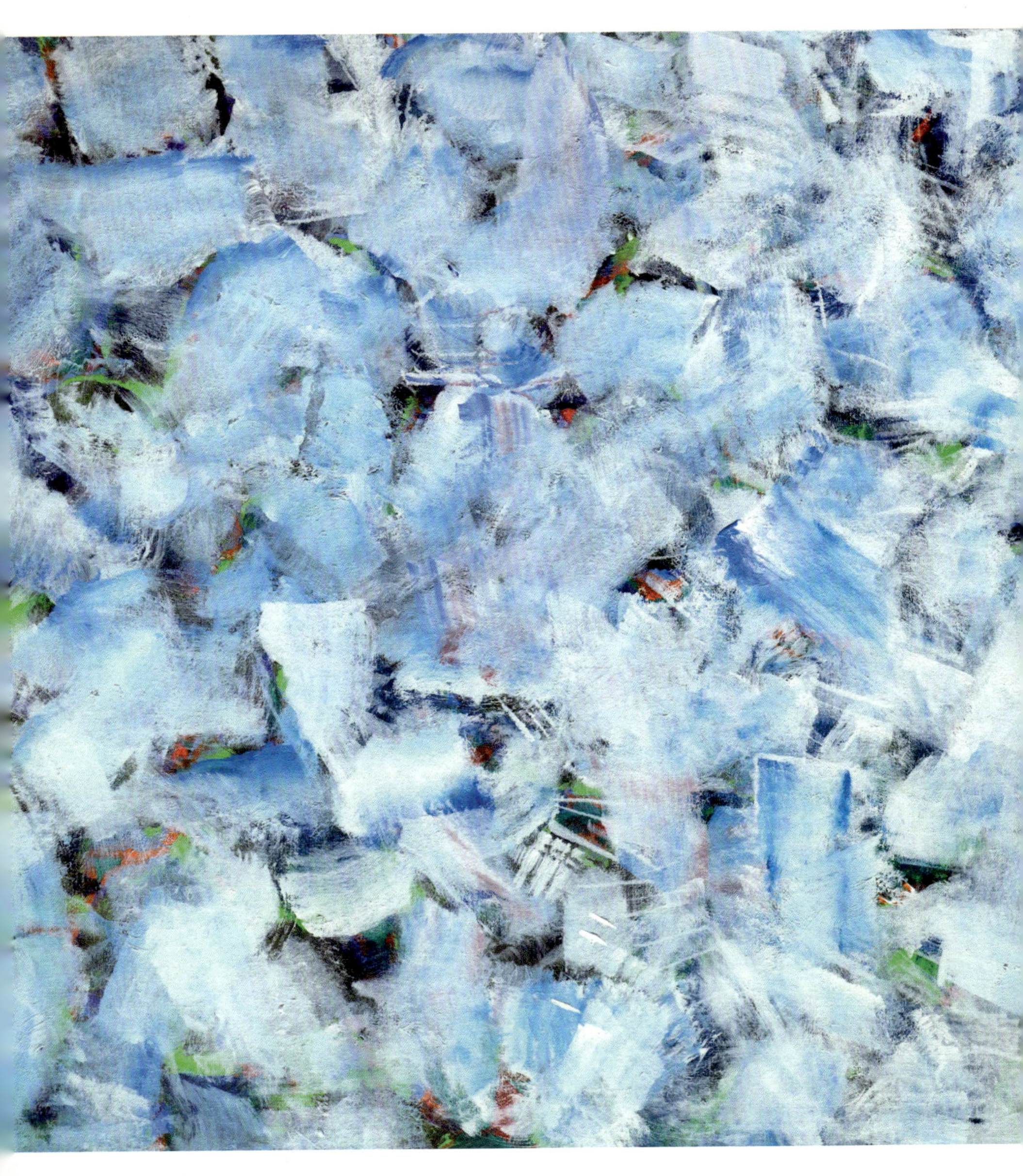

겨울

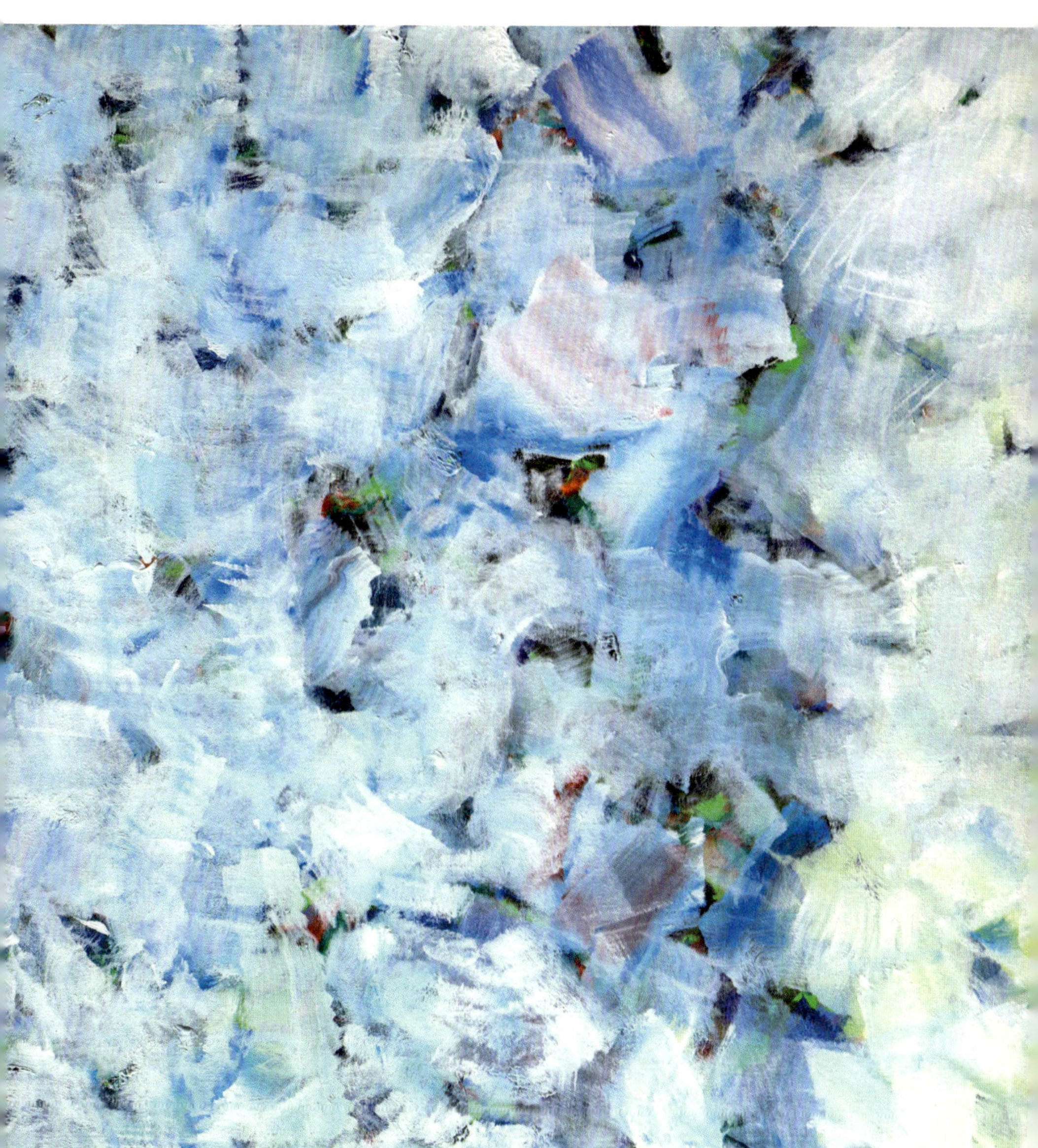

The light inside me 022018 Acrylic on canvas 120x240cm 2022

눈도 좋다니깐요!

으이구!
다시 또 설국이다.

어쩌겠냐?
눈 내린 풍경도 좋다 하고 살아야지!

그러다 보면
진짜 눈과 겨울도 좋아지겠지!

이러나저러나
앞으로 여섯 달은
이 모양으로 살아야 할 텐데 뭐!

아! 글씨!
눈도 좋다니깐요!!

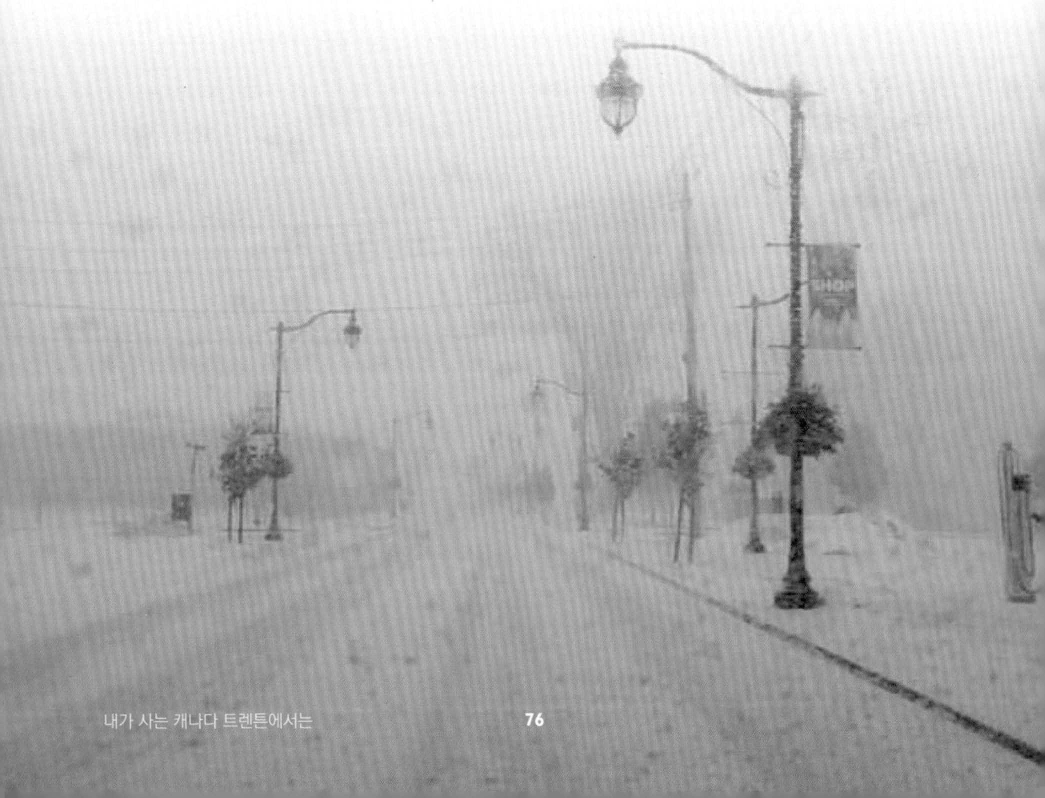

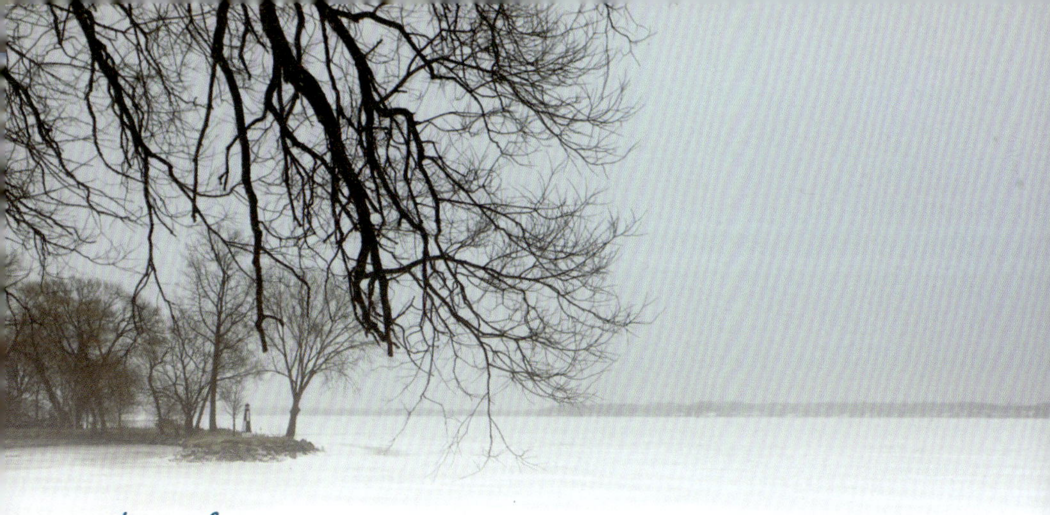

눈이 내리면

눈이 내리면
괜스레
공허한 마음에
하늘을 본다.

무심하게
내리는 눈이지만
오늘은
내 마음 때문인가
그 느낌이 처연하여
하염없이 바라본다.

자꾸 내려도
사라져 버리는
신기루 같다는 생각에
부질없는 줄 알면서도

조금이라도 더
내 마음에 담아보고자
애를 써본다.

사랑도 미움도
기쁨도 슬픔도
드러내는 표정 하나 없이
어제도 오늘도
속절없이 내리는 눈을.

그래도
내게 만큼은
왜 사느냐 묻는 것 같아

눈이 내리면
괜스레
하늘을 본다.

내가 사는 캐나다 트렌튼에서는

겨울나무

동네 한켠에
두 그루의 나무가 서 있습니다.

한겨울에 보는 나무들은
잎새 하나 없이
앙상한 가지만을 보여주지만
그 모습이 처연하면서도
또 의연해 보입니다.

푸르던
한창 시절의 모습과는 달리
일부러
그리고자 해도
그처럼 운치 있어 보이기가
쉽지 않을 것 같습니다.

푸르던 시절
다 지나 보낸
우리네 노년의 인생도
저 나무들처럼
운치 있어 보였으면 좋겠습니다.

푸르렀을 때는
보여주지 못했던 의연함이
우리네 삶을
더 빛나 보이게 한다는 듯이…

진정한
인생의 참맛은
노회한 나이가 되어서야
느낄 수 있는 것이 아닌가 싶습니다.

연륜이 쌓이고
노회하여
더 아름다운 인생입니다!

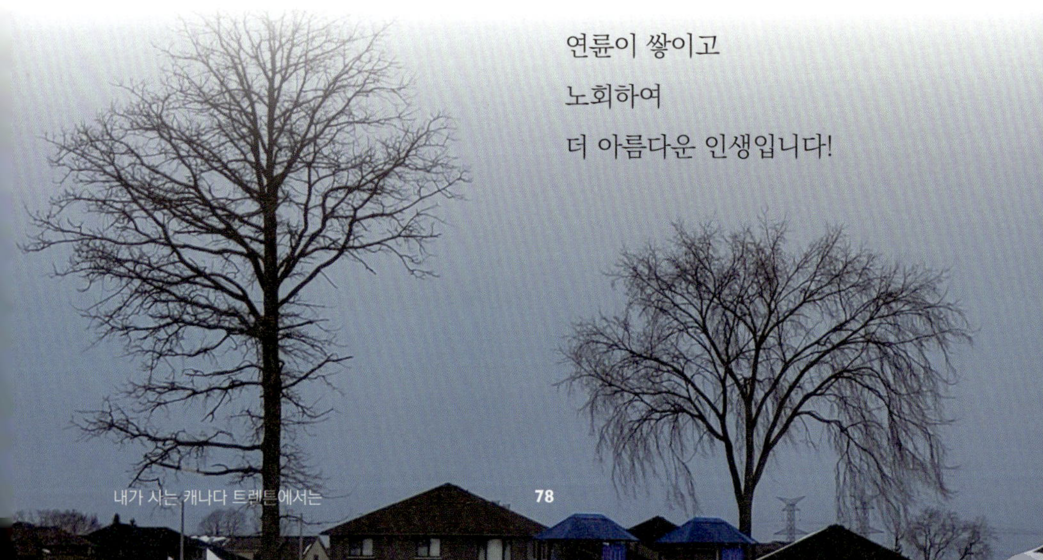

세모 풍경

　　어느덧 금년도 다 지나가는 11월 중순이다. 그 화려하고 풍성했던 단풍 진 가을을 보내고 앙상한 나뭇가지들만을 마주하게 된 쌀쌀한 추위의 초겨울로 접어드는 시기이다. 한 달쯤 뒤에 다가올 크리스마스가 기다려지는 때이기도 하고…

내가 사는 트렌튼, 작은 타운의 거리에도 크리스마스 장식이 꾸며졌다. 썰렁할 수 있는 초겨울의 분위기를 크리스마스 장식들이 화려하게 수를 놓아 조금은 거리를 환하게 밝혀주는 것 같다.

옛날 젊었을 때 같으면 크리스마스 캐롤과 함께 화려한 거리의 풍경을 보면 괜스레 기분이 들뜨기도 하곤 했었는데 나이 든 요즈음에는 세상이 참 아름답다는 생각도 하지만 많이 남지 않은 세월 중에 또 한 해가 가는구나 하는 아쉬움에 쓸쓸하고 허전한 마음이 더 하는 것 같다.

가는 세월 어찌할 수도 없는 노릇인데 친구들과 기회 있을 때마다 주고받았던 얘기처럼 그냥 지금을 즐기고 사는 수밖에…

지금도 또 지나가고 나면 아쉬운 옛날이 될 테니까…

아름다운 것은 아름다운 대로 또 따뜻한 것은 따뜻한 대로 좀 아쉬운 것은 아쉬운 그대로 받아들이며 내가 지금 살아있음을 감사해하며 지내야겠다. 가로등에 매달린 하얀 눈 모양의 네온들이 유난히 더 아름답게 보이는 밤이다.

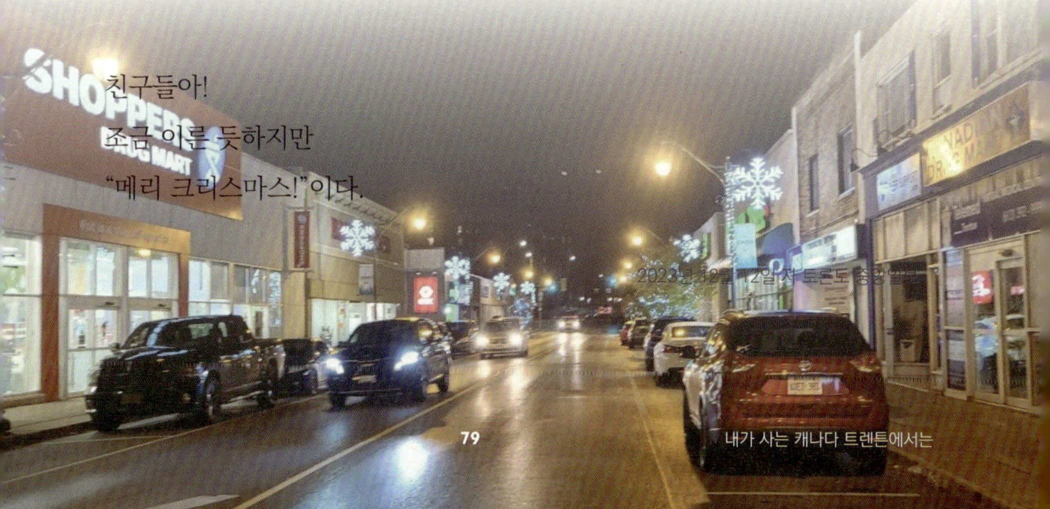

내가 사는 캐나다 트렌튼에서는

크리스마스 야경

매년 크리스마스 시즌이 다가오는 11월 말이면 우리가 살고있는 트렌튼 다운타운의 작은 공원에는 크리스마스 야경을 위한 조형물들이 설치되곤 합니다. 사진을 찍기도 하고 재잘거리는 아이들의 웃음소리와 함께 가족들의 나들이 장소로 그리고 젊은 남녀들의 데이트 장소로 애용되는 아담하고 조용한 곳이기도 합니다.

이따금 두 마리의 말이 끄는 싼타클로스 마차가 즐거운 탄성을 쏟아내는 아이들을 태우고 경쾌한 방울 소리를 울리며 따각따각하는 말발굽 소리와 함께 공원 근처를 지나가기도 합니다. 저녁 식사를 마치고 공원 가득 울려 퍼지는 캐롤송을 들으며 제 아내와 우리 집 애완견 래미와 함께 걷고 있으면 우리도 어느새 그 행복한 정경의 일부로 스며들기도 합니다.

작은 규모이지만 겨울밤을 따뜻하게 해주고 사람 사는 맛이 나는 세상을 만들어준 시 당국의 배려에 감사하면서
참 ! 아름다운 세상이라는 생각을 합니다.

누군가 우리에게 사랑이 있을 때 세상이 아름답게 보인다고 했는데 지금, 이 세상이 아름답게 보이는 것은 제게도 따뜻한 사랑이 곁에 있기 때문이라고 생각합니다.

이 아름다운 세상을 계속해서 보고 느낄 수 있도록 오래도록 제 곁의 사랑과 함께 했으면 합니다.

크리스마스 집장식

　　해마다 크리스마스 시즌인 이맘때면 이곳 캐나다인들은 집 장식을 합니다. 모두가 다 하는 것은 아니지만 어떤 동네의 경우에는 전 가구가 참여하여 무슨 경연대회라도 하는 듯이 화려하게 집장식들을 하여 오가는 통행객의 눈길을 사로잡습니다. 제가 사는 트렌튼에서도 멀지 않은 곳에 해마다 집 장식을 하는 동네가 있어 차로 드라이브하며 구경합니다.

사실 집 안에 있는 집주인으로서는 만만찮은 비용과 수고를 들여 장식하지만 정작 실내에서 생활하는 자신들은 점등이 되는 저녁과 밤의 대부분을 직접 보지는 못하고 지냅니다만 외부의 사람들에게는 즐거운 볼거리가 되어줍니다. 정성 들여 치장한 내 집을 보고 즐거워할 사람들을 생각하며 집주인 또한 행복해 하고…

사람사는 세상이 그런 것 같습니다.

내가 하는 일이 남에게 도움이 되고 즐거움이 될 때 나도 기쁘고 즐거울 수 있는 것 같습니다. 우리가 사회나 직장에서 생업으로 하는 모든 일들이 결국에는 이 한 세상 돌아가는 데 기여를 하는 일들입니다.

내가 아닌 남을 위한 일들인 것이지요. 그 남을 위한 일이 잘 되었을 때 경제적인 부와 개인의 성취감을 얻기도 하는 것이 아닌가 생각해 봅니다. 나보다는 남을 위해 배려하며 사는 세상이 살만하고 아름다운 세상입니다.

더구나 생업에서 은퇴하여 외롭고 심심할 수밖에 없는 인생의 후반기에는 할 수 있는 한 스스로들 남을 배려하는 삶을 찾아 시간을 보내도록 애쓰며 살아야 제대로 사는 것 같은 의미 있는 삶이 될 것 같습니다. 크리스마스 집 장식의 화려한 불빛이 아름다운 밤입니다. 따뜻한 마음으로 모두들 즐거운 성탄절 연휴가 되길 바랍니다.

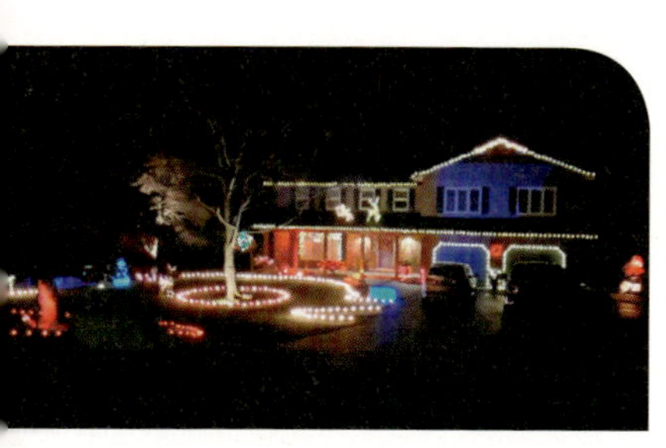

2023년 12월 22일 자 토론토 중앙일보

크리스마스 퍼레이드

　　올해도 어김없이 트렌튼의 다운타운 거리를 행진하는 크리스마스 퍼레이드가 있었습니다.

날씨가 춥지 않아서인지 예년보다 훨씬 많은 사람들이 운집하여 무척이나 북적거립니다. 선두에 지역 정치인과 시장이 탄 오픈카가 여유롭게 손을 흔들며 지나가고 뒤이어 차량마다 번쩍이는 크리스마스 장식과 함께 다양한 복장을 한 사람들이 캐럴송과 함께 흥겨운 율동을 하며 지나갑니다.

산타클로스와 개 썰매, 성탄 구유와 천사, 눈사람과 크리스마스트리, 디즈니 동물과 고적대 등 아주 다양한 캐릭터들이 한 시간가량을 행진합니다.

참가자 대부분이 서로 알만한 동네 사람들이고 무료로 나누어주는 초콜릿과 캔디에 아이들은 더할 수 없이 즐거워합니다.

매년 퍼레이드를 보면서 느끼는 것이지만 모두 자발적으로 참여하여 각자가 알아서 준비하는 것이라 그런지 행사 규모에 비해 치장하고 장식하는 것이 매년 그게 그 내용이고 크게 볼 것이 없습니다.

그런데도 신이 나서 함성을 지르고 즐거워하는 사람들의 모습을 보면 참 단순하고 순진하다는 생각이 들기도 합니다만 대수롭지 않은 일에도 기뻐하고 즐거워하는 그들을 보면서 진정한 행복이 무엇인지를 깨닫는 것 같습니다.

캐나다인들은 빈부의 차이와 관계없이 누구나 인생을 즐기며 살아가는 것 같습니다.

사회복지 제도가 잘 되어 있기도 하지만 자기가 번 돈 만큼만 쓰고 소소한 행복에도 만족할 줄 아는 욕심 없는 마음 때문인 것 같습니다.

우리가 살면서 희로애락을 느끼는 것은 세상이 내 마음을 아프게 하고 기쁘게 해서가 아니라 내 마음이 세상을 내 마음대로 아프게도 보고 기쁘게도 보기 때문이라고 합니다.

조금만 여유를 갖고 돌아보면 삶의 행복한 광경을 그리 어렵지 않게 발견할 수 있습니다. 등잔 밑이 어두운 것처럼 내 마음을 비우면 행복은 어디서든 찾을 수 있습니다. 멀리서 찾을 필요가 없습니다.

2022년 12월 17일 자 토론토 중앙일보

내가 사는 캐나다 트렌트에서는

한겨울의 자전거

날도 추웠고 눈도 많이 왔고 이런저런 핑계로 게으르게 지내다가 오랜만에 자전거를 타러 나왔습니다. 쌀쌀한 찬 바람이 가슴 깊이 느껴지는데 그래도 잘 나왔다는 생각이 듭니다.

멀리서 차로 지나며 보는 겨울 풍경은 을씨년스럽고 황량해 보여 무심코 지나다니기만 하였는데 역시 자전거를 타며 그 겨울 풍경 속으로 들어오니 운치가 대단하다는 생각입니다. 화려했던 가을과는 또 다른 아름다움이 있습니다.
기대 이상의 호젓한 느낌에 문득문득 멈춰서서 넋 놓고 나무와 눈과 호수를 바라봅니다. 우리네 인생도 마찬가지가 아닌가 싶습니다. 얼핏 보기에 많이 부족해 보이는 삶 같아 보여도 만족할 줄 아는 삶은 아름다울 수 있습니다.

하루하루의 일상을 찬찬히 음미하며 살다 보면 내 안에 풍요로운 삶이 있음을 깨달을 수 있으리라 봅니다. 이미 알고 있었던 깨달음이지만 수시로 망각하며 사는 내게 한 겨울의 자전거 타기가 다시 상기시켜 주네요.
한겨울이지만 할 수 있는 한 자주 나와 심호흡도 하며 자전거를 즐겨 봐야겠습니다.

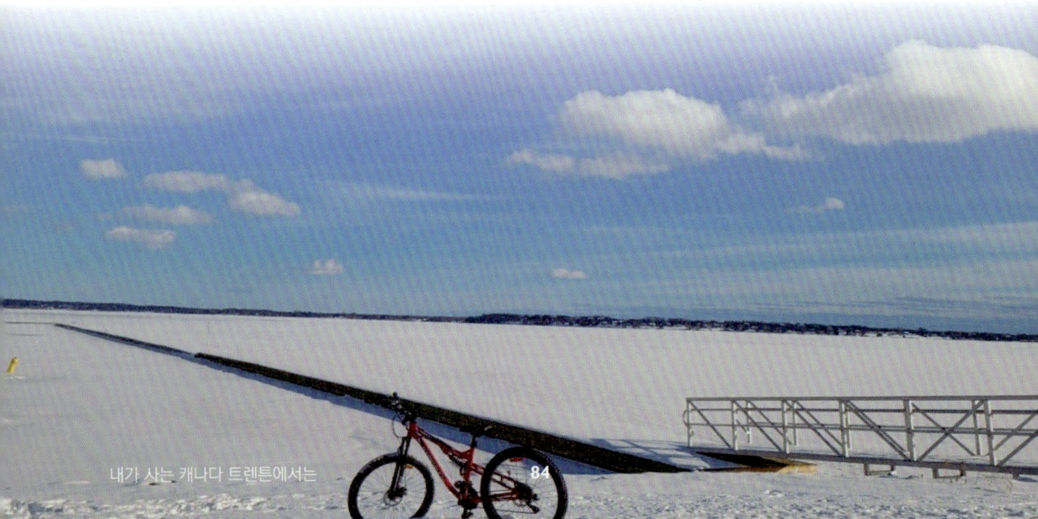

호수와 자전거 중독 증후군

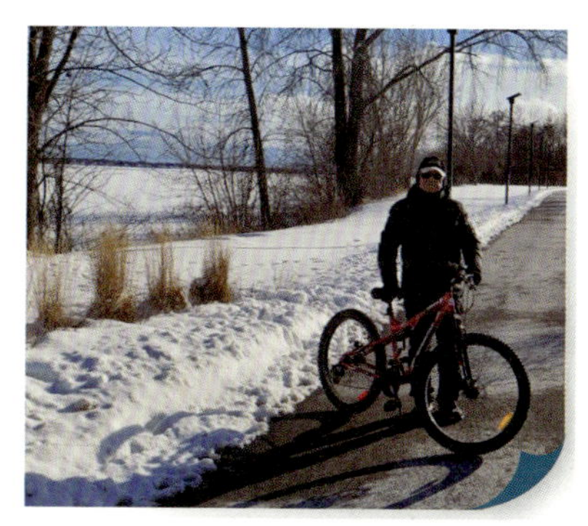

영하 10도, 체감온도 영하 18도의 추위에 자전거를 탄다. 눈동자는 얼어붙는 유리알 같고 얼굴도 쨍 소리를 내며 깨질 것 같은 느낌이다.

두툼한 장갑을 낀 손은 동상이라도 걸린 듯 감각도 없고 그래도 그 와중에 보이는 풍경이 좋아 여기저기서 사진을 찍는다. 살을 에일듯이 아플 정도로 시린 추위에 꽁꽁 언 손을 후후 불어 녹여가면서…

다시 호숫가를 자전거로 달리다 보면 시원한 호수의 설원과 파란 하늘이 어울려 그림같이 펼쳐주는 아름다운 풍경에 가슴이 벅차오른다. 거기에 시간이 좀 지나 노을이 내릴 때면 그 황홀한 광경에 전율 같은 카타르시스마저 느끼고…

하루 이틀, 일이 년도 아닌데 그 감동은 변함이 없다. 어디 가서 이런 행복감을 누릴 수 있을까? 이 호수와 자전거가 좋아서 나는 죽을 때까지 이곳에 살고 싶다는 생각이다. 아무리 봐도 일 년 사시사철 호숫가에서 자전거를 타는 나는 호수와 자전거 중독 증후군 환자인 것 같다.

그것도 아주 고질적인 중독환자!

그러면 어떤가?

내 마음만 행복하면 됐지!

이게 어디 나만의 기쁨이고 행복이겠는가?

누구나 자기의 삶에서 깨닫고 느끼고자 하면 누리고 살 수 있는 것을…

그저 나도 이 삶의 기쁨과 행복을 깨닫고 누리며 살 수 있음에 감사할 따름이다.

그래!

나는 아주 행복한 호수와 자전거 중독 증후군 환자(歡者)이다!

2023년 2월 3일 차 토론토 중앙일보

내가 사는 캐나다 트렌튼에서는

눈 위의 발자국

한겨울에 하는 트레일 워킹은 눈을 밟을 수 있어 좋은 것 같습니다. 사각 사각하는 눈 밟는 소리도 좋지만, 남겨 논 발자국으로 무언가 이루어 놓은 것 같아 야릇한 성취감도 있다는 생각입니다. 좁은 숲속에서도 먼저 지나간 사람들에 의해 남겨진 무수한 발자국들을 만나지만 아담하고 작은 발자국은 물론 투박하고 큼지막한 발자국까지 다양한 사람들만큼이나 각양각색인 것이 고적한 숲속에서 꽤 흥미롭게 느껴집니다.

마치 그들이 지나온 삶의 궤적을 훔쳐보는 듯합니다. 무심코 걷다가 어제 내가 남긴 나의 발자국을 만나 반가운 마음에 그 발자국을 정신없이 따라가다 보면 어느새 트레일의 종점에 도달하게 됩니다. 걸으면서는 힘들기도 하고 꽤 오랜 시간을 걸은 것 같았으나 막상 도착하여 보면 지나온 우리네 삶처럼 허탈할 정도로 너무나 잠깐입니다.

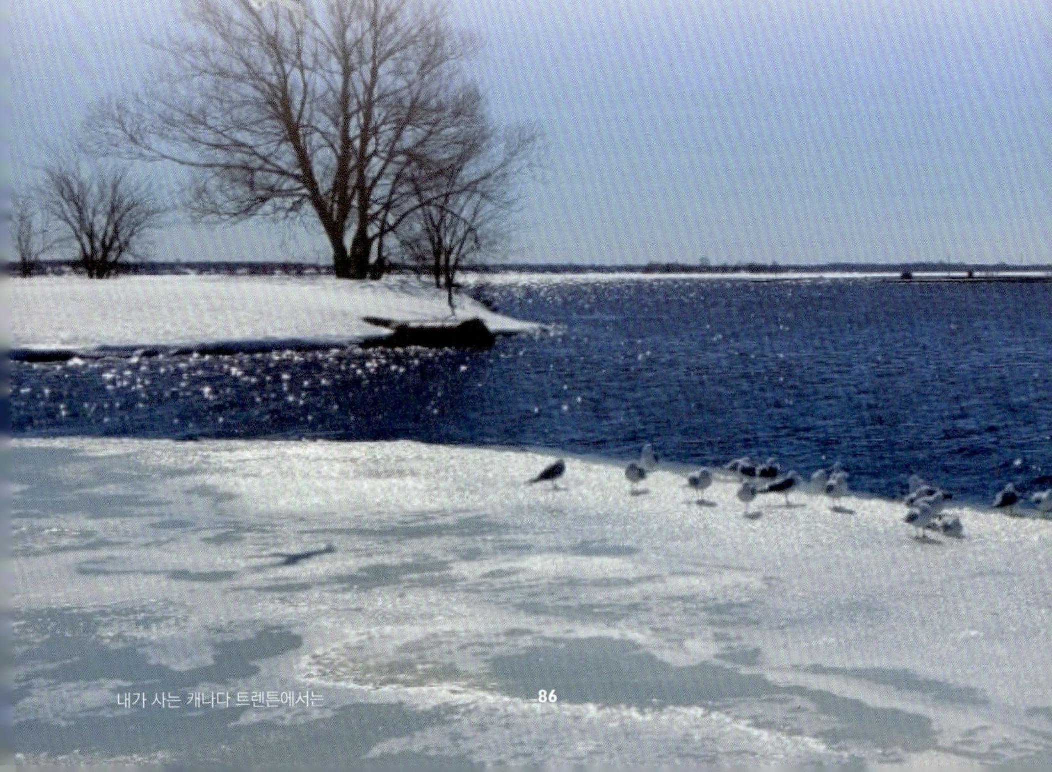

눈이 내리는 다음날에는 허망하게도 온통 새하얀 천지에 어제까지의 모든 발자국은 온데간데없이 사라지고 아주 깨끗하고 순수해 보이는 새하얀 눈밭 위에 다시 새 발자국을 남기며 걷게 됩니다. 때가 되면 세대 교체되는 우리네 인생 같아 보입니다. 부모님의 시대가 가고 우리의 시대가 왔던 것처럼 그리고 우리의 시대가 가고 우리 아이들의 시대가 오는 것처럼…

좁은 숲속을 벗어나 휑한 벌판에 들어서면 싸한 칼바람이 눈밭에 눈안개를 일으키며 오늘 남긴 발자국마저 언제 그랬냐는 듯이 모두 뒤덮어 사라져 버리게 합니다. 마치 영원한 것은 아무것도 없다는 것을 우리에게 알려주는 것 같습니다. 때가 되면 예외 없이 모두가 가는 우리네 인생 같다는 생각입니다. 저 흩어지는 눈발처럼 조금 먼저 가고 늦게 가는 아주 작은 차이만이 있을 뿐이지요. 눈 위의 발자국이나 우리네 인생이나 참 많이도 비슷하다는 생각을 해 봅니다.

2022년 3월 31일 자 토론토 중앙일보

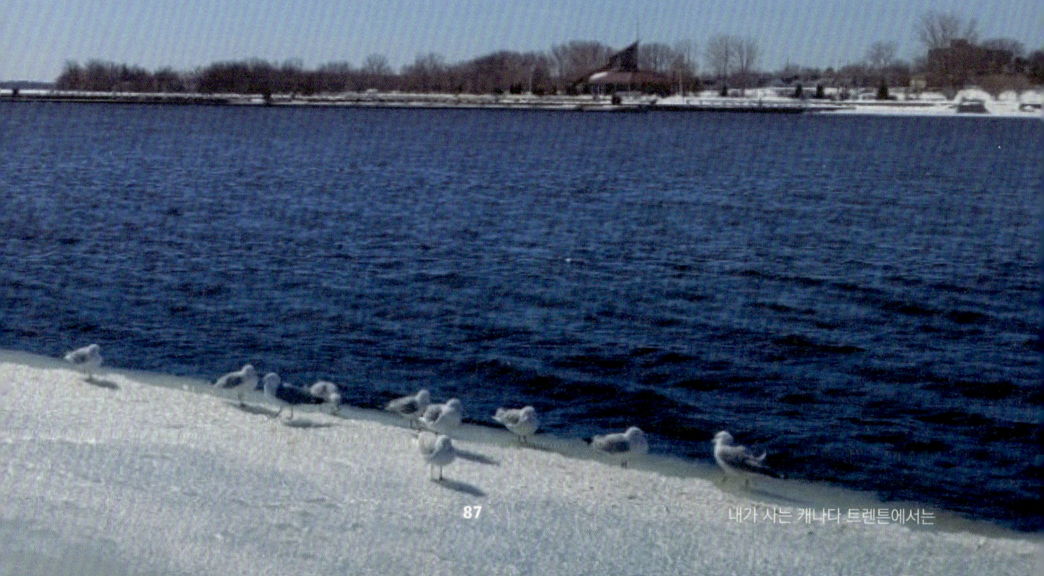

내가 사는 캐나다 트렌튼에서는

봄날에 내리는 눈

　　트렌튼엔 오늘 눈이 내렸다. 아이들의 솜사탕 부스러기 같은 함박눈이 펄펄 휘날리며 내렸다. 어제까지 완연한 봄기운을 느끼게 해주던 날씨가 갑작스럽게 변덕을 부린 것이다.

이곳에서는 봄에 보는 눈이 아주 흔한 경험이지만 볼 때마다 오히려 반가운 느낌이다. 다 지나간 줄 알았던 한 겨울의 정취를 되살려 주기 때문이다.

얼마 전까지는 긴 겨우내 보고 살아야 하는 쌓인 눈을 보며 지겹기도 하고 칙칙한 회색빛을 보며 사는 것 같다는 생각을 했었지만 나이가 들면서는 무엇이 나를 그렇게 너그럽게 만들었는지 겨울과 눈이 좋아졌다.

정말 그렇다. 겨울과 눈은 이제 내가 좋아하는 생활의 일부가 되었다. 하늘 가득 쏟아지는 함박눈에 온 세상이 새하얗게 변해가는 풍경을 바라보고 있으면 마치 천상 세계를 보는 듯한 환희에 가슴이 벅차오르곤 한다.

또 날씨가 추운 한 겨울은 따뜻한 내 집이 한결 더 스위트홈으로 느껴지면서 여름보다 집에서 생활하는 시간이 많아진다. 포근한 옷차림의 아내가 더 사랑스러워 보이기도 하고…

모두가 다 겨울과 눈이 주는 센티멘탈한 감성덕이다. 거기에 내 연륜의 여유가 덧칠이 되어져서 더 좋은 그림으로 보여주는 것이 아닌가 싶다. 사람들이 요즈음 나이가 들어가는 것을 익어간다고 표현하는 것에 전적으로 공감을 하게 된다. 그리고 보면 나이가 드는 것을 아쉽게만 생각할 일도 아닌 것 같다. 봄날에 내리는 눈이 나를 행복한 감성의 세계로 유혹한 좋은 아침이다.

2022년 4월 28일 자 토론토 중앙일보

겨울에 하는 봄 생각

토론토 동기들에게!

유난히 눈도 많이 오고 날씨도 꽤 추운 이 겨울에 잘 들 지내시는가?

이제 이 겨울도 벌써 한 절반이 훨씬 지났네.

남은 두 달 정도의 추위만 견디면 짧은 봄이지만 그럭저럭 지낼만한 봄을 맞이할 수가 있네.

나이 먹는 것을 생각하면 세월이 빨리 가는 것이 아쉽지만 그래도 욕심은 또 따뜻한 봄을 서둘러 기다리게 되는 게 심약한 우리 인간들의 속성인 듯싶네.

봄이 되어야지나 우리의 일상이 활기를 찾아 각자가 좋아하는 운동과 나들이도 하며 사람 사는 즐거움을 좀 더 누릴 수 있기 때문일세.

고난 뒤에 보람이 있는 우리네 삶처럼 불편하고 추운 겨울이 있기에 햇살 포근한 그 봄을 더 기다리게 되는 것 같네.

너무 겨울을 탓할 수만은 없는 이유일세.

기쁘게 맞이할 그 봄을 기다리며 남은 겨울 기꺼이 받아들이고 지내도록 함세.

겨울에 하는 봄 생각은 생각만으로도 우리를 따뜻하게 하는 것 같아 실없는 글을 올려보네.

아무쪼록 한겨울의 추위 속에 건강들 챙기시고 따뜻한 춘사월이 오게 되면 기쁜 마음으로 다시 만나봄세.

이러나저러나 내 마음을 편하게 하고자 하면 그냥 저냥 살만한 세상일세.

2022년 2월 17일 자 토론토 중앙일보

내가 사는 캐나다 트렌튼에서는

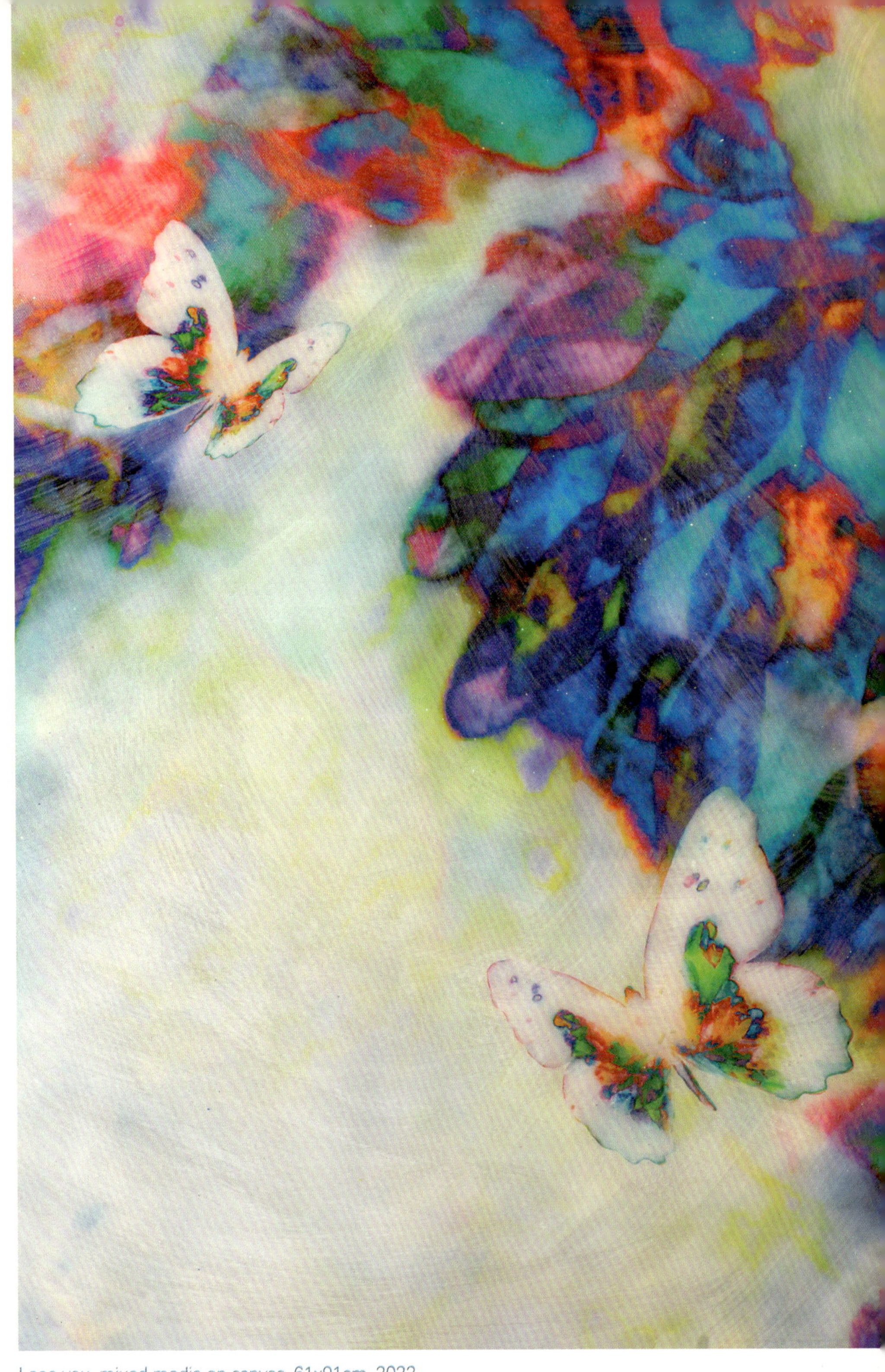

I see you_mixed media on canvas_61x91cm_2022

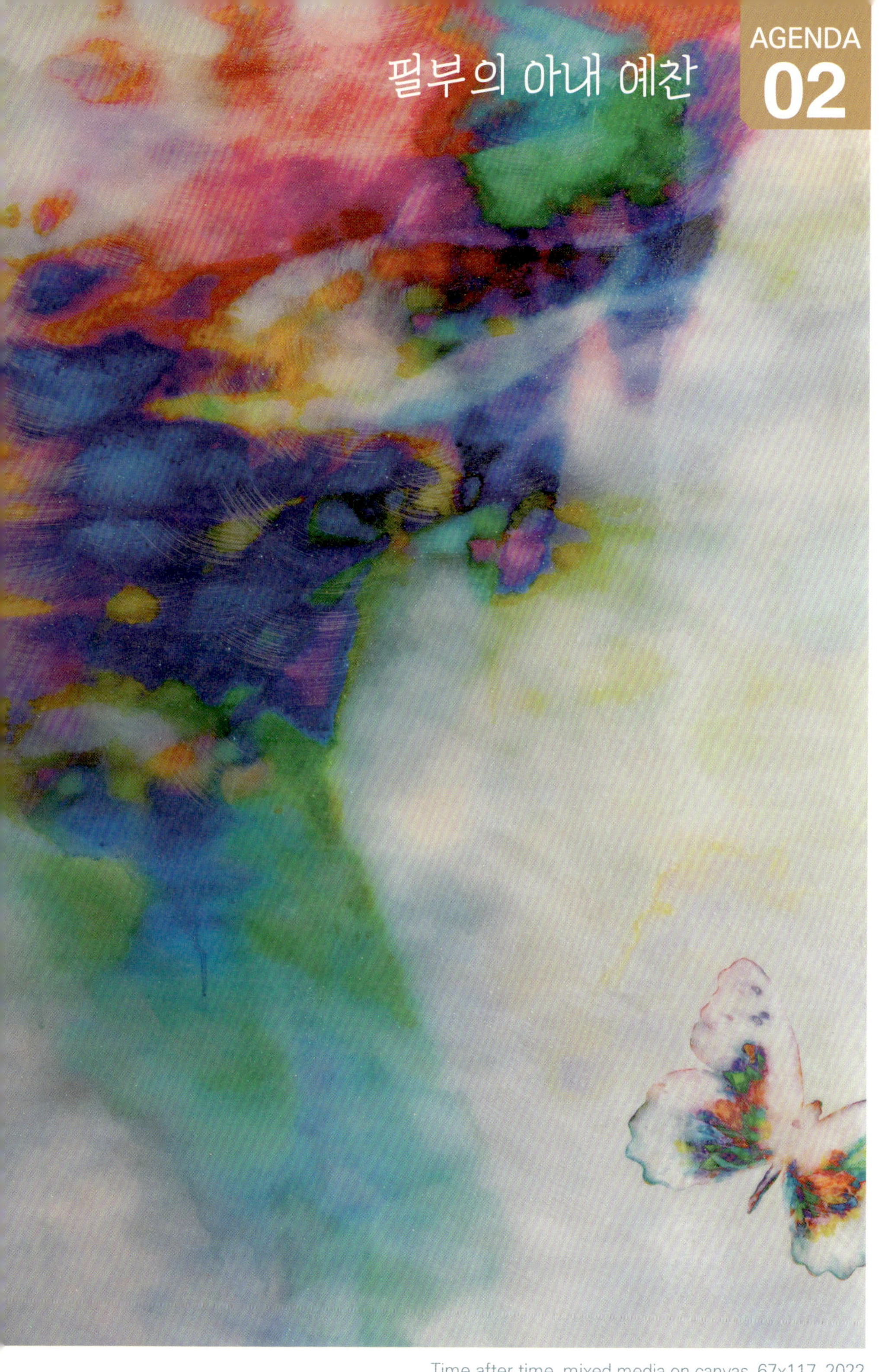

필부의 아내 예찬

Time after time_mixed media on canvas_67x117_2022

목련화

기나긴
겨울 뒤에 찾아오는
봄에 피는 목련화는

화려하기보다는
청초하면서도 고결해 보이는 것이
꿈결에서나 보는 듯한
아련하고 화사한 미인의 모습이다.

겨울내 인내해온
외로움과 기다림의 고통을
수줍은 듯 피어있는 꽃잎 속에 감추고

정숙한 듯 다소곳한 자태를 선보이는
목련화를 바라보노라면

조용히 내조하며
평생 내 곁을 지켜온
아내와 닮았다는 생각에
한결 더 애틋한 마음이다.

내 아내같은
목련화를 보며
이 봄이 더 따뜻함을 느낀다.

화려한 사철의 꽃을
둘러보고 나서도
목련화를 그리워하듯이

언제나 겨울이 가면
목련화 피는 봄이 오는 것을…

2022년 5월 26일 자 토론토 중앙일보

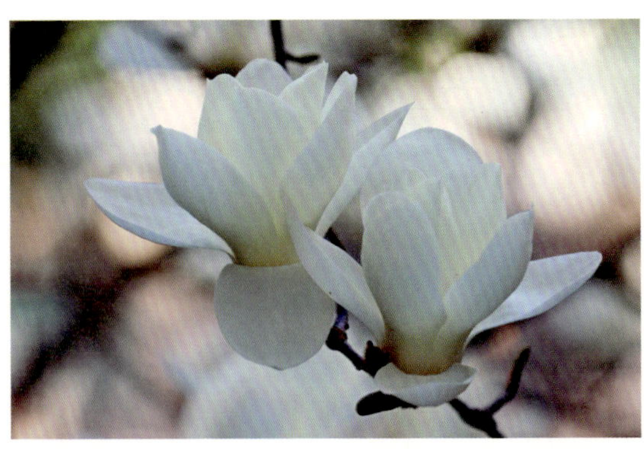

콩깍지

풍경이 좋아
사진 한장 찍자 하는데

당신과 래미,
두 예쁜이가 나를 보며
활짝 웃고 있습니다.

환갑이 넘은 나이에도
예뻐 보이는 것을 보면
정말 예쁘기는 한가 봅니다.

아니면 제 눈의 콩깍지가
아직도 덜 벗겨진 것이던가....

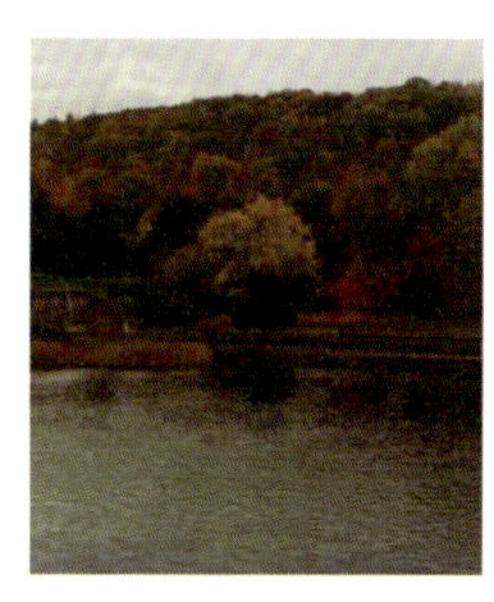

덜 벗겨져 그런 것이라 하신다면

나는 죽을 때까지
그 콩깍지 그냥 씌운채로
살렵니다.

2021년 4월 9일 자 토론토 중앙일보

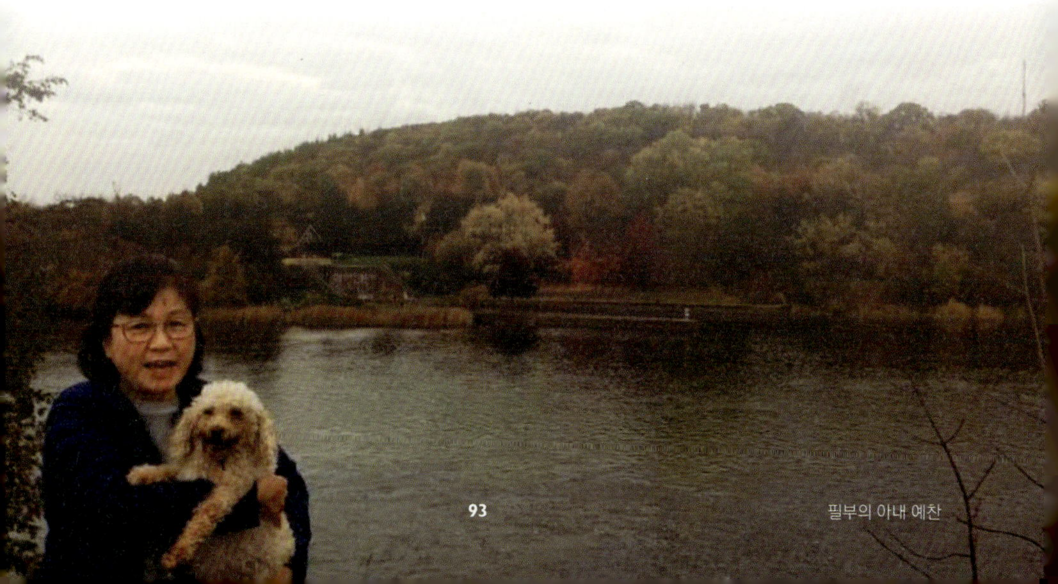

필부의 아내 예찬

내 사랑

아무리
뒤집어쓰고 휘둘러 감싸도
한눈에 내 사람인 줄
알겠습니다.

사십 년을 함께 산 사람의
내공이지요.

눈 내리는 날의 트레일 워킹은
마치 천상 세계를 누비는 듯한
황홀한 또 다른 감동이 있지요.

한 삼십 년 더 이렇게
당신과 함께 걸었으면
좋겠습니다.

지금처럼
마음 비우고 이렇게만 산다면
큰 욕심은 아니겠지요?

2024년 2월 10일 자 토론토 중앙일보

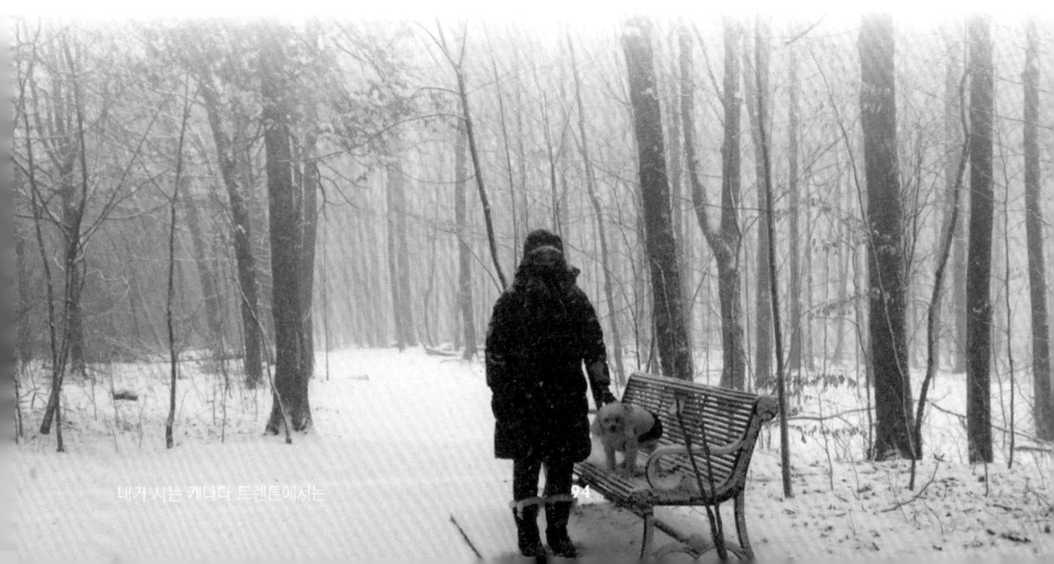

꽃보다 당신

꽃도 아름다워 보이고
날도 화창하여 좋은 날

당신이 없다면
아무런 의미가 없지요.

당신은 내게
오감을 느끼게 해주는
분이니까요.

따스한 햇살도
부드러운 산들바람도
지저귀는 새소리도
물결치는 파도소리도

모두 다 당신의 사랑이
필요합니다.

서두르는 마음에
내 먼저
보아달라 나서고 싶어도

당신의 사랑이
시들해 질까 애태우며
저만치서 바라만봅니다.

꽃보다 당신이기에.

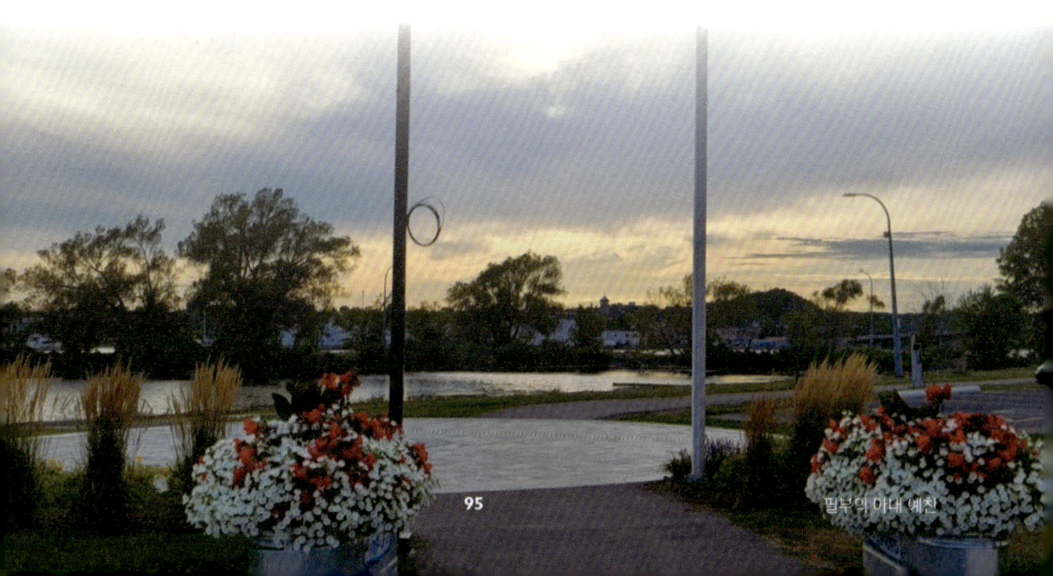

필부의 아내 예찬

일년 내내
둘이서

남들 다하는
바깥 세상구경
한번 못 하고 살면서

돈 안드는 일이라고
노을이 너무 좋으니

애꿎은 하늘만
자꾸 바라보라 하고

마리나의 풍치가 좋아서
걷기에도 아주 제 격이라네요.

어쩌겠습니까 !

넉넉치 못한 형편에
그도 못 하고 사는 것 보다는
낫기는 한 것 같습니다.

오늘도
래미와 우리는
마리나를 걷습니다.

가끔씩
노을진 하늘을 쳐다보면서....

당신 넋두리가
귓전에 맴도는 듯 합니다.

2021년 3월 12일 자 토론토 중앙일보

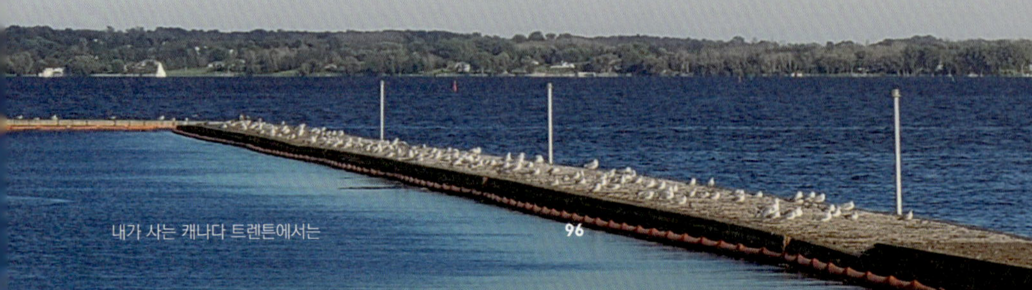

아내의 생일

　　지난 주말엔 제 아내 비아의 생일이었습니다. 마침, 집집마다 돌아가면서 하는 이웃들과의 모임이 있는 날이라 몇 집이 모여 겸사겸사 생일파티를 열었습니다. 생일 케이크의 나이 초에 불을 붙이고 손뼉 치며 장단 맞춰 '해피 버스 데이 투유'를 노래하면서는 모두가 생일인 기분이었습니다.

그래도 제 아내의 생일이라고 오렌지색 장미꽃 한 다발을 준비했는데 환하게 웃는 아내의 얼굴을 보며 우리가 처음 만나던 날의 온화하고 우아해 보였던 모습을 보는 듯하다는 생각을 하였습니다.

그거참, 희한하지요?

누군가의 생일날이면 늘 으레 하는 그 흔하디흔한 요식행위이지만 어김없이 사람들의 기분을 행복하게 해주니 말입니다.

평소에 생활하면서도 좀 오버하는 듯하기는 해도 "감사합니다! 아름답습니다! 참 잘하셨어요! 사랑합니다!" 같은 말들은 자주 쓰고 사는 것도 괜찮다는 생각입니다. 그렇게들 해보시는 것은 어떨는지요?

뭐 그리 큰 돈 드는 일도 아닙니다.

2024년 1월 26일 자 토론토 중앙일보

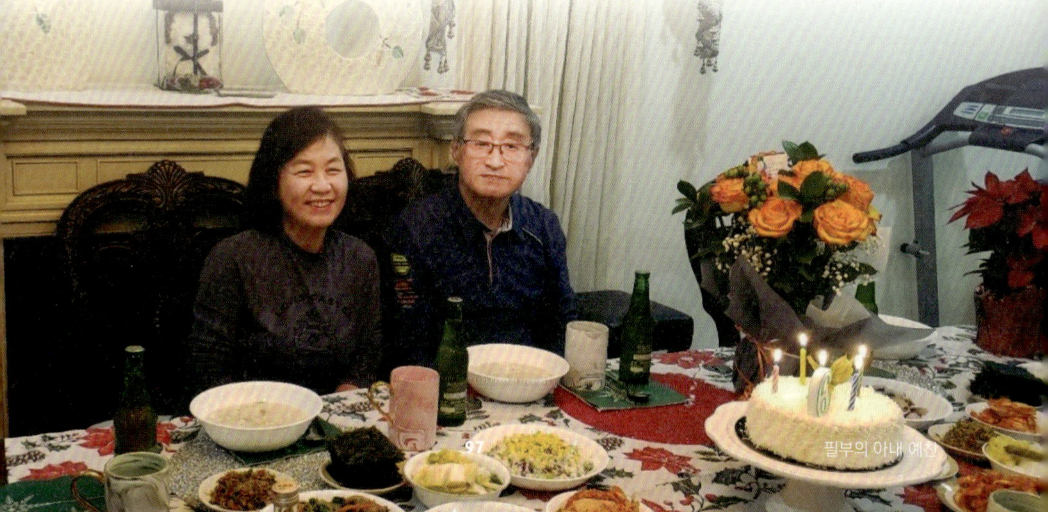

필부의 아내 예찬

아내와 호숫가를 걸으며

저녁 식사를 마치고 아내와 호숫가를 걷습니다.

아내는 3년 전에 고혈압으로 쓰러져 앰뷸런스 구급차에 실려 병원의 응급실로 간 적이 있습니다. 이것저것 응급조치와 함께 하루 만에 병원을 나올 수 있었습니다.

이후로는 병원에 진료도 자주 가고 한의원에 가 어혈 진 피를 뽑기도 하고 여러 가지로 조심하며 지내기는 합니다만 좀 무리를 하거나 몸이 많이 피로할 때면 일 년에 한두 번 정도는 몸을 가누지 못할 정도로 많이 힘들어합니다.

그래서 아내가 시작한 것이 걷기입니다. 동네 친구와 또 때로는 혼자서 하루에 한 시간씩 거의 매일을 걷습니다. 평범한 일인 것 같아도 이 하루에 한 시간 정도의 걷기가 아내에게는 건강 회복에 큰 도움이 되고 있습니다.

오늘은 저와 함께 집 근처의 호숫가를 걸으며 이 얘기 저 얘기를 나눕니다.

부부가 함께 살며 서로가 너무나 잘 알고 있다고 생각함에도 불구하고 이렇게 오붓하게 대화를 나누다 보면 '매번 이 사람이 이런 생각도 했었구나!' 할 때도 종종 있습니다. 가까운 사이일수록 대화가 필요하다고 생각합니다.

다 알고 지내는 것 같아도 절대 다 알 수는 없는 것이 사람의 마음이고 생각입니다.

걷다가 노을 풍경이 좋아 사진 몇 장 찍고 돌아서 보니 그 사이에 아내는 저만치 앞서 걸어갑니다.

멀어져 가는 아내의 뒷모습을 사진으로 담으며 마치 이 세상 볼일 마치고 저 세상으로 한 걸음씩 멀어져 가는 것 같아 잰걸음으로 쫓아가 다시 함께 걷습니다.

삼 년 전에 영문도 모르는 채 앰뷸런스 구급차에 실신한 아내를 싣고 곁에서 조바심을 치며 "이렇게 가면 안 되는데! 내가 당신에게 갚아야 할 빚이 너무

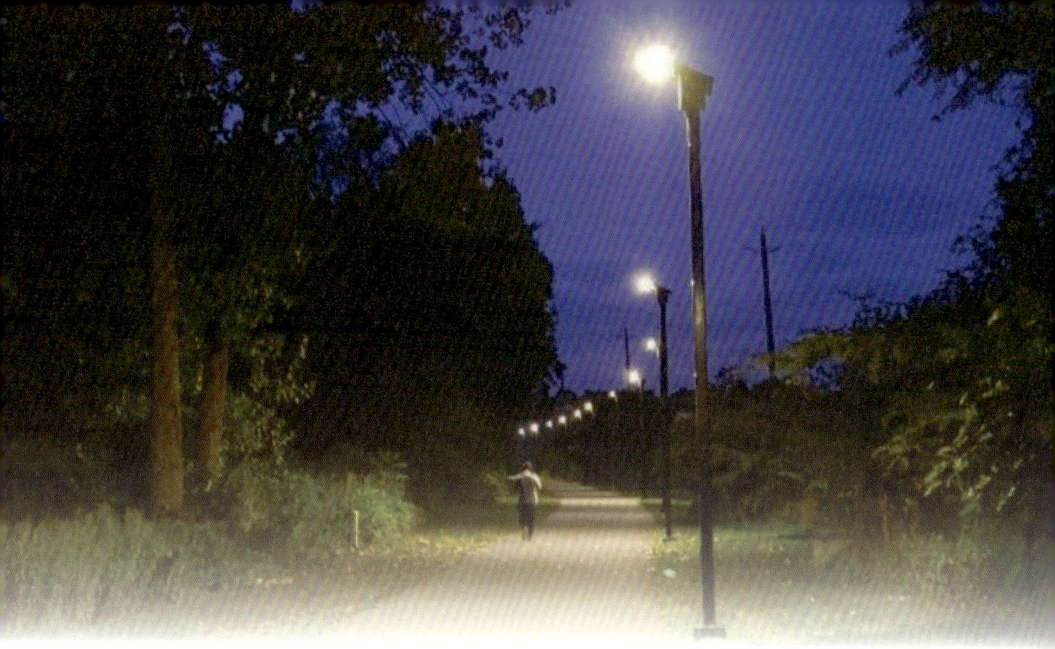

많은데! 하나님, 도와주세요!"라며 마음속으로 하나님께 간절히 애원했던 기억이 납니다.

다행히 하루 만에 퇴원했지만 지금도 생각만 하면 그때 당시의 당황스러웠던 기억은 저를 힘들게 합니다. 그 일 이후로 이제는 그저 다른 욕심 없습니다. 오래도록 아내와 아프지 않고 함께 걸을 수만 있으면 하는 마음으로 지냅니다.

고난도 축복이라고, 황당할 정도로 놀랐던 그 일은 그 이후 우리의 삶에 큰 도움을 준 것 같습니다. 아프지만 않고 지낼 수 있다면 그게 더 바랄 게 없는 행복이란걸 깨닫게 되었으니까요.

열심히 걸으면 한 삼십 년 더 건강하게 살 수 있지 않을까요?
틈 나시는 대로 아내와 함께 걸어들 보시지요.

2022년 12월 16일 자 토론토 중앙일보

필부의 아내 예찬

아내와 엉겅퀴지수

　　아침에 침대 위에서 눈을 뜨면 주방에서 달그락거리는 소리가 들립니다.
아내가 저의 아침을 준비하는 소리입니다.
아침마다 잔잔한 행복감을 느끼는 순간이기도 합니다.

세면을 마치고 식탁에 앉았는데 "아니! 아침부터 이게 웬 갈비탕?"하며 기대 이상의 메뉴에 탄성이 절로 나옵니다.
어젯밤부터 집안에 구수한 고깃국물 냄새가 나더니 갈비탕을 끓이고 있었던 모양입니다.

감사한 마음으로 아침 식사를 하면서 "내가 아내 복은 있는 편이지? 형편은 넉넉지 못해도 아마 삶의 질은 내가 꽤 높은 편일 거야!"라며 혼자 속으로 흐뭇해합니다.

자기 말보다는 남의 말을 경청하고 화가 나도 말없이 혼자 삭이고 수줍은 듯 사람들 앞에 잘 나서지도 않고 맛있는 음식은 꼭 여러 사람과 함께 나눌 줄 아는 제 아내는 정말 심성이 착한 사람입니다.

오늘도 아침 식사를 마칠 무렵 아내는 오늘 어느 자매님을 만나는데 형제님과 같이 드시라고 갈비탕 좀 갖다주어야겠다며 포장 용기에 넉넉히 이 인분을 담습니다.

음씨 솜씨 좋다는 평을 듣는 아내가 별미의 음식을 할 때면 항상 우리 두 식구 외에도 이웃에게 나눌 음식까지 장만하느라 훨씬 더 수고를 하는 것 같은데도 아내는 항상 즐거운 마음인 것 같습니다.

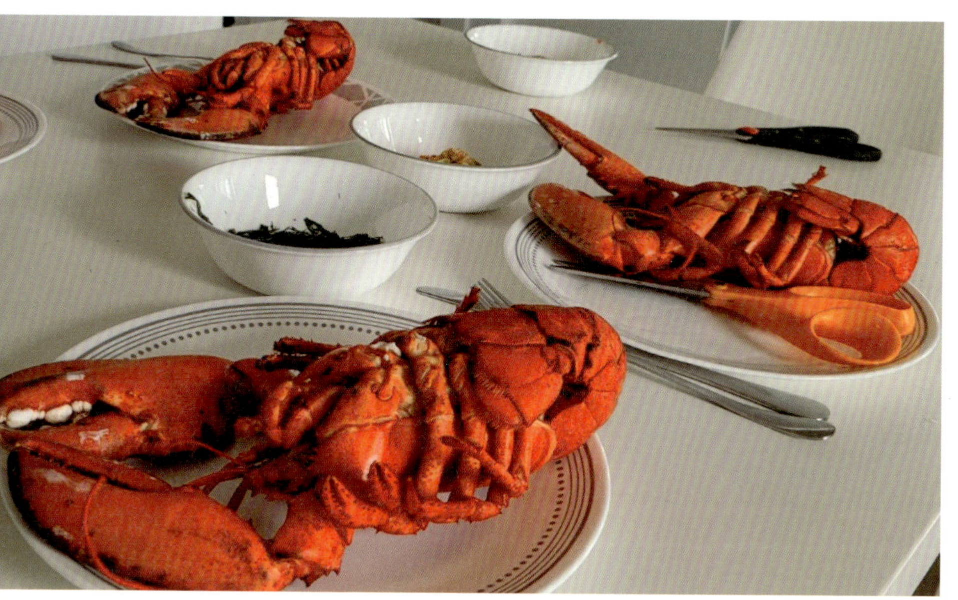

아마도 우리 집의 엥겔지수는 유난히 전통음식을 고집하는 우리네 한인 가정 중에서도 어느 집보다도 높지 않을까 생각합니다.

무료하고 재미없는 천국이라는 캐나다의 이민 생활에서 높은 엥겔지수는 높은 행복지수와 무관하지 않다고 생각하는 저는 정말 복 받은 사람이라고 자부합니다.

제가 크게 내세울 것은 없어도 참 대견하다 싶을 정도로 잘한 일은 평생의 배우자로 제 아내를 선택한 일입니다.

2024년 8월 9일 자 토론토 중앙일보

필부의 아내 예찬

넘버 쓰리

　　우리 집에는 서열이 있습니다. 절대 권력자인 마누라님 밑으로 제가 있습니다만 이게 어찌 된 일인지 넘버 투가 아니고 넘버 쓰리입니다.

마누라님의 총애를 받는 열네 살의 토이 푸들 래미가 있기 때문입니다. 넘버 투인 래미의 텃세는 정말 아니꼬울 정도로 이만저만이 아닙니다.

우선은 제가 있어야 할 엄마 침대의 옆자리는 항상 래미의 차지인 것은 말할 것도 없고 매 끼니 식사 때에도 제 옆에 턱하니 자리 잡고 앉아 째려보고 감시를 하는데 제가 먹다가도 나누어 주지 않으면 흔들어대는 통에 식사를 제대로 하기가 어려울 지경입니다. 결국에는 함께 식사하고 함께 끝낼 수밖에 없지요.

엄마와 함께 산책을 할 때도 엄마 꽁무니에 바짝 붙어 다니는 바람에 저는 맨 꽁무니에서 따라갈 수밖에 없습니다. 산책이 끝나면 한 등급 차이인데도 불구하고 넘버 투의 목욕은 물론 드라이와 배설물 처리까지 넘버쓰리의 몫입니다. 하지만 넘버 투 자리 쟁취를 위한 신경전이나 다툼은 전혀 없습니다.

아빠에게 많이 실망한 엄마가 래미때문에 너무 행복해하기 때문입니다.

그렇게 많은 세월이 지난 요즈음은 넘버쓰리여도 좋으니 이 조직이 깨지지 않았으면 하는 마음으로 지내고 있습니다.

래미로 인해 집안 분위기가 너무나 평화롭고 행복하기 때문입니다.

사람으로 치면 80세 정도인 래미가 좀 더 오래오래 살았으면 좋겠습니다.

2024년 9월 27일 자 토론토 중앙일보

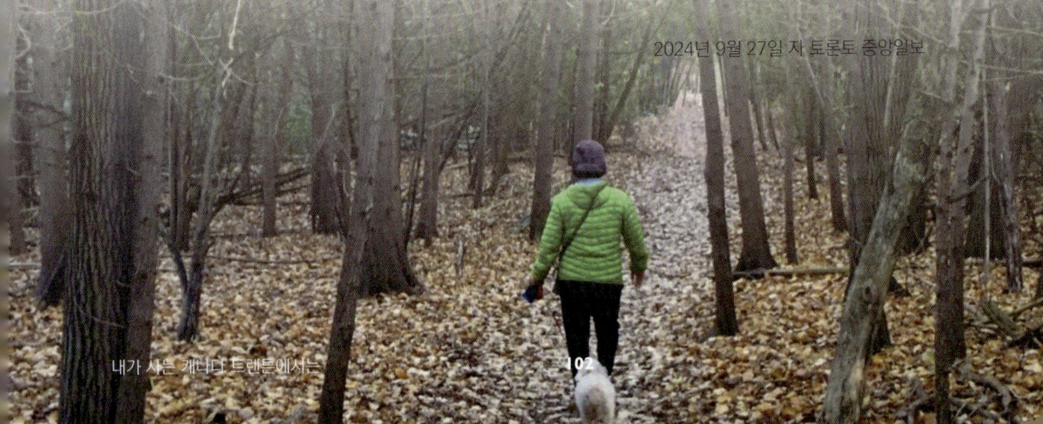

내가 사는 캐나다 트랜튼에서는

껌딱지

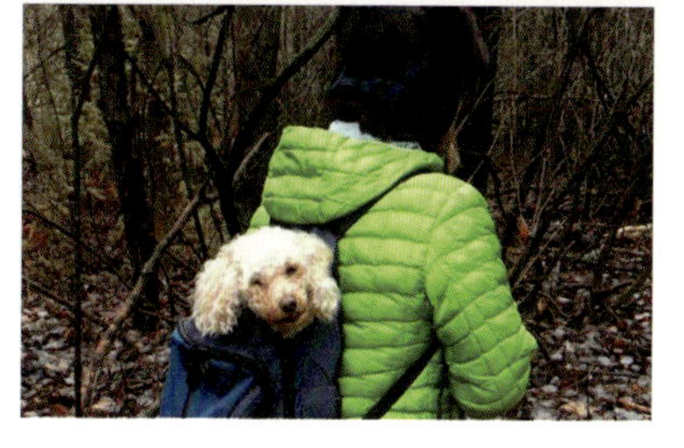

열네 살인 토이푸들 래미는 엄마바라기입니다. 열다섯 살 먹은 잭러쎌 지꽁이가 지난 이월 하늘나라로 간 뒤로는 엄마에 대한 집착이 더 심해졌습니다. 지꽁이가 떠난 뒤로는 래미를 집에 혼자 두는 것이 안쓰러워서 엄마가 아예 가게에 데리고 나와 함께 있습니다.

엄마가 밖에 나가 볼일이라도 볼라치면 래미는 쑈 윈도우 유리창에 진열 상품처럼 붙어 서서 창밖을 바라보며 엄마가 돌아오기만을 하염없이 기다립니다. 함께 운동 삼아 산책을 할 때도 엇둘! 엇둘! 하고 뛰다가도 잠깐씩 엄마를 쳐다보고 눈도장을 찍은 후에 다시 뛰곤 합니다.

아빠도 나름대로 매일같이 먹을 것을 챙겨주고 배설물도 치우고 산책 후에는 씻겨주기도 하건만 엄마와 아빠가 함께 있을 때는 아빠는 안중에도 없이 일편단심 엄마만 쫓아다닙니다.

정말 충신도 그런 충신이 없습니다. 엄마가 없으면 기운 없이 축쳐져 엎드려 있다가도 엄마만 나타나면 펄쩍펄쩍 뛰며 달라붙는 래미에게 우리는 엄마 껌딱지라는 별명을 붙여주었습니다.

어찌 보면 아빠도 크게 다를 바가 없는 것 같습니다.

간혹 엄마가 외출하여 집에 없을 때는 식사도 제대로 못 챙겨 먹고 썰렁한 집 구석에서 쓸쓸하게 있다가 엄마가 집에 오면 그때서야 아빠도 바쁘게 움직이기 시작하고 집안에 생기가 도는 것을 보면 영락없는 래미입니다.

그러고 보면

래미는 엄마바라기 껌딱지 원!

아빠는 당신바라기 껌딱지 투! 입니다.

나이 든 남자는 젖은 낙엽이라더니 틀린 말이 아닌 것 같습니다. "그러니까 있을 때 잘해!"라는 당신의 의기양양한 꾸중이 귀에 들리는 듯합니다.

단풍천국

　　캐나다의 가을은 그야말로 단풍 천국입니다. 한국에서 같으면 단풍철에는 차를 타고 집에서 멀리 나가야 가을 단풍의 운치를 즐길 수가 있지만 캐나다는 우리가 살고 있는 동네 곳곳이 단풍공원입니다.

오늘도 애완견 래미와 함께 우리는 저녁놀을 배경으로 단풍 드라이브를 합니다. 일교차가 크고 간간이 비도 알맞게 내린 올해는 단풍도 색깔이 선명한 것이 보이는 풍경마다 한 폭의 그림입니다.

마치 하늘에서 노란색과 주홍색 그리고 감색의 물감을 쏟아부어 놓은 것 같다는 생각도 듭니다. 아름다운 자연의 풍광을 보기만 하여도 우리는 이렇게 황홀한 행복감에 젖을 수 있는데 작지만, 행복한 순간순간을 즐기면서 사는 것이 현명한 삶이라고 생각합니다. 할 수 있는 한 사물의 아름다운 면을 보도록 노력하고 말 한마디 한마디도 따뜻하고 사랑이 담긴 말을 하려 한다면 우리네 삶은 행복하지 않을 수가 없습니다.

여유를 갖고 하늘도 보고 꽃도 보면서 아름답다고 하면 할수록 내 곁의 사람에게도 해피바이러스가 전해집니다. 인간이 불행하다고 하는 것은 자신이 행복하다는 것을 모르기 때문이라고 했습니다. 알게 모르게 내 주변 곳곳에 숨어있는 행복의 조각들을 보물찾기하듯 하나하나 찾아서 즐길 줄 알아야 하겠습니다.

이렇게 저렇게 보낸 시간이 모여 우리의 삶을 이루고 우리네 인생 또한 그렇게 지나갑니다. 어느새 당신도 금년이 환갑입니다만 누가 뭐래도 예쁘고 귀여운 당신은 내 인생의 울긋불긋한 단풍입니다.

2021년 10월 8일 자 토론토 중앙일보

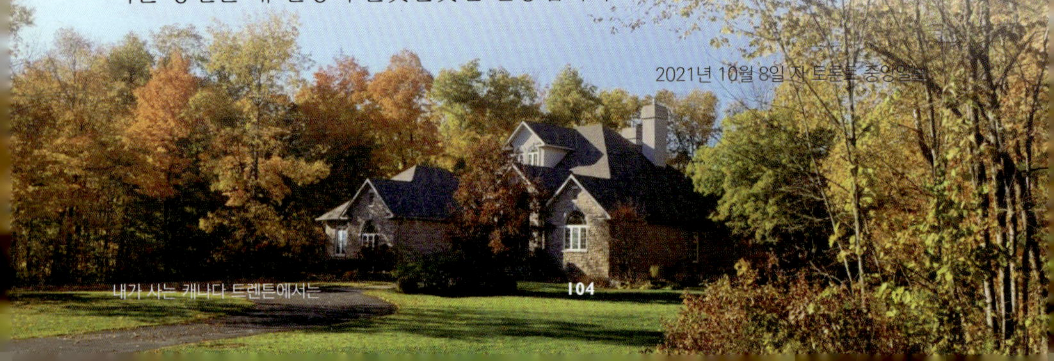

무릉도원

집에서 차로 이십 분 정도 거리에 주립공원이 있습니다.
오륙 킬로미터 정도의 산책로가 호숫가 주변에 굽이굽이 돌아가며 자리하고
있는 숲속 공원입니다.

노란색의 단풍 터널을 지나 망망대해 같은 호숫가에 서면 눈부신 햇빛 아래
로 시퍼렇게 달려와 새하얀 포말로 부서지는 파도가 끊임없이 밀려오고 낙엽
이 수북이 쌓인 숲길에서는 고요한 정적 속에 사각사각하는 낙엽 밟는 소리
만이 들립니다.
햇빛이 덜 드는 어스름한 분위기의 숲에 들어서면 늘씬한 단풍나무들이 도열
해 있는 가운데 아기 손 같은 단풍잎들이 수없이 공중에 떠 있는 광경을 보여
주면서 마치 작은 물고기들이 떼 지어 다니는 수족관 안에 들어와 있는 듯한
착각을 하게 합니다.
폴짝거리는 래미와 함께 단풍 터널 속을 걸어가고 있는 당신을 바라보고 있
노라면 마치 천상 세계로 들어가고 있는 듯한 몽환적인 느낌도 받습니다.

아! 너무나도 아름다운 세상 !
무릉도원이 따로 없다는 생각을 하면서 이런저런 세상사를 모두 잊고
무릉도원 같은 이 정경 속에서 그냥 이대로 시간이 멈춰 버렸으면
좋겠다는 생각도 해 봅니다.

문득 당신이 없이 나 혼자 이곳에 있었다면 하는 상상을 하면 이 아름다운 풍
경 속에서도 쓸쓸함과 적막감을 느끼며 희열을 느끼기보다는 슬픔에 잠겨 사
무치게 당신을 그리워 했을 것이라고 생각하니 존재만으로도 소중한 당신의
실체를 실감하게 됩니다.

돌이켜보면 지금까지 내 삶이 조금이라도 행복할 수 있었던 것은 당신이 있어서였습니다.

당신이 내 곁에 있어 주어서 고맙습니다.

2021년 11월 5일 자 토론토 중앙일보

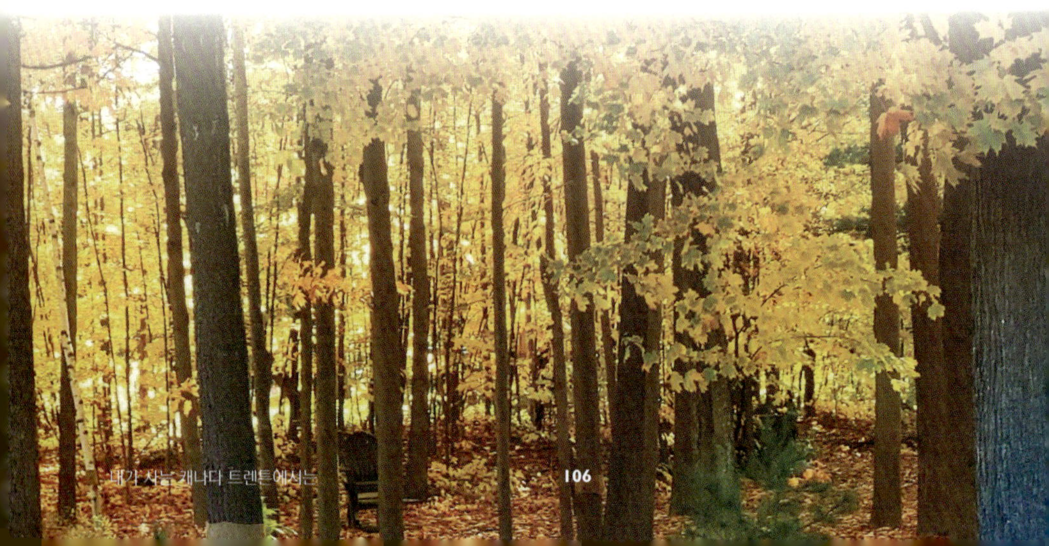

나이아가라 폭포

　　오늘은 새해의 첫날입니다. 아침 일찍부터 나이아가라 폭포를 다녀오고자 왕복 600km의 고속도로를 달립니다.

이민 초기 토론토에 살 때는 나이아가라도 자주 가보았습니다만 오랜만에 다시 보는 해밀톤의 고가다리와 제철공장의 화염 그리고 세인트 캐서린의 사자상은 감회를 새롭게 합니다.

나이아가라 폭포 도착 전에 있는 온더레이크라는 아기자기하고 예쁘게 단장된 선물 가게들이 모여있는 작은 마을을 지나갑니다.

이십 년 전이나 지금이나 전혀 변함없는 아담한 마을 정경에 더욱더 정감이 가는 것 같습니다.

엘리자베스 여왕이 하루 묵었다해서 유명해진 프린스 월레스 호텔과 기네스북에도 등재됐다는 세상에서 제일 작은 미니교회 그리고 와이너리 농장들과 꽃시계공원, 나비박물관을 지나 나이아가라 폭포에 도착합니다.

20년 전 이민 와서 처음으로 나이아가라 폭포를 방문했을 때 아이들과 싸가지고 온 도시락을 먹었던 낙엽이 수북이 쌓여있던 도로변 숲속의 야외테이블을 바라보며 그때를 추억하기도 합니다.

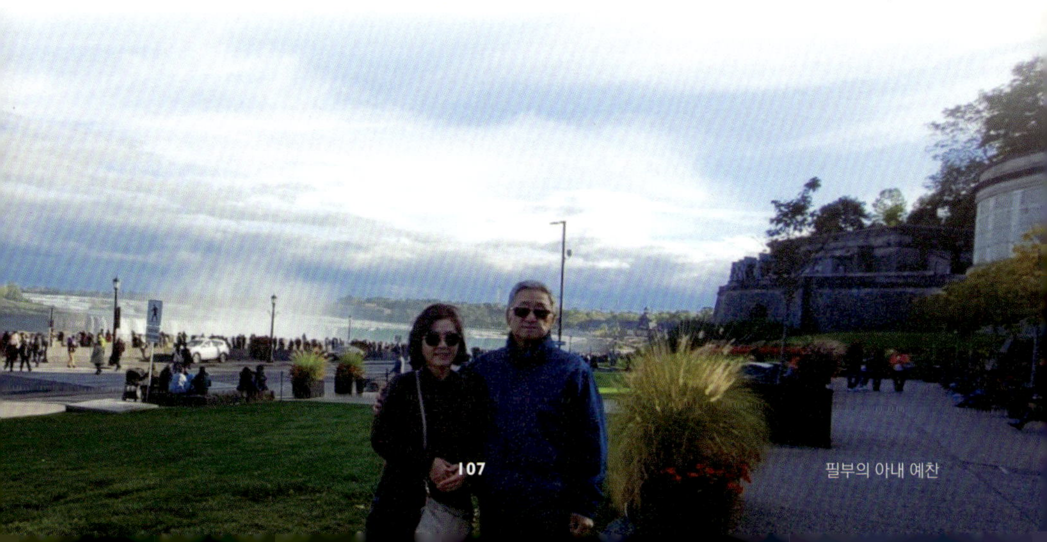

필부의 아내 예찬

그 당시 아이들이 중고등학생으로 바로 엊그제 같은데 지금은 삼십 대와 사십 대들이 되었으니 정말 세월은 야속할 정도로 빠르게 지나가는 것 같습니다.

언제 보아도 나이아가라 폭포는 세계적인 관광명소답게 그 시원하고 웅장한 장관에 볼 때마다 새로운 감동을 받는 것 같습니다.

정말 오랜만에 바쁠 정도로 즐겁게 보낸 하루였습니다.

나이아가라 폭포 구경도 좋았지만은 왕복 여섯시간의 드라이브를 하면서 당신과 많은 대화를 나눌 수 있어 더욱 좋았습니다. 넉넉지 못한 형편임에도 불구하고 불평 한마디 없이 "그저 아프지만 않으면 얼마든지 행복할 수 있다."는 당신의 욕심없는 새해 바램이 정말 고마웠습니다.

오늘은 희망에 찬 새해를 여는 첫날입니다.

"새해에는 더도 말고 덜도 말고 손가락 하나만 움직일 수 있게 해주소서."라는 어느 구족화가의 새해 소망을 상기하면서 우리가 얼마나 행복한 사람들인가 하는 생각도 해봅니다.

지난 세월 힘든 시기를 견뎌냈으니 앞으로는 정말 잘될 것이라는 생각도 합니다.

평소에 내게 새 운동화와 환한 색상의 셔츠를 사주고 싶었다는 당신이 잠시 들렀던 아울렛 몰에서 파격 세일하는 것을 보고 내게 사주면서 좋아하던 모습을 생각하면 지금도 가슴이 먹먹해집니다.

당신 것은 세일하는 것도 비싸다고 아무것도 못 사면서…

언제고 당신에게 필요한 선물을 당신 모르게 준비해야 할 것 같습니다. 넉넉지 못한 가운데 당신과 사십 년을 함께 살아오면서 늘 미안했던 이유입니다.

2022년 1월 25일 자 토론토 중앙일보

당신이 함께하는 것만으로도 나는 행복합니다

평생을 함께한
당신에 대한 고마움을
어떻게 말로
다 표현할 수 있겠습니까만은

당신에 대한
애틋한 마음을 담아
우리의 일상과 나의 소회를
짤막한 글들로 적어 보았습니다.

이 글들이
지난 세월 동안 쌓여온
당신의 나에 대한 원망을
조금이라도

덜어줄 수 있었으면
좋겠다는 바램입니다.

다시 한번
당신의 따뜻한 동행에
감사합니다.

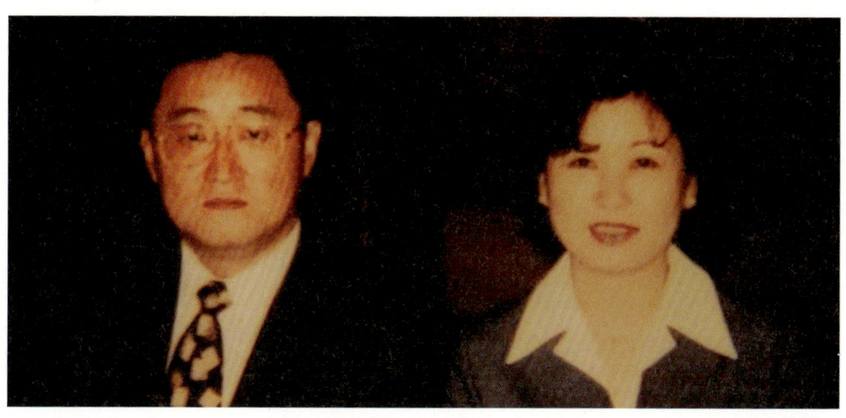

필부의 아내 예찬

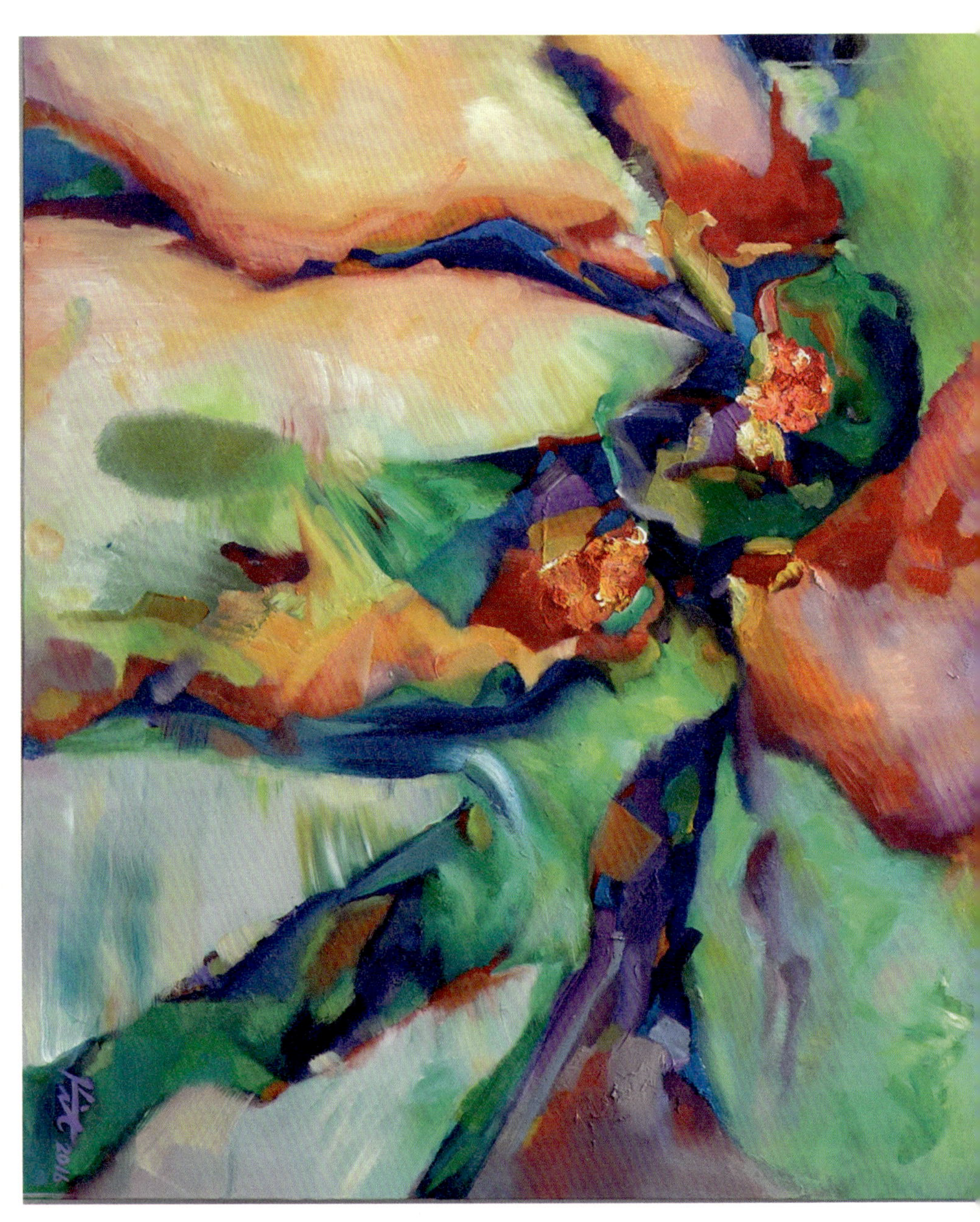

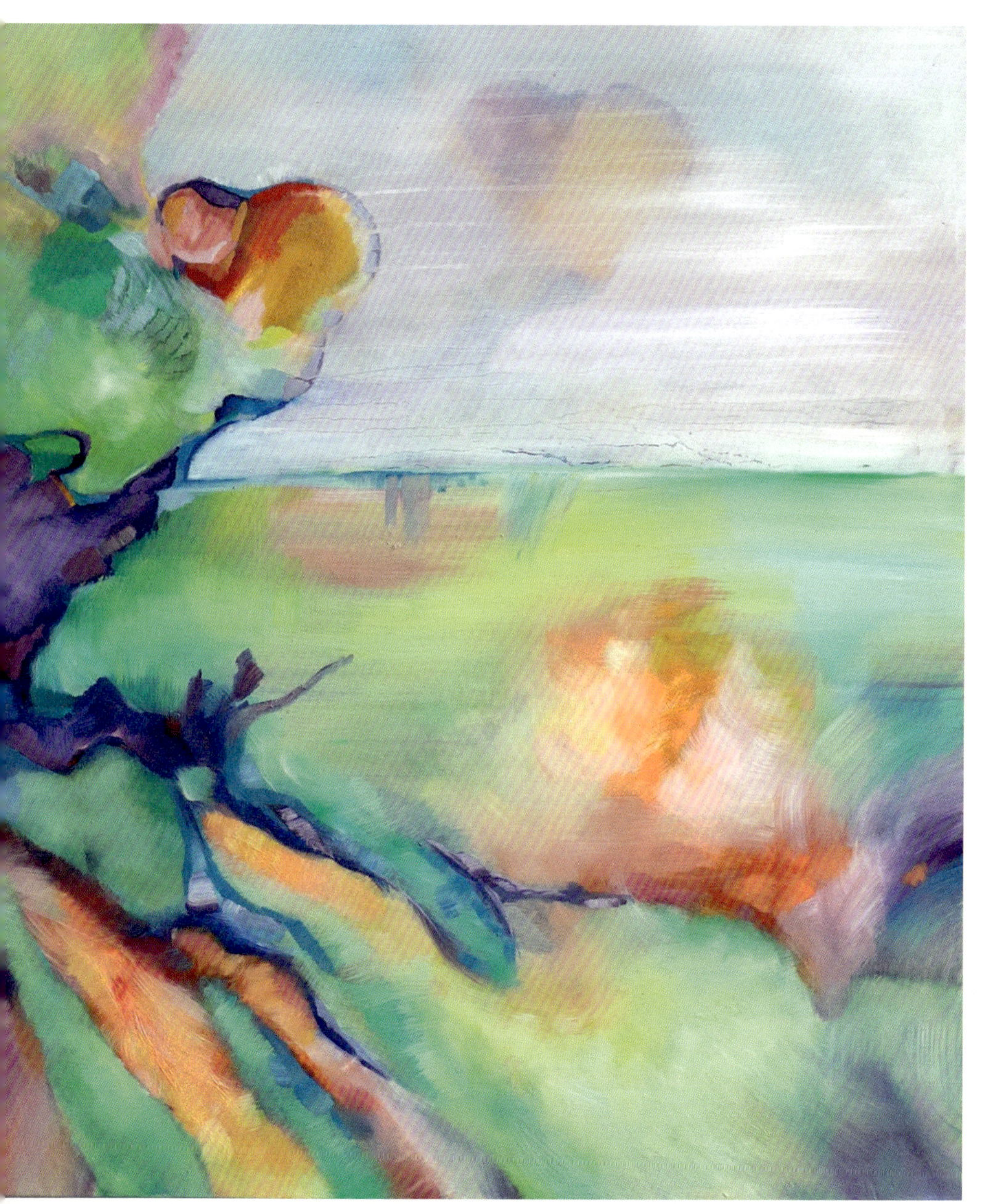

Rebirth 016078_oil on canvas_100x170cm_2016

불타는 트렌튼?

제2차 세계대전 중에 히틀러가 한 말!

"파리는 불타고 있는가?"

자전거 유람 중에 내가 하는 말!

"트렌튼은 불타고 있는가?"

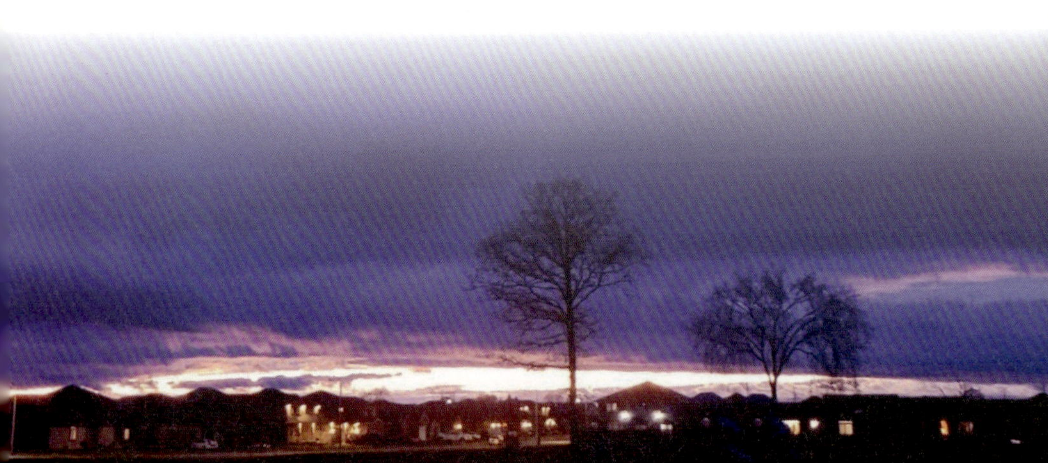

긴 인생

이른 아침에 YMCA에 수영을 갔습니다.

일찍 갔다 생각했는데
저보다 훨씬 먼저들 와서 수영과 피클볼을 즐기고 있습니다.

짧은 인생,
길게 사는 사람들의 모습이 보기 좋습니다.

쌀쌀한 날씨이지만 상쾌한 이른 아침이 참 좋은 것 같네요.
할 수 있는 한 우리도 이른 아침을 만끽하며 긴 인생들 살아보시지요.

화이팅입니다!
흰머리 청춘들이시여!!

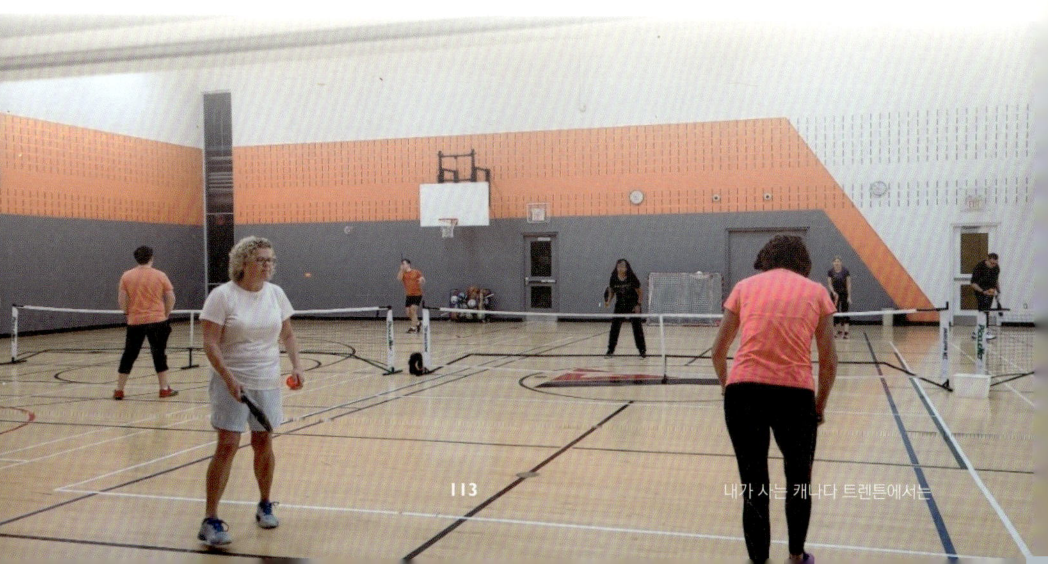

홀인원

소 뒷걸음질 치다
한 놈 잡았습니다.

그래도
뒤풀이한다고
바비큐 갈비 파티를 했는데
축하는 뒷전이고
갈빗대와 씨름들만
하고 갑디다.

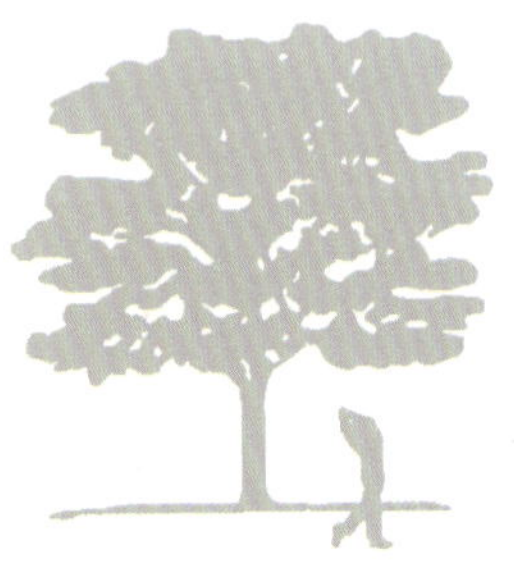

홀인원, 그거!
절대 하지들 마세요.
남는 장사 아닙디다.

해 봤으니까
하는 얘기지만…

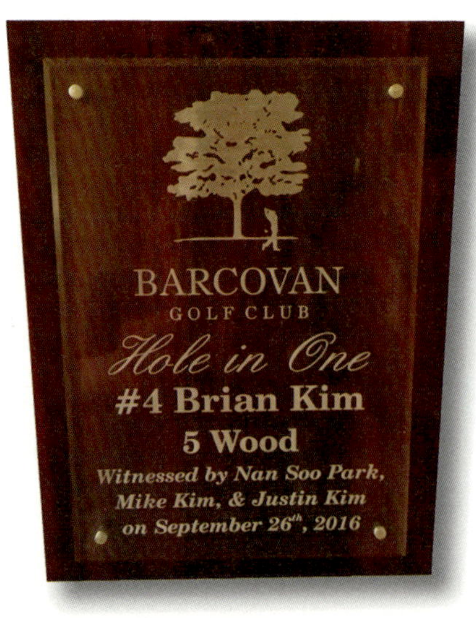

호수 갈매기

아니 요 놈 봐라!
내가 그렇게 만만해 보이나?

다른 차 다 놔두고 내 차에
올라와 저부덕저부덕 걷고 있네!

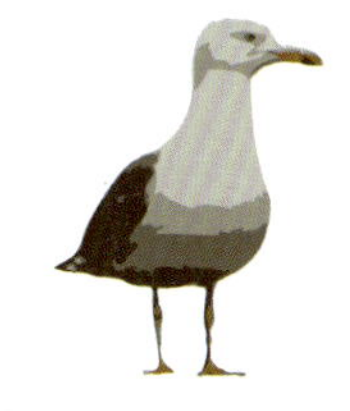

내가 두 눈 똥그랗게 뜨고
저를 쳐다보고 있는데도…

아니면 새들이 보기에도
내가 좀 친근감이 있어 보였나?
뭐 다 들 날 좋아하기는 하지??

에이!
어차피 찾아와 이미 놀고 있는 놈,
좋은 쪽으로 생각하자!

아무래도 그게 낫겠지?

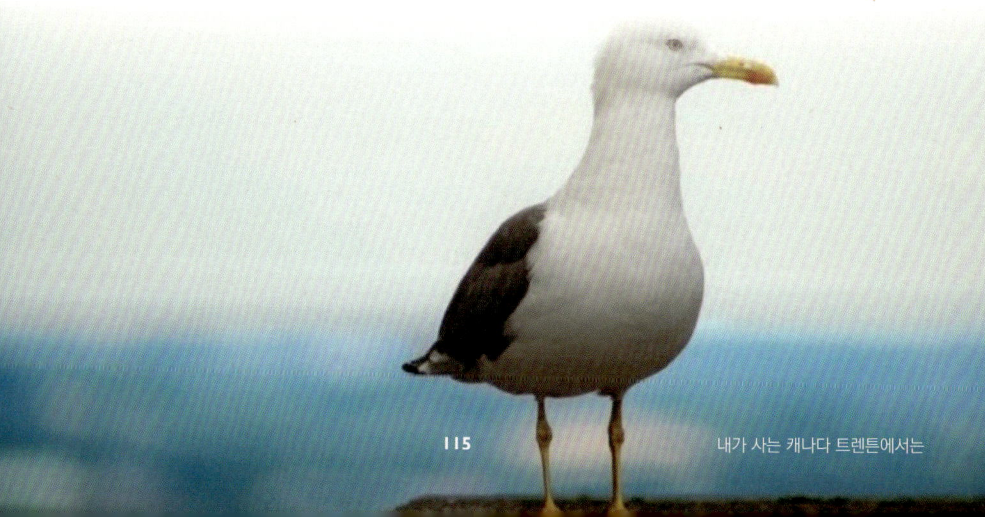

내가 사는 캐나다 트렌튼에서는

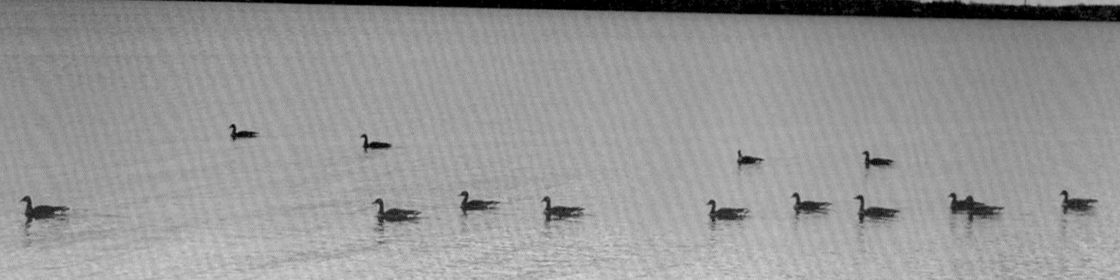

루니 가족의 이주

으이구!
루니네 대가족이 이동하네요.
어디 좋은 데로 이민들 가나?

아니면 새끼들 수영강의 마치고 현장 실습 중인가?

이민 와 봐서 내가 좀 아는데
사는 데는 다 마찬가진데 그냥 대충 살던 데서 살지!

뉴욕 후라이와 호수갈매기

나는 감자튀김 중에 후렌치 후라이보다는 뉴욕 후라이를 좋아한다. 크기도 굵게 썰어 먹음직스럽고 또 노랗게 바짝 구어 그 고소함이 더하기 때문이다.

근데 나보다 뉴욕후라이를 더 좋아하는 놈들이 있다.
호수 갈매기들이다.
내가 뉴욕 후라이를 사기도 전부터 내 눈치를 보며 주변을 서성이다 뉴욕 후라이를 먹기 시작할 때부터는 벌떼같이 달려들어 난리를 친다.

조금씩 잘라 나 한 조각 먹고 호수 갈매기들한테도 한 조각씩 나누어 주는데 어떤 욕심 많은 놈은 박스째로 물고 튀려고 해서 결사적으로 저지를 하여 다시 빼앗기도 했다.

결국 내가 좋아하는 뉴욕 후라이를 나보다 호수갈매기들이 더 먹고 서로 간에 생존경쟁은 끝이 났다.

에이!
먹고 살기 힘드네!
다음부턴 호수갈매기 안 보이는 데서 혼자 몰래 먹을까?

ㅎ ㅎ ㅎ
그래도 같이 나눠 먹는 게 좋겠지?
호수갈매기들도 먹고 살아야 하지 않겠어?
그래, 그렇게 같이들 사는 거야!
나도 심심치 않아 좋았구…

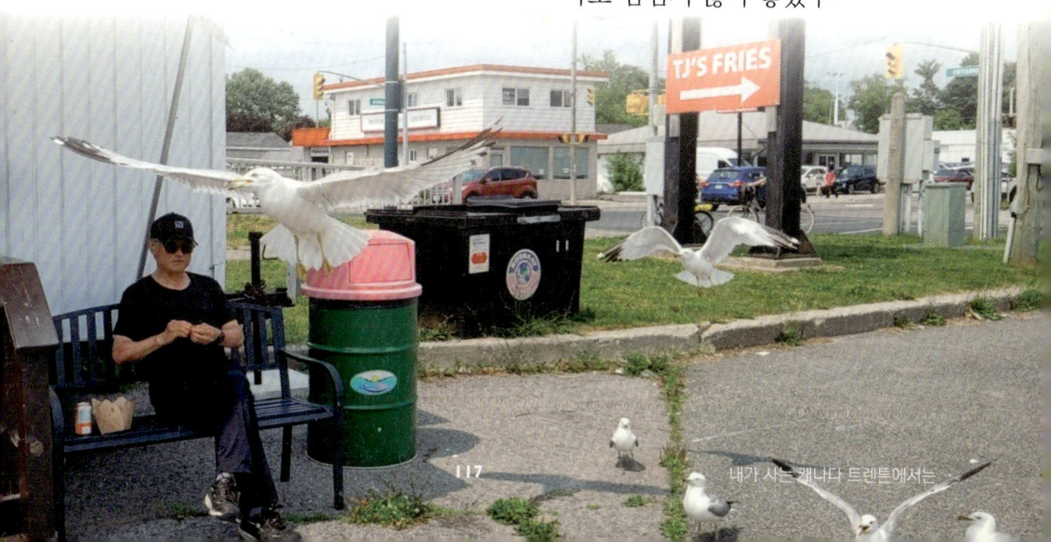

내가 사는 캐나다 트렌튼에서는

낚시꾼의 수다

며칠 전에 자전거를 타고 가다 월척을 한 낚시꾼을 만나 물고기의 이름을 물어보았다.

그 물고기의 이름은 월리스였고 중량은 4~5파운드로 추정하였다. 우리 동네 호수에서는 보통 3~7파운드의 월리스가 잡히며 자신의 최고 기록은 12파운드였다고 자랑을 한다. 캐나다가 땅덩어리와 호수만 큰 줄 알았더니 물고기도 기본이 우리네 월척급 이상이다.

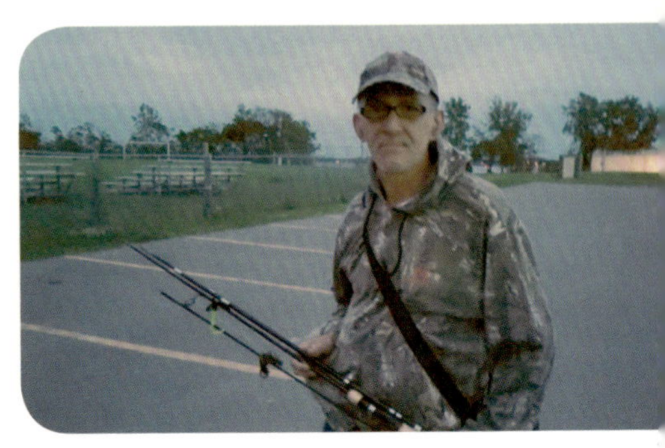

심심하고 적적한 생활을 하는 캐네디언 씽글들은 무언가 취미나 직업 등 자신에 관계된 이야기를 물으면 거의 인간극장 수준의 수다를 늘어놓는다.

자신은 3살 때부터 낚시를 아버지로부터 배우기 시작하여 지금은 53년의 낚시경력이라고 수다를 떨며 자기가 낚시를 한 인근의 작은 호수와 강의 이름을 모두 늘어놓는다.

덤으로 고기가 잘 잡히는 포인트까지 알려주는데 아쉽게도 나는 낚시는 완전 문외한이다.

도대체 누가 물어봤냐구요?
이거야 원!
물고기 이름 하나 물어봤다가 인간극장 드라마 한 편 시청 다 했다.

자신의 휘싱 라이센스도 보여주고 긴 수다를 끝내고 돌아가는 길에 포즈를 잡아주어 한 컷 찍었다.

낚시꾼의 수다에 완전히 어두워진 밤길로 돌아오면서 보는 다리 밑의 파란 조명 불빛이 꽤 아름다워 보인다.

보디 빌더

자전거를 타다가 체격 건장한 한 친구를 만났습니다.

내가 우람한 체구에 감탄하며 "아 유 어 레슬러?"라고 묻자 "아임 어 보디 빌더!"라고 답합니다.

젊은 시절 미스터 레드 화이트라는 닉 네임으로 활동했고 2006년도에는 보디 빌딩 대회에도 나가 수상도 했다네요.

아들만 둘 있는데 그 아이들도 체격이 우람하여 아빠처럼 보디 빌더가 되는 것이 꿈이랍니다.

수다쟁이 낚시꾼이 생각이 나 사진만 한 장 찍고 바로 자전거를 탔습니다.

그 바람에 오늘은 다리 밑 불빛 조명을 보지 않아도 되었습니다.

언제나 자상하고 친절한 캐네디언들에게 말을 걸 때는 꽤나 조심하게 됩니다.
잘못하면 길고 긴 또 한편의 인간 극장 봐야 할 것 같아서…

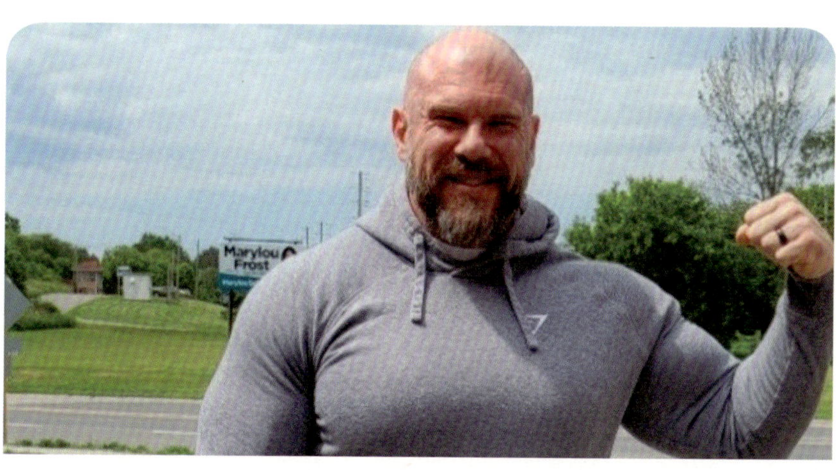

내가 사는 캐나다 트렌튼에서는

트렌튼의 불금

오늘은 금요일이다.
저녁 8시면 길거리에 인적이 없을 정도로 조용한 내가 사는 트렌튼에 밤늦은 시간에도 흥청거리는 곳이 몇 군데 있다.

몇 곳은 스포츠 바이고 다른 한 곳은 라이브 뮤직이 있는 칵테일 바이다.

늦은 저녁 자전거를 타고 지나다가 전에 몇 번 들러 위스키 한 잔씩 하곤 했던 칵테일 바에 들렀다.

오늘이 불금이라고 흥겨운 댄스음악에 젊은 아가씨들이 스테이지에 나와 춤을 춘다.

얼핏들 들어보니 그중에 한 명은 오늘 생일을 맞았다.
내숭 없는 캐네디언 젊은이들의 춤 동작을 보며 나도 모르게 앉은 채로 발장단을 맞추며 마음은 이십 대 시절로 돌아가 스테이지의 젊은이들과 신나게 한바탕 놀아보는 상상을 해본다.

우리 소싯적의 트위스트와 고고, 디스코, 허슬 등을 총동원해가며…

활기찬 젊음들이 좋기는 좋다.
바라보는 나이 든 노인네도 마음이라도 젊어지게 하는 걸 보면…

그런데 그거참!
아무리 부인하고 싶어도 마음과 달리 앉아서 잔술만 홀짝거리는 내 모습에 내가 노인이라는 것을 확실하게 절감한 하룻저녁이기도 했다.

스포츠 바

며칠 전에 올린 '트렌튼의 불금'이라는 글에서 스포츠 바를 언급했더니 어느 동기가 스포츠 바가 어떤 곳이냐고 물어와 현장취재를 핑계로 스포츠 바를 찾아가 맥주 한잔했다.

작은 주점인데 벽면에는 여러 개의 TV 스크린을 걸어놓고 아이스하키와 야구, 농구, 미식축구와 테니스, 골프 등의 경기중계 방송을 동시에 보여준다.

미국과 마찬가지로 스포츠 경기에 관심이 많은 캐나다인들의 기호를 맞춰주기 위해서이다.

토론토 소속팀의 중요한 경기가 있을 때면 스포츠 바는 만석에 아주 열광의 도가니가 된다.

토론토 팀이 승리하는 날은 찔끔이 절주가인 캐나다인들도 매상을 좀 올려주기도 한다. 그래봐야 맥주 한 병 더 정도이지만…

심심한 캐나다에서 스포츠 바의 존재는 그럭저럭 사는 맛을 더해주는 감초와 같은 것이라고 할까?

서울의 밤과 같은 아주 흥청거리는 분위기는 아니지만 가끔 무료한 저녁에는 한 번씩 들러 기분 전환을 해 보기도 한다.

하여튼 사람들은 사는 곳 어디서나 나름의 낙을 찾을 궁리를 한다. 일종의 본능인 희락 욕이라고 할까?

어찌 됐든 그럭저럭 재미도 있는 살만한 세상이다!

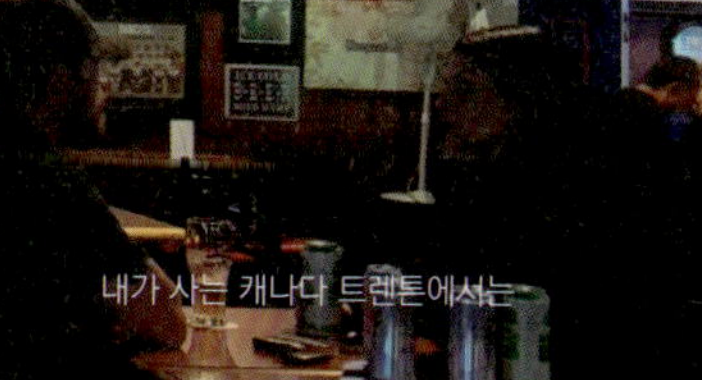

내가 사는 캐나다 트렌튼에서는

밸리댄스

　　다운타운의 한 모퉁이에서 동네 할머니들 동호회의 밸리댄스 공연이 있었습니다.

밸리댄스라고 하면 아주 요염할 정도로 간드러지게 추는 춤으로 알고 있는데 전혀 요염하다는 생각은 들지 않았습니다만

그래도 제법 긴장들 하며 열심히 최선을 다하는 모습에 큰 박수들을 쳐주었습니다.

부끄러워하면서도 흐뭇해 하는 모습들에 같이 흐뭇해 하기도 하고…

오래전 아이들 어렸을적에 유치원 재롱잔치에서 서툰 몸동작으로 하는 내 아이의 무용과 연극에 가슴졸이며 바라보면서도 흐뭇해했던 기억이 생각납니다.

기념사진도 찍고 재롱잔치가 끝나고 나서는 인근의 식당에 가서 무슨 큰 일이라도 해낸 것처럼 아이를 칭찬도 해가며 온 가족이 즐거워하며 식사를 했던 추억이.

별일도 아닌 일이지만 칭찬도 하고 박수도 쳐주면서 서로간에 기쁨과 즐거움을 나누기도 하고…

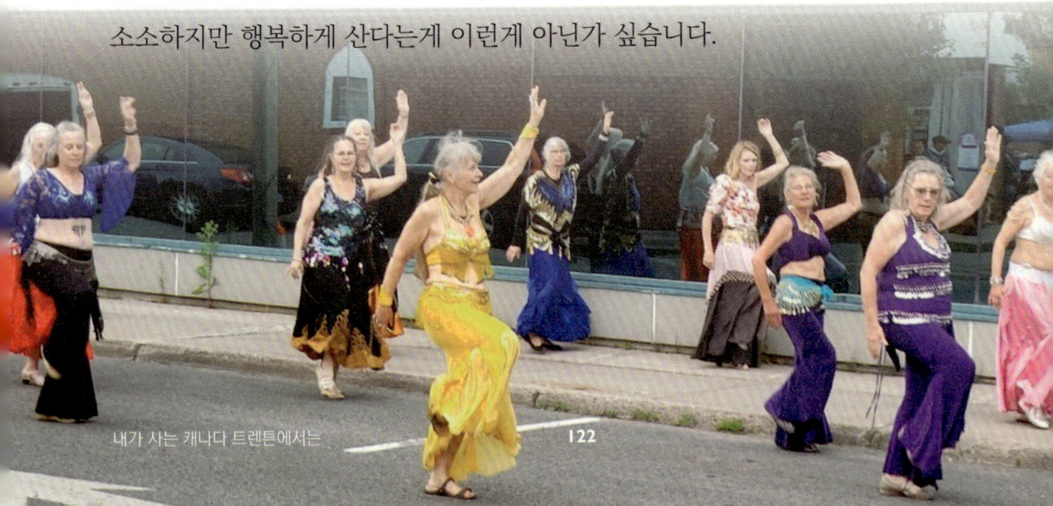

주말 장보기 나들이

일요일 오후 나절 이웃집 부부와 함께 주말 장보기에 나섰습니다.

이미 오래전에 한국에도 입점이 된 코스트코 대형 할인매장은 캐나다에서는 주변 인구가 20만 이상이 되는 도시이어야 들어서기에 제가 사는 트렌튼에서 한 시간 거리인 캐나다 건국 초기의 수도였던 킹스톤으로 다녀왔습니다.

북적이는 사람들 사이를 헤치고 다니며 산처럼 쌓인 물건 구경을 하는 것이 마치 우리 어렸을 적에 어머니를 따라 재래식 시장에 온 기분입니다.

물건도 보고 사람도 보고 장을 보고 나서는 인근의 중국식당에 가 저녁을 먹고 또 한 시간 걸려 집으로 돌아왔습니다.

옛날에는 시간 낭비처럼 느껴졌던 장보기가 이제는 나이가 들어 그런가 꽤 즐거운 일상 중의 하나라는 생각입니다.

그리고 보니 나이 드는 것을 그리 안타까워할 필요만은 없는 것 같습니다.

젊었을 땐 못 느꼈던 푸른 하늘과 길가에 피어있는 꽃 그리고 자잘한 일상까지도 즐겁고 행복하게 느낄 수 있는 걸 보면…

2024년 7월 19일 자 토론토 중앙일보

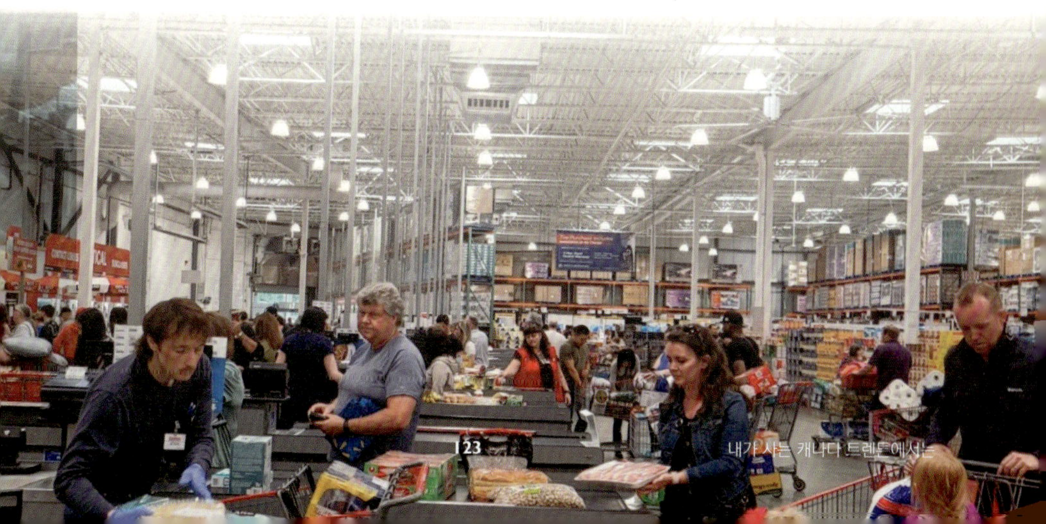

내가 사는 캐나다 트렌튼에서는

부활절 만찬

    부활절에 가까운 이웃들 몇 집이 모여서 저녁 식사를 함께하였습니다. 명색이 부활절이라 부활절 상징인 삶은 달걀과 함께 김치만두국과 갈비찜, 오징어숙회와 청포묵 등 철저하게 한식으로 즐겼습니다. 한식 위주의 식단이 었지만 그래도 알량하게 끼워 넣은 삶은 달걀 덕에 부활절 만찬임엔 틀림없지요.

캐나다에서 산 지가 20년과 30년이 넘었어도 음식만큼은 철저하게 신토불이 입니다. 나이들이 들어가면서는 더욱더 깊어지는 한식에 대한 애착만큼 고국에 대한 향수도 더 깊어지는 것 같습니다.

넉넉한 이웃들과 익숙한 입맛의 전통음식을 함께하면서 우리는 기쁨과 슬픔을 함께 나눌 줄 아는 정 많은 한국인임을 새삼 깨닫곤 합니다.

저녁 식사 후에 뒷 정원에서 아름답게 노을 지는 석양을 찍어보았습니다. 좋은 사람들과 행복한 하루를 보낼 수 있음에 감사하고 또 감사하는 마음입니다.

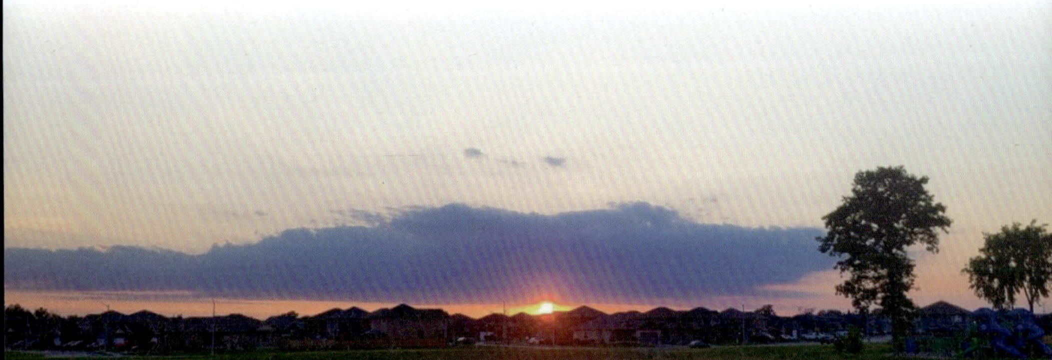

삼겹살 바비큐 파티

자매님들 몇이 며칠 전부터 모의하여 일요일 미사 끝난 저녁 무렵에 삼겹살 바비큐 파티를 열었다.

지글지글하게 구워진 삼겹살이 이렇게 맛있는 음식이었던가?
삼겹살이 잘 구워지기도 했지만 여럿이 함께하니 그 맛이 더하는 것 같다.

시원한 맥주와 함께 먹는 그 환상적인 맛에 모두 입안 가득 행복을 머금고 사진 한 장 찍었다.

"우리는 오늘 삼겹살 먹었다!"하는 기념으로…

그거참, 희한하다!
캐나다 국적으로 수십 년들을 살아도 신토불이의 그 입맛은 영원한 한국인인 것이…

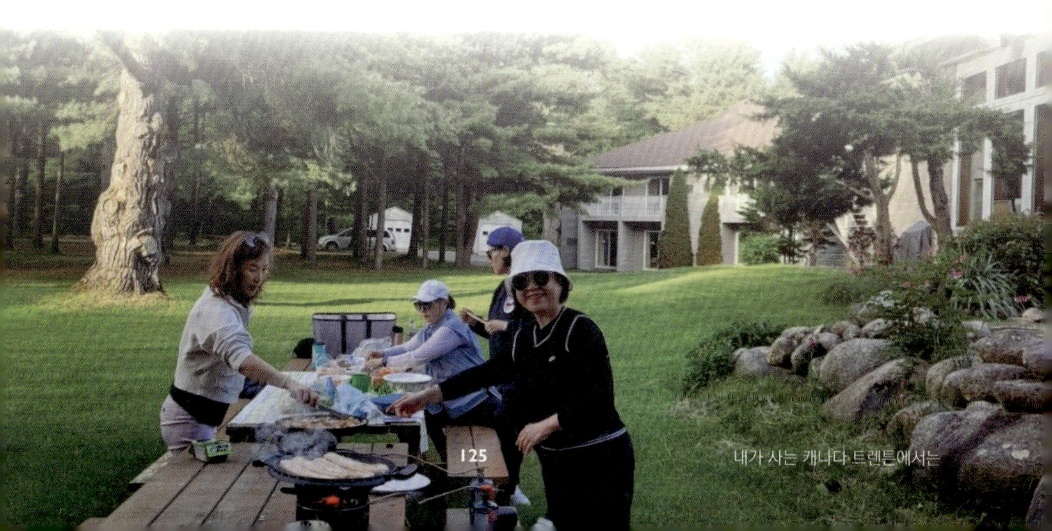

내가 사는 캐나다 트렌튼에서는

어느 장애인의 웃음

　　오늘은 일요일이다.

오랜만에 영상의 날씨에 햇빛 가득한 호숫가 마리나의 산책로에 한겨울이지만 사람들이 간간이 눈에 띈다.

조깅복을 입고 달리는 사람들과 애완견과 함께 걷는 사람들, 그리고 장애인 아들의 휠체어를 미는 어머니를 본다.

모두 어둡고 추운 겨울에서 해방된 듯 화사한 옷차림에 환한 표정들이다.

그중에서도 오랜만에 야외에 나와 기뻐하는 장애인의 표정과 그 어머니의 활짝 핀 웃음을 잊을 수가 없다.

특히나 표정조차 자기 뜻대로 짓기 어려운 장애인이었지만 나를 보고 허공에 손을 저으며 활짝 웃었던 그의 행복한 웃음을…

오늘 만난 사람들 중에 가장 행복한 웃음이었다. 며칠 전엔 양팔 없이 세상을 품은 한 사람의 인생 이야기에 큰 감동을 받았는데 오늘은 장애인의 웃음이 내게 생각하게 한다.

나의 행복을 위하여 과연 내게 진정으로 더 필요한 것이 있는지를…

2023년 4월 21일 자 토론토 중앙일보

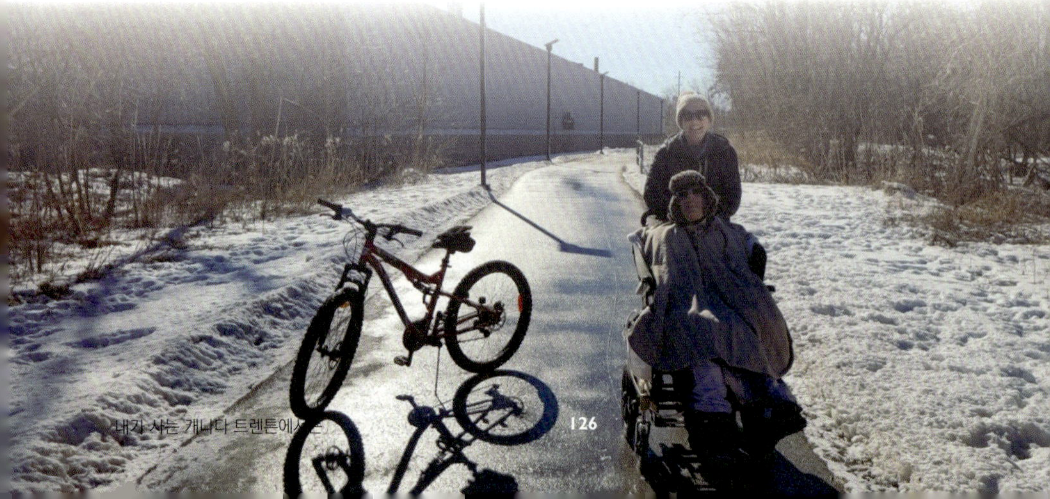

내가 사는 캐나다 트렌톤에서

내 마음의 천국

어제는 자전거를 타고 마리나를 지나는데 누군가가 "브라이언! 브라이언!"하고 부른다. 돌아봤더니 한 무리의 사람들이 모여 서 있고 그중에 한 여인이 내게 사진을 찍어달란다.

사람들 면면을 보니 대부분이 내가 아는 우리 동네의 내 가게 손님들이다.

같은 교회 신자들로서 오늘 마리나 클럽하우스에서 모임이 있어 왔다가 헤어지기 전에 사진 한 장 찍겠단다. 사진 몇 장 찍어 주고 돌아서려니 한 동네의 아는 사람이라고 브라이언도 같이 한장 찍자고 한다. 쑥스러워 사양하다가 오랜만에 여러 사람과 함께 사진 한 장 찍었다.

그리고 보면 내가 이곳 트렌튼에 산 지도 14년이 되었다. 이민 생활 22년 중에 토론토에 살았던 기간 외에는 상당한 세월을 이곳에 살았다. 웬만한 사람들은 동네 가게 주인인 나를 알고 또 내 이름을 부른다.

말설고 물설은 이 캐나다에 이민 와 고달프긴 했어도 오랜 세월 견뎌온 이민살이의 덕택이다. 얼굴색 다르고 선호하는 음식도 다른 내가 언제나 이방인이라고 생각해 왔는데 함께 사진 한 장 찍자는 권유에 문득 나도 이제는 캐네디언이 다 됐나 보다 하는 생각을 하게 된다.

나이 든 요즈음은 자전거를 타며 동네의 보기 좋은 경관도 즐겨 가면서…
내가 사는 곳이 어딘가는 큰 문제가 아니라고 생각한다.
어디가 됐건 내 마음이 평화로우면 그곳이 내게는 천국이 아닌가 싶다.
사람들과 어울려 사진 한 장 찍고 나서 참 이런저런 생각도 많이 해본다.

내가 사는 캐나다 트렌튼에서는

　　지난 주말 제가 사는 트렌튼에서 휘싱 더비가 열리는 동안 강가와 호숫가에는 텐트와 캠핑 트레일러들이 들어섰습니다.
야외 바비큐와 캠프화이어도 즐기고 낚시대회에 참가하여 보트 낚시도 하며 주말 며칠 동안은 세상일 다 잊고 왁자지껄하니 무슨 축제라도 하듯이 즐기고들 있습니다. 자전거를 타고 가다 그중에 아는 동네 사람들을 만나 잠시 함께 어울려봤습니다.
생업으로 하는 일도 중요하지만, 여가를 즐기는 것에 익숙한 캐네디언들은 금요일 오후부터 일요일 밤까지는 대부분의 경우가 할 수 있는 한 집을 떠나 별장이나 캠프 트레일러에서 자연과 함께하는 생활을 즐기곤 합니다.

대부분의 사람들이 돈을 버는 것도 물론 중요하지만, 그것보다는 인생을 즐기는 게 더 중요하다고 생각하는 캐나다에서는 '캐네디언 드림!'이라는 말은 않고 '엔죠이 어 캐네디언 라이프!'라는 말을 자주 합니다.
사는 게 뭔지 아는 사람들 같아 많이 부럽습니다.
형편은 넉넉지 않아도 호숫가에서 매일같이 자전거를 타는 저도 캐네디언 라이프를 조금은 즐기고 있다고 생각합니다만…

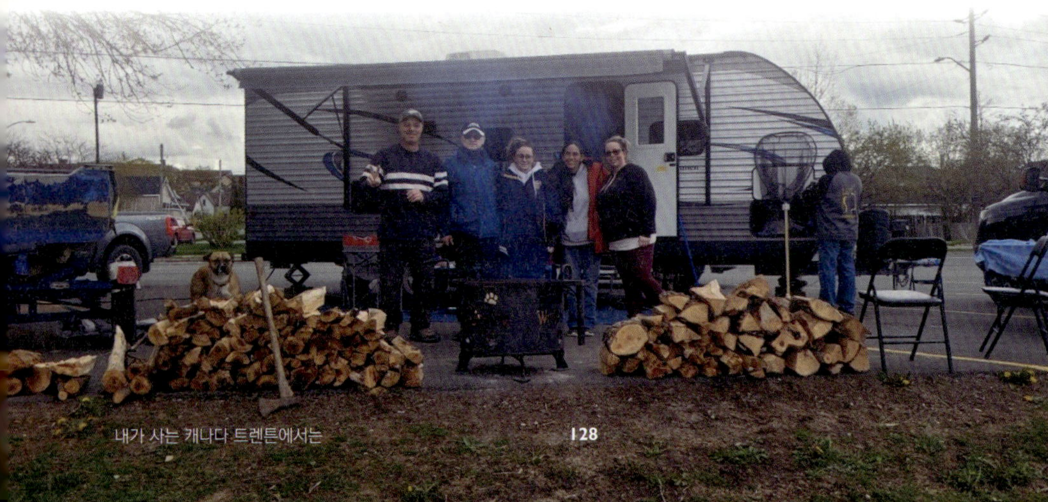

올드 클래식카 전시회

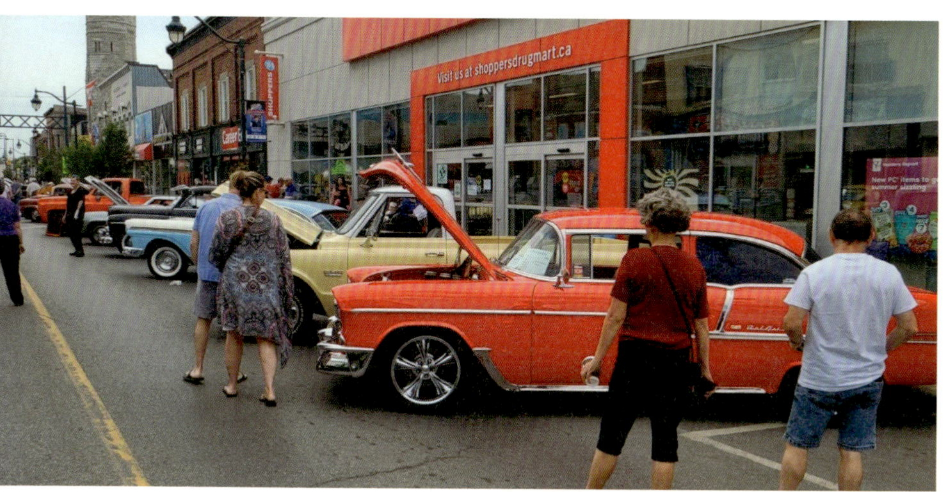

　6월 중순의 일요일, 트렌튼을 중심으로 사방 100km 근방에서 달려들 와서 함께 하는 올드 클래식 카 전시회는 매년 한 차례씩 열리는 전시회라 그 차가 그 차 같건만 뭐 새로 나온 신차라도 구경하는 듯이 어김없이 사람들은 모여서 북적거리며 거리를 한가득 채웁니다. 심심한 천국인 캐나다는 사람들이 그 무료하고 심심함을 덜기 위하여 유난히 취미활동에 몰두를 합니다.

낚시와 골프, 아이스하키와 스노우 모빌 그리고 사냥은 물론 스키와 캠핑, 요트와 정원 가꾸기 등 그 취미생활의 종류가 그야말로 천차만별로 다양합니다.

올드 클래식 카의 소장 또한 그중의 하나인데 낡은 구식 차량을 구입하여 정비와 튜닝, 도색까지 직접하고 광택 유지와 세차 등 그 애착이 거의 가족 사랑과 견줄 만합니다.

이민자의 시각에선 좀 생소하고 단순해 보이는 것 같아도 참 별것도 아닌 소소한 것에 만족하며 행복하게 사는 사람들입니다.

즐거운 인생, 행복한 세상이 무엇인지 확실하게 알고 사는 사람들!

그들이 바로 캐네디언들이라는 생각입니다.

온타리오 휘싱 더비

    지난 주말 내가 사는 트렌튼에서 온타리오주에서는 가장 큰 규모의 휘싱 더비가 이틀간 열렸다.

온타리오 호수와 트렌트 리버의 두물머리인 트렌튼에 본부가 설치되고 온타리오 호수를 끼고 있는 인접 도시 벨빌과 픽튼 그리고 브라이튼에 물고기 계량소가 설치되어 이틀간 대대적인 낚시대회가 진행되었다.

강변과 호숫가에는 주말 이틀 밤 숙박을 위한 트레일러와 텐트들이 곳곳에 설치되고 여기저기서 바비큐와 캠프화이어를 하면서 왁자지껄하게 담소들도 나누며 이 작은 트렌튼 타운이 완전히 축제 분위기가 되었다.

하루 일과를 마치고 저녁무렵 자전거를 타고 돌아보다가 캠핑 중의 내 가게 손님들을 만났다.

들뜬 마음에 내 이름 브라이언을 부르며 함께 어울리자고 한다.

흥겨운 마음으로 사진 한 장 찍고 돌아 나오며 낚시대회 본부에도 들러 돌아보는데 또 누가 브라이언하고 부른다.

내 가게 단골손님인 리사이다.

이번 낚시대회의 운영위원을 맡고 있다며 내게 대회 로고가 자수로 새겨진 모자를 사양을 함에도 굳이 두개나 선물로 준다.

고맙게 받아 함께 모자를 쓰고 사진 한 장 찍는데 내게 하는 얘기가 선물로 받은 모자보다 더 나를 흐뭇하게 한다.

평소에 내 가게에 올 때마다 받은 것이 많아 자기도 내게 무언가 주고 싶었는데 모자라도 주게 되어 기쁘단다.

생각지도 않은 선물을 들고나오며 이곳 트렌튼에서 보낸 지난 15년을 돌아보았다.

생업으로 하는 가게였지만 찾아오는 아이들에게는 언제나 초코릿과 캔디를 그리고 형편이 어려운 단골손님들에게는 외상도 주고 날짜가 지난 물건들을 이것저것 무료로 참 많이도 나누어 주었는데 그 바람에 인심을 잃지는 않았다는 생각이다.

'형편은 넉넉지 못해도 지난 세월 잘못 살지는 않았구나!' 하는 생각에 어둠이 내려 아름답게 보이는 호수와 강변의 야경이 더 화려하게 보이는 것 같았다. 부족한 가운데에도 서로 간에 주고받으며 나누는 삶이 우리가 사는 세상을 더 살만하게 한다는 생각이다.

2024년 5월 17일 자 토론토 중앙일보

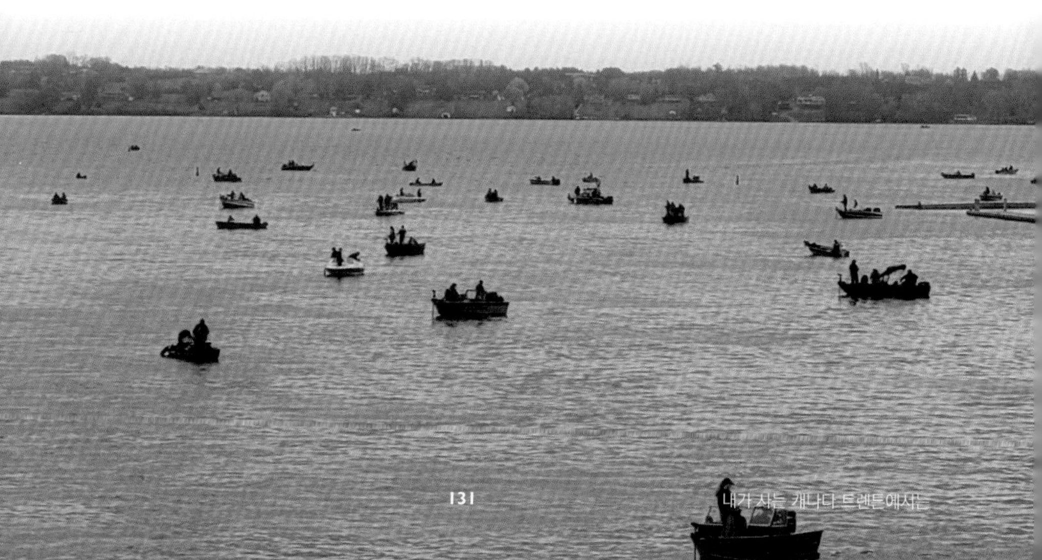

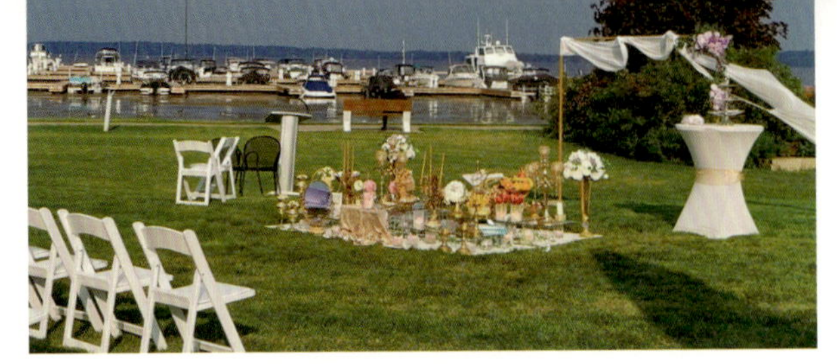

　　지난 주말 마리나 정원에서 있었던 이라니안 캐네디언의 결혼식장 정경입니다. 식장 한가운데 진열된 장식품들이 이란 전통 혼례 시의 상차림이라 합니다. 우리나라의 결혼식 후에 오리 한 쌍과 함께 차려지는 잣이 박힌 대추 고임과 육포 그리고 구절판의 예쁘게 장식된 음식들이 있는 폐백 상차림과 같은 것이지요. 어느 나라이든지 간에 상관없이 혼례식은 인륜지대사 중에 가장 기쁜 행사입니다. 오늘의 결혼식과는 무관한 저도 식장을 바라보면서 그저 흐뭇한 미소를 짓습니다.

42년 전에 사모관대 차림으로 족두리 쓴 아내와 함께 부모님과 집안 어르신들께 절을 올리던 기억을 되새기면서.

어느새 42년의 세월이…

세월 그거참!

그동안 잘 살아왔는가를 생각해 보면 왜 그리도 후회스럽고 아쉬운 일이 많았는지 안타깝기만 합니다. 더구나 아들딸 낳고 잘살아 보겠다고 어르신들이 던져 주시는 대추를 치마폭으로 냉큼 받아내던 아내를 생각하면 마음이 미어지는 것도 같습니다.

어쩌겠습니까?

이미 지나간 세월!

이제 남은 세월이라도 아직은 무탈하게 내 몸 내 의지대로 움직이고 사는 것에 감사하게 생각하고 지내면서 그저 아내의 말에 고분고분하니 순종도 하고 마음으로나마 왕비처럼 받들어 모시며 사는 것이 그나마 지난 세월 동안 이것저것 많이 부족한 저를 내조하느라 시커멓게 타들어 간 아내의 속을 보듬어주는 길이 아닌가 생각합니다.

그거참! 다 늙어서야 철 들고 깨닫는 것이 그야말로 만시지탄입니다.

고등학교 졸업식

　　동네 공원 아이스링크에서 열린 고등학교 졸업식.
4년제 대학 진학률이 낮은 캐나다의 고등학교 졸업생들은 상당수가 취업하기 쉬운 2년제 전문대학으로 진학을 한다.

전문직의 경우에도 급여가 적지 않아 생활이 안정될 수 있기 때문이다.
아예 전문대학에 진학하지 않는 젊은이들도 토목과 건축 등 일이 궂은 업종에서 종사하게 되는데 일이 고되고 힘들수록 수입이 좋은 경우도 많아 공부에 재능이 있는 학생들이 아니면 그다지 4년제 대학 진학에 크게 집착하지 않는다.

아예 학창 시절부터 공부에 대한 스트레스도 크게 받지 않고 자유로운 청소년기를 보내고 또 노년에는 그럭저럭 생활하며 지낼만한 정부의 복지혜택을 누리고 사는 캐네디언들을 보면서 참 부럽다는 생각을 해본다.

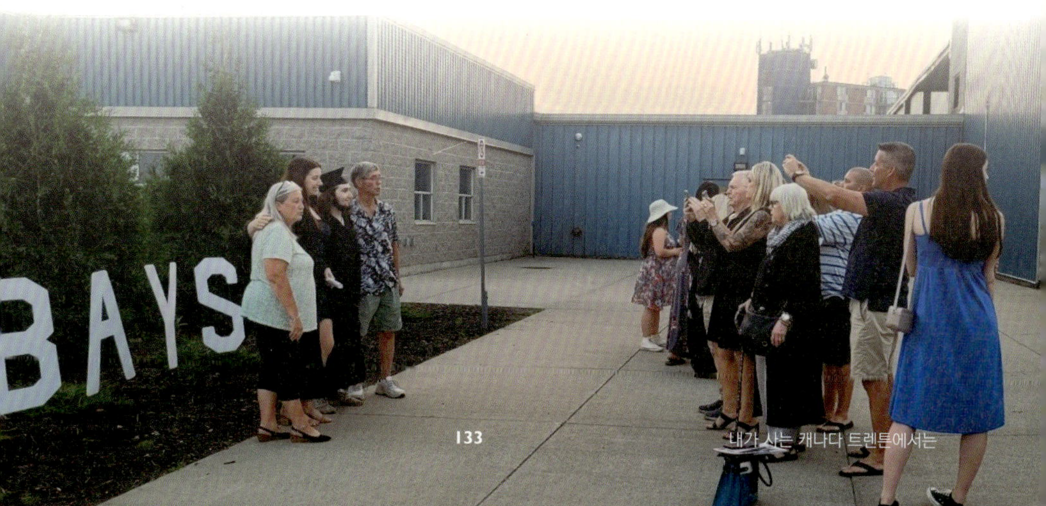

내가 사는 캐나다 트렌튼에서는

트렌튼의 역대 시장들

　　1880년대부터 지금까지 트렌튼의 역대 시장들입니다. 정확히는 트렌튼 타운이 소속된 퀸티 웨스트 시티의 시장들입니다.

전 시장과 현 시장, 두 사람 모두 저와는 가까이 지냈습니다만 저와 동갑내기였던 전 시장 빌은 이 일대의 몇 개 호텔 소유주였는데 몇 년 전에 유명을 달리했고 현 시장 82세의 짐은 300에이커(36만 평) 부지 소유의 큰 농장주인데 지금 3선으로 9년째 시장을 하고 있습니다. 워낙에 소탈하여 만나는 사람들마다 친구들처럼 편하게 얘기하며 털털한 웃음을 웃곤 합니다.

저는 전, 현 두 시장을 특별히 더 좋아하는데 나름 확실한 이유가 있습니다.

다름 아니라 제가 즐겨 자전거를 타는 호숫가의 마리나를 8년 전에 현 시장이 만들었고 겨울이면 제가 매일 즐기는 수영장과 사우나가 있는 YMCA를 12년 전에 전 시장이 만들었기 때문입니다.

모르긴 몰라도 저의 마리나와 YMCA의 이용 빈도수는 트렌튼 주민들 중에서도 단연 탑 그레이드가 아닐까 생각합니다. 보기에도 좋고 아주 쾌적한 최신설비의 시설을 완전 제 개인 것처럼 즐기는데 제가 두 시장을 안 좋아할 수 없겠지요? 그것도 마리나는 루니와 호수까지 끼워서 무료인데…

2024년 8월 30일 자 토론토 중앙일보

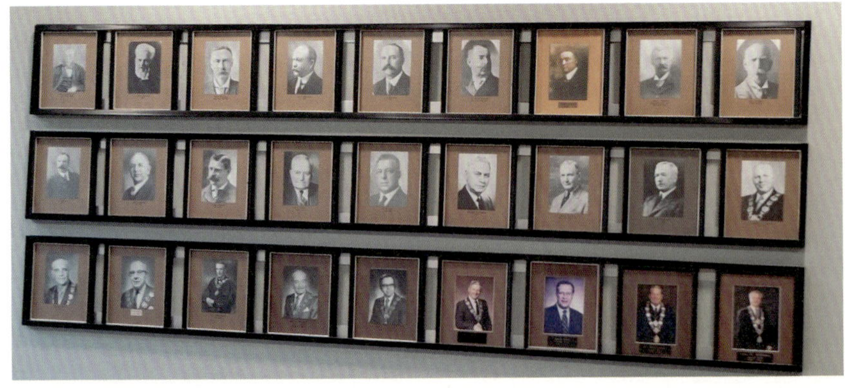

캐나다의 땅

    내가 사는 트렌튼 타운은 인구도 많지 않은 작은 동네이지만 호수와 강도 있고 트렌튼 다운타운에서 차로 십분 이내의 거리에 드넓은 빈 땅도 있습니다.

처음 이민을 와서는 한인들이 그저 가는 곳 곳곳마다 있는 빈 땅을 보고 참 욕심도 많이 냈었지만, 이제는 그냥 토박이 캐나다인들처럼 시큰둥하게들 봅니다.

그래도 넓은 땅이 아쉬웠던 한국에서의 기억에 가끔은 옛날 홍콩처럼 한국과 캐나다가 10개의 주와 3개의 준주 중에 한 주만이라도 조차 계약을 맺어 한인들이 이주해 와 개발을 할 수 있다면 서로 간에 참 좋을 텐데 하는 상상들도 막연히 해보곤 합니다.

캐나다의 이 드넓은 땅!
기껏해야 여름에 옥수수와 호박 농사나 짓는 땅인데…
캐나다가 여러 가지 면에서 부자나라이지만 비좁은 땅에서 살다 온 한인 이민자의 눈에는 그중에서도 땅 부자인 것이 정말 부럽습니다.

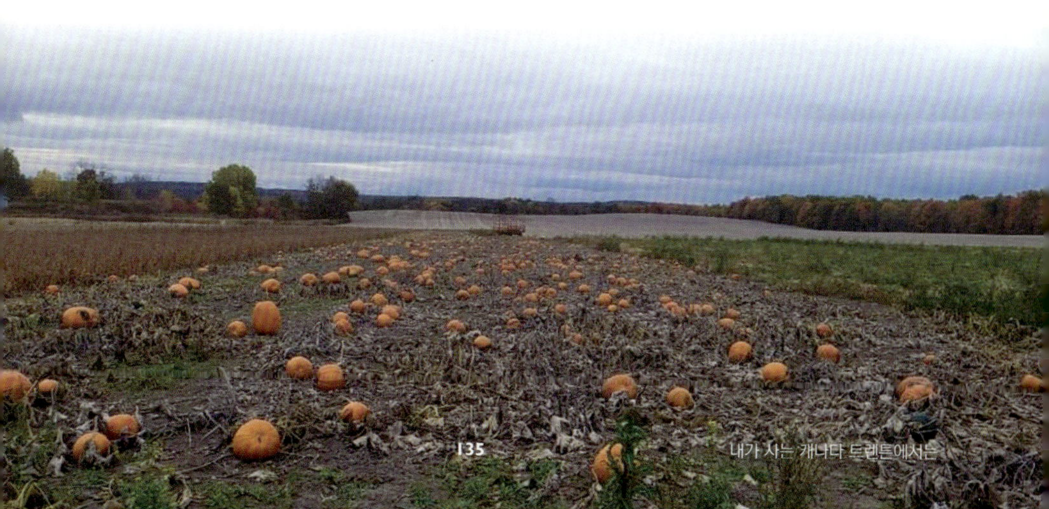

내가 사는 캐나다 트렌튼에서든

캐나다인들의 주말 별장

　　자전거를 타다가 마리나에서 주유를 하는 요트 한 척을 만났습니다.
운항 시에는 선상에 8인이 탑승할 수가 있고 숙박은 4인이 할 수 있답니다.
지하 선창에는 간단한 싱크대와 화장실과 침대가 있고 대부분의 캐나다의 중
산층들은 주말 별장들을 보유하고 있어 금요일 오후부터 일요일 밤까지 2박
3일을 가족과 함께 자연을 즐기며 지냅니다.

그런데 그 별장은 세 가지 유형이 있는데 하나는 하우스형 별장이고 다른 유
형은 캠퍼 밴이나 트레일러입니다.

호숫가 전망 좋은 곳에 비치해 놓고 주말이면 찾아가 별장처럼 이용을 합니
다. 일부는 이동하며 즐기기도 하고요.

또 다른 유형은 요트나 보트입니다.

한겨울에는 마리나에 정박해 두었다가 여름이면 정박한 채로 또는 호수 유람
을 하며 주말에 별장처럼 이용을 하는데 트레일러나 보트들은 하우스형 별장
보다는 훨씬 저렴한 비용으로 구입하여 이용할 수가 있습니다.

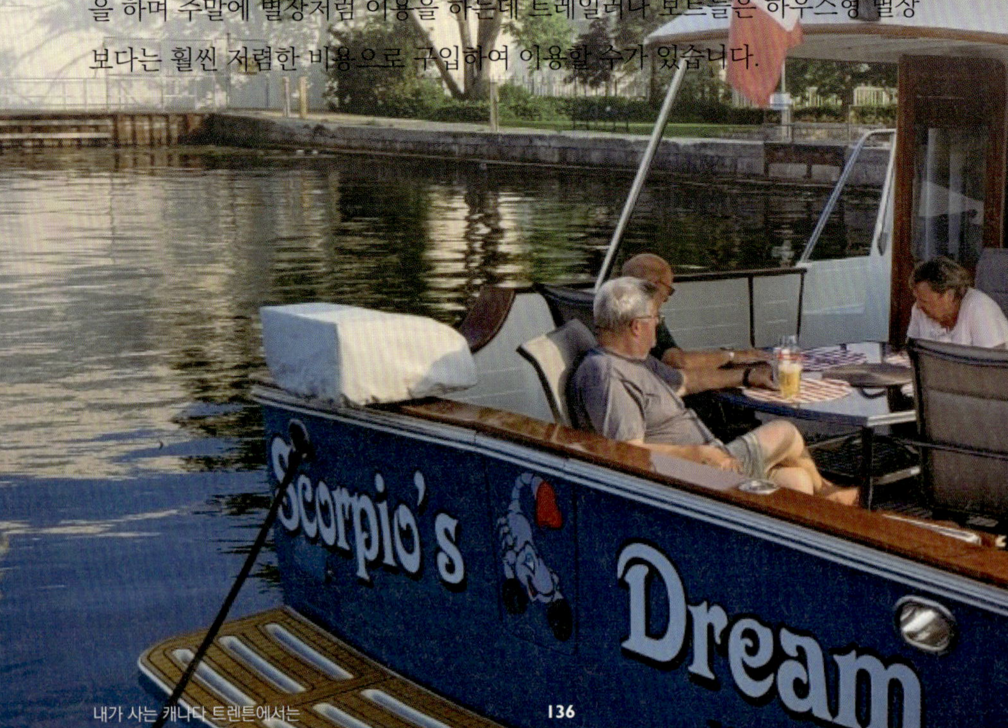

주 5일을 일하고 매주 2박3일은 휴가처럼 지내는 게 지극히 평범한 일상인 캐나다인들은 웬만한 국경일은 해당 월의 몇째 주 월요일로 지정하여 긴 연휴를 즐기게끔 지정해 놓기도 합니다.

하여튼 짧은 인생들이지만 사는 동안만큼은 국민들의 의식은 물론 정부의 시책도 국민들이 즐기고 사는 데에 중점을 두고 있습니다.

저도 캐나다에 살고 있지만 평생을 일과 돈벌이에 중점을 두고 살아온 한인 이민자의 한사람으로서 사는 게 뭔지 알고 사는 캐나다인들이 정말 부럽다는 생각을 합니다.

사회복지도 국민들이 목돈 걱정 안 하고 살아도 되게끔 사각지대 없이 완벽하게 시행되고 있고…

그래서 가끔 동네마다 있는 묘지의 묘비들을 지나치며 바라볼 때면 애달픈 마음보다는 참 좋은 나라에서 행복하게들 살다가 가셨습니다 라는 생각을 하곤 합니다.

참 별생각을 다 한다고 하시겠지만 삶의 가치관이 우리와는 너무도 다른 캐나다인들이 부러워서 하는 얘기입니다.

트렌튼의 명물

　캐나다에서 제가 사는 곳은 토론토 동쪽으로 두 시간 거리의 퀸티 웨스트 시티 내의 트렌튼입니다.

인구 5만 명의 퀸티 웨스트 시티에는 트렌튼과 프랭크 포드, 시드니, 바타와, 베이 사이드, 캐링 플레이스 등의 작은 타운들이 있습니다.

그중에는 트렌튼이 가장 중심이 되는 타운이며 작은 규모이지만 다운타운도 있고 캐나다의 공군기지와 군용비행장도 있어 나름으로는 요충지입니다.

아프카니스탄으로 출동하는 병력과 또 전사자의 시신들도 이 작은 군용 공항을 이용하여 출입을 했었습니다.

지형적으로도 오대호 중에 온타리오 호수와 휴론호수가 이곳의 트렌트 리버를 통하여 연결이 되는 수로 상으로도 꽤 중요한 지역이고 도시의 이력도 캐나다 건국 초기부터 약 150년 세월의 역사를 갖고 있는데 10년 전에 시에서 특별한 명물 만들기에 나섰습니다.

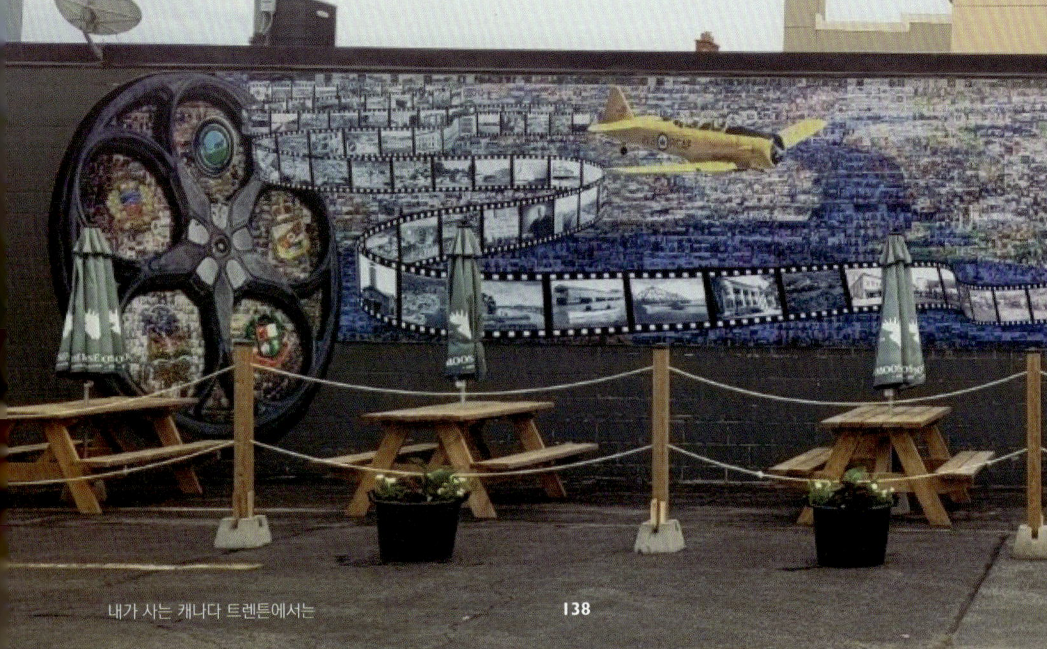

모든 시민들로부터 작은 성금과 함께 가족사진들을 수집하여 모아진 그 수천
장의 사진을 그림의 바탕으로 하여 대형 벽화를 제작한 것입니다.

주제는 1800년대 말경 트렌튼의 당시 모습을 재현코자 했는데 저도 몇 장의
사진을 제공했고 그림 어딘가에는 밑바탕으로 사용되어졌을 것입니다.

역사가 오래지 않아 유적과 유물이 많지 않은 캐나다로서는 먼 훗날 이 대형
벽화도 꽤 중요한 문화재가 되지 않을까 생각한다면 좀 지나친 기대일까요?

이십여 년 전 캐나다에 이민 오기 위해 영주권을 신청하고 대기했던 그리고
물설고 말설은 이민자였던 저와 제 가족의 사진이 먼 훗날 캐나다의 유물이
될 벽화의 일부가 되었다니 감회가 새롭습니다.

이미 여러 해 전에 시민권을 취득하였지만, 어느새 저와 제 가족이 진정한 캐
네디언이 되었나 보다 하고 생각해 봅니다. 그래도 여전히 저는 한국인이고
제 고향 한국에 대한 향수는 언제나 애절하기만 한데…

트렌튼의 명물이 새삼 지나온 저의 이민 인생을 다시 돌아보게 합니다.

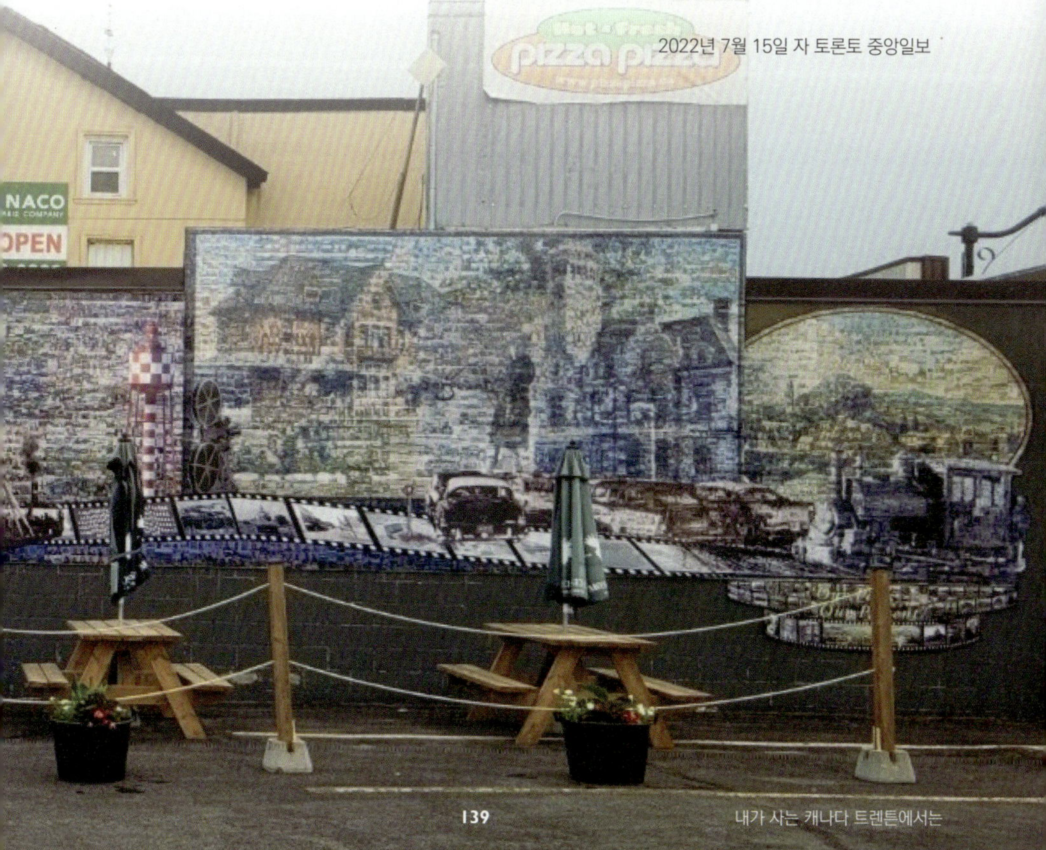

2022년 7월 15일 자 토론토 중앙일보

트렌튼의 한인 관광객

토론토에서 두 시간이나 떨어진 시골 작은 마을 트렌튼의 내 가게에 아시안이 들어왔다.

30대로 앳띄어 보이는 엄마가 중학생과 초등학생 두 아들을 데리고. 두 아들과의 대화를 듣고 한인인 줄 알았다.

한국에서 관광차 와서 차로 몬트리올과 퀘벡과 오타와를 관광하고 토론토로 돌아가는 길에 트렌튼이라는 작은 도시에 호기심으로 들렀고 아빠는 직장 관계로 어제 몬트리올에서 한국으로 먼저 출국을 하였고 두 아들을 데리고 엄마 혼자서 운전을 하며 토론토로 가는 중이란다.

젊은 엄마 혼자서 참 대견하다 싶기도 하고 한인 관광객이 시골 타운에 들리는 것은 참 드문 일이라 반가운 마음에 한사코 사양함에도 내 가게의 작은 기념품들 몇 가지를 아이들에게 챙겨주었다.

이런저런 얘기 끝에 내가 살았던 서울의 반포에 살고 있고 반포 본당에서 미사를 본다고 한다.

나와 내 아내는 반포 잠원동의 잠원 본당에서 영세를 받았고 내 본명은 비오라고 하자 깜짝 놀라며 남편의 본명이 비오라고 한다.

이 낯선 곳에서 예상치 못하게 한인을 만나서 놀라울 정도로 반가웠는데 살았던 동네도 같고 남편과 세례명까지 같다는 것에 완전 소름이 돋는 느낌이라고 너무나 놀라워한다.

선물을 받고 미안한 마음에 뭔가 살려고 하는데 짐이 되니 그만두라고 한사코 말리고 아이들과 함께 마치 내 가족들을 보내듯이 정겹게 인사하고 보냈는데 한 십 분쯤 뒤에 그 엄마가 다시 내 가게로 왔다.

그냥 갈 수 없어서 자기들 여행 중에 먹으려고 가져왔던 한국산 김인데 드셨으면 좋겠다고 한 봉지를 싸 들고 왔다.

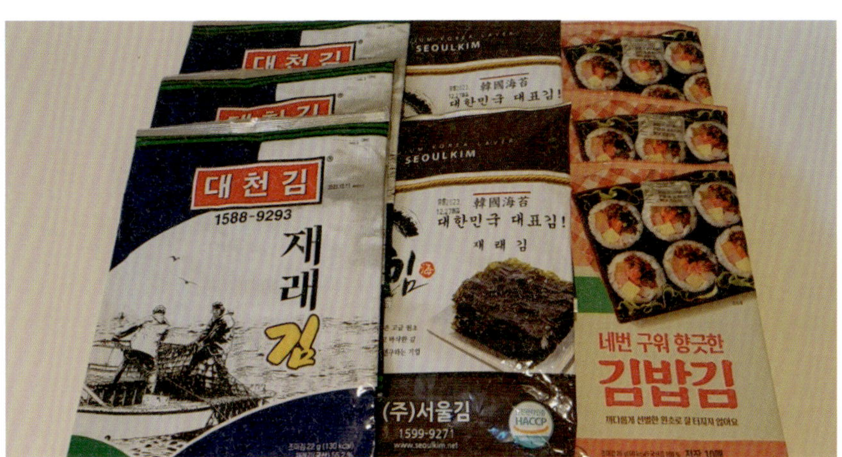

사양을 했지만 어차피 내일 자기들은 토론토에서 한국으로 떠난다 하며 놓고 간다.

조심해서 잘 가라고 인사를 하고 돌아와서 적지 않은 김을 바라보며

서로간에 따뜻하게 배려하며 정을 주고 받으며 살면 어떠한 환경에서라도 이 세상은 살만한 세상이라는 생각을 해본다.

2024년 3월 16일 자 토론토 중앙일보

토론토 코리아타운 이야기

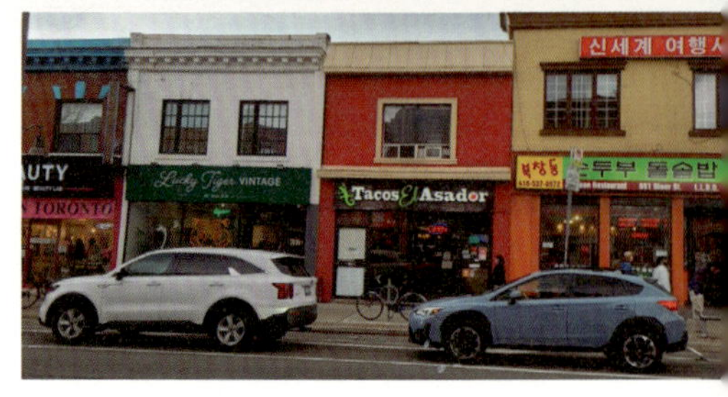

　　과거 한 50여 년 전쯤에는 독일의 광부와 간호원들로 파견 나갔던 분들이 독일에서의 일이 끝났을 때 한국으로의 귀국과 독일 체류 그리고 캐나다 영주권 신청 등 선택의 여지가 있었다고 합니다.

그때 당시에 고생스러웠던 탄광의 광부와 간호원으로 독일에서 만나 인연을 맺은 남녀 한인들이 캐나다로 많이들 왔고 그분들은 동우회라는 이름으로 단체를 만들어 상부상조해 오면서 한인 커뮤니티의 활성화에 큰 기여들을 해오셨는데 이제는 거의 대부분의 어르신들이 유명을 달리하셨습니다.

한가지 감동적인 일화는 짧은 영어에 거의 대다수가 세븐 투 일레븐의 편의점, 소위 한국말로 구멍가게들을 했었는데 1년 365일을 부부가 교대로 아침 7시부터 밤 11시까지 하는 일이 참으로 고된 일임에도 불구하고 어느 독일 광부 출신의 한 이민자가 한인 라디오 방송에 나와서 하시는 말씀이 "햇빛 보고 일하는 데 뭐가 힘듭니까?"였습니다.

그리고 그 말은 이후 많은 이민자들에게 큰 정신적인 지주 같은 말씀이 되어 이민 생활의 고단함을 극복하는 데 큰 도움이 되었습니다.

그리고 그분들은 대부분이 구멍가게를 하면서 당시에는 땅덩어리가 넓은 캐나다에서 구멍가게의 이용 의존도가 높았기에 모두 큰돈을 벌었고 자식들도 모두 대학들을 보내고 훌륭히들 키워냈습니다.

그분들이 이민을 오던 시기에 자기 소유의 구멍가게도 시작하기 전에는 먹고 살기 위해 고된 일이라도 취업을 해야 했기에 일자리를 구하기가 용이한 다운타운에 정착들을 하였고 자연스럽게 다운타운에 소규모의 한인식당들이 들어서면서 코리아타운이 형성되게 되었습니다.

그 이후론 저와 비슷한 연배의 사람들이 IMF 이후에 이민 오는 경우가 많아지면서 주거 조건이 좀 더 나은 곳에 대부분의 한인들이 모여 살게 되었는데 그곳이 또 다른 하나의 코리아타운라고 할 수 있는 노스욕입니다.

옛날 생각

　　나이가 드니 참 가기 싫은 칫과를 다니며 힘들게 해 넣은 틀니가 종종 애를 먹인다. 어제는 토론토에 틀니 수리를 나갔다가 기다리는 동안에, 전에 살던 동네의 집과 가게와 집 앞의 호숫가를 돌아보았습니다.

언젠가 토론토 동기들이 모두 찾아와 바비큐도 즐기고 백 야드에서 장작불로 캠프화이어도 했던 곳입니다. 그때는 세븐 투 일레븐의 가게를 하면서 오전에 내가 가게 일을 보고 점심때 집사람과 교대할 때면 거의 매일의 일상으로 점심 식사 전에 집에서 몇 발짝 걸어 나가면 있는 호수에서 수영을 즐기던 일이 기억납니다.

1년 365일을 세븐 투 일레븐이 쉽지 않은 일이었는데 그래도 그때가 아이들도 함께 살고 있었고 참 좋았었다는 생각이 듭니다.

누구에게나 아이들이 슬하에 있을 때가 우리네 인생 중에 가장 행복했던 때가 아닌가 싶습니다. 그런데 그것도 벌써 20년 가까운 세월 전의 일입니다.

세월이 참 허망하다 싶을 정도로 쏜살같이 빠릅니다. 이제 또 세월이 지나면 지금 살고있는 트렌튼에서 자전거 타던 일도 추억하겠지요?

돌아보면 언제나 아련하니 아름다운 추억이던데 먼 훗날 추억이 될 지금을 소중하게 생각하며 살아야겠습니다.

이것저것 안타깝고 후회스럽기는 하지만 그런다고 아무것도 달라질 것도 없는데 그냥 지금이라도 마음 편하게 즐기며 살아야 하지 않겠나 싶습니다.

2024년 3월 22일 자 토론토 중앙일보

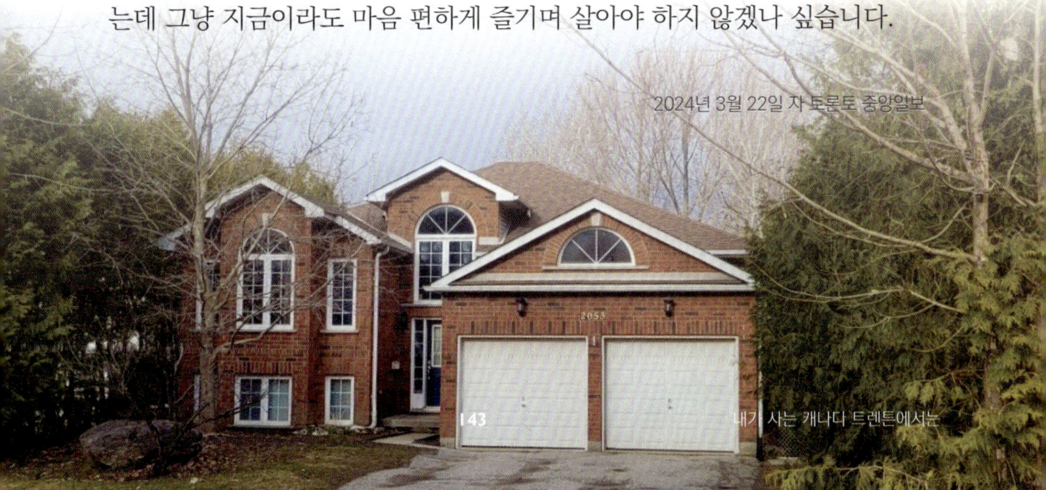

온타리오 호수

　　토론토 다운타운의 하버 프론트입니다. 보이는 호수는 온타리오 호수인데 차로 두 시간 거리인 제가 사는 트렌튼의 호수와도 같은 온타리오 호수입니다. 토론토의 상징인 CN 타워에 인접해 있으며 호수 건너편에 보이는 숲은 휴양지로 유명한 토론토 아일랜드입니다.

뉴욕 다음 가는 북미 두 번째 규모의 금융중심지인 토론토가 이 온타리오 호수를 끼고 성장할 수 있었습니다. 참 하해와 같은 호수인데 그 혜택도 하해와 같습니다. 정말 큰일 하는 호수는 오늘도 아무 말 없이 그저 잔잔하게 평화로운 모습만을 보여주며 그 많은 사람의 방문을 반겨주는데, 저 잔잔한 호수 보고 호수가 너무 잔잔하여 심심하다고 화내는 사람은 아직 보지 못했습니다.

우리도 저 호수처럼 넉넉한 삶을 살았으면 좋겠습니다.

별일도 아닌 일에 속 끓이며 다투기도 하며 사는 우리가 호수를 좋아하는 이유입니다. 마음들은 그래도 누구나 하나같이 하해와 같은 호수 같기를 바라는 착한 심성들을 갖고 있기 때문입니다.

서로 간에 너그러운 마음으로 이해하자고만 하면 참 살만한 세상일 텐데 하는 생각을 해봅니다.

2023년 9월 8일 자 토론토 중앙일보

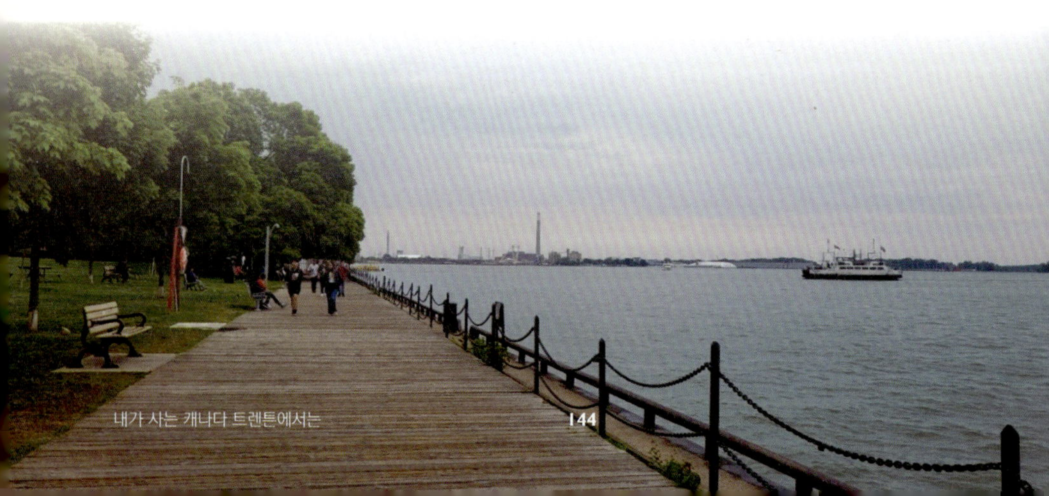

호수 위의 백조를 보며···

작년 이맘때 왔다가 한 달 만에 돌아갔던 백조 무리들이 금년에도 다시 찾아왔습니다. 자전거를 타다가 멈춰서서 반가운 마음에 사진도 찍어보고 넋 놓고 바라보기도 합니다. 백조는 언제봐도 여유롭고 우아한 느낌입니다. 물 위에 떠 있기 위해 물밑에선 한참을 바쁘게 갈퀴질을 하고는 있어도···

문득 우리가 사는 것도 그런 것이 아닌가 하는 생각을 해 봅니다.

내 사랑하는 가족들을 위하여 치열하게 살아가면서도 내가 사랑하는 사람들에게 내색하지 않고 여유로운 표정으로 삶을 살 때에 그 삶이 아름다워 보이지 않을까 생각됩니다.

누구나 세상살이하다 보면 이런저런 험한 일을 겪게 되면서 각박한 세상을 탓하며 정작 자신도 마음의 여유를 잃어버리고 각박하게 행동한 경우들이 종종 있었으리라 싶습니다만 이제부터라도 여유로운 삶을 살도록 애쓰며 살았으면 좋겠습니다.

말처럼 쉬운 일이 아닌 줄 알기에 새삼 되뇌어봅니다. 그래도 노회한 우리 나이엔 하고자 하면 비슷하게라도 흉내 낼 수 있지 않을까 생각해 봅니다.

만시지탄 같습니다만 남은 세월만큼은 저 백조처럼 우아해 보이고 싶습니다.

2024년 9월 20일 자 토론토 중앙일보

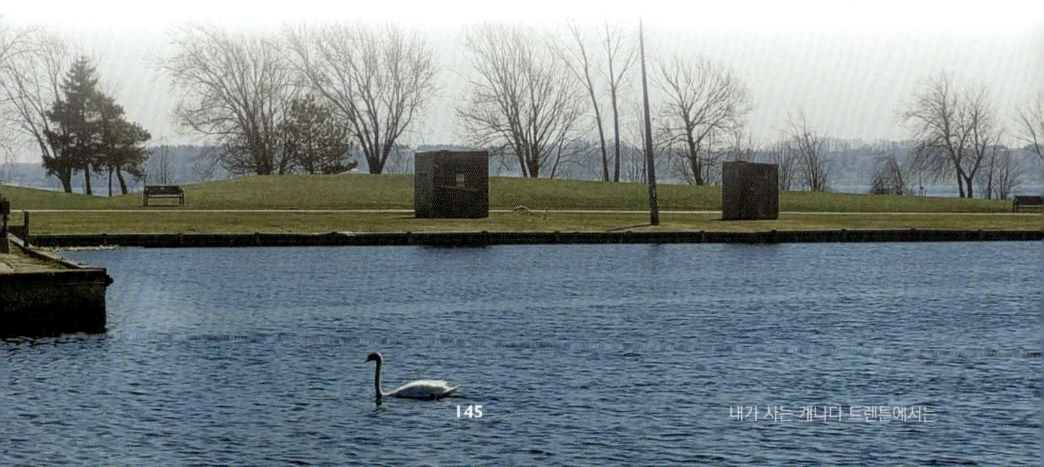

집에서 차로 30분 거리에 주립공원이 있습니다. 가끔 들러 바다 같은 호수를 바라보곤 하는데 오늘은 인적도 없이 유난히 더 호젓해 보이는 것 같아 사진으로 올려봅니다.

12월 초순이지만 날씨는 쌀쌀해도 아직 눈이 내리지는 않아 늦가을의 느낌이 남아있네요.

바다 같은 호수답게 오래전에는 운항하는 배들을 안내했던 등대도 있고 쾌적한 호숫가의 드라이브 웨이와 호젓한 숲길도 있어 잠깐이나마 번잡한 일상을 잊고 이런저런 생각에 잠겨보는데 문득 작년 봄에 백내장 수술을 했다가 부작용으로 이틀에 걸쳐 실명을 경험했던 기억이 떠오릅니다.

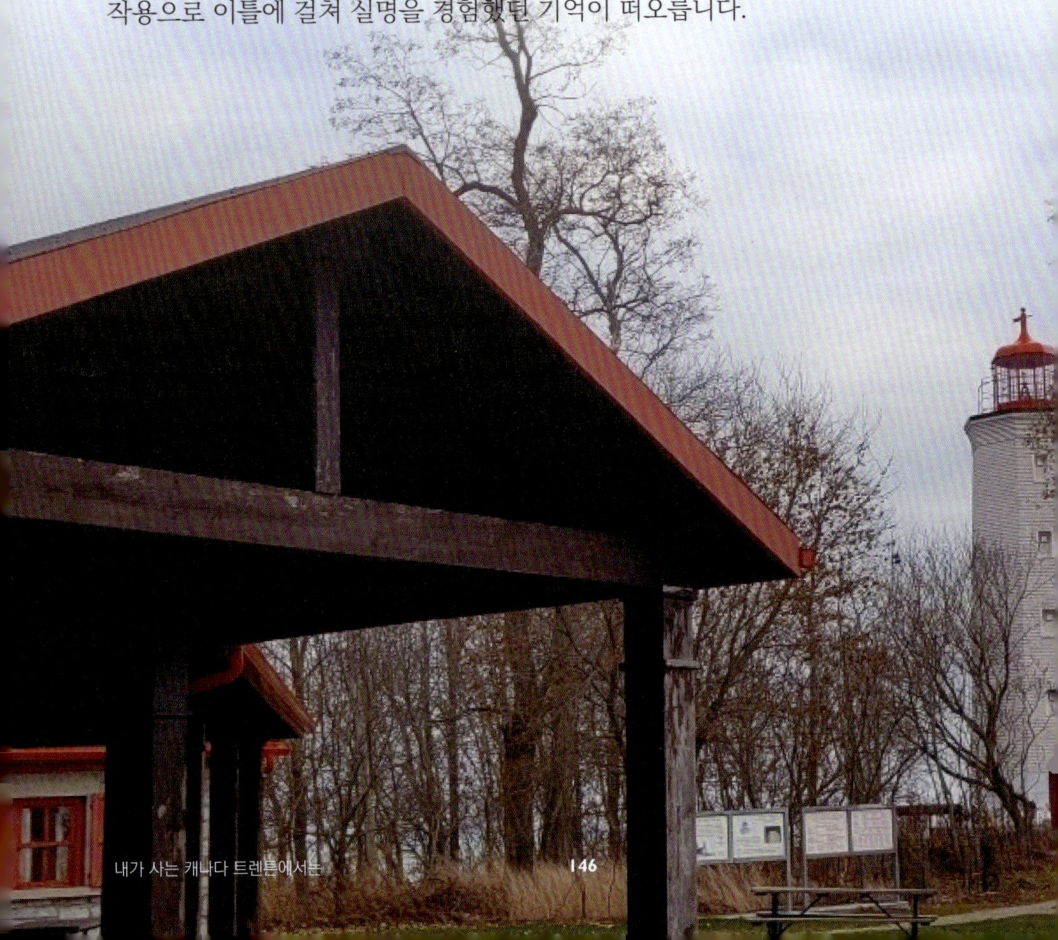

짧은 시간 동안의 경험이었지만 너무도 충격적인 절망감에 그야말로 하늘이 무너지는 느낌이었습니다. 다행히 이틀 만에 시력이 회복되어 안도의 한숨을 쉬었습니다만 그 당시에는 정말 죽고 싶은 생각밖에 없었습니다.

그일 이후로는 보여지는 세상 모든 것이 그저 황홀할 정도로 아름답다는 생각뿐이고 말로만이 아닌 매사 감사하는 마음으로 살게 되었지요.

세상을 바라볼 수 있다는 것, 그것 하나만으로도 얼마든지 행복한 삶일 수 있었습니다.

'고난도 축복'이라는 성경 말씀을 실제로 체험한 저의 경우도 진정으로 축복받은 삶이라는 생각을 하게 되었구요.

믿겨지지 않는 저의 경험을 공유들 하시어 아름다운 세상을 보다 더 황홀한 마음으로 즐기시며 남은 세월 사시는 것은 어떨까 하여 이 글을 올려봅니다.

이제 우리 나이에 무슨 욕심을 더 낼까 싶습니다.

그저 지금 사시는 그대로 남은 여생은 무탈하고 평안한 세월되시기를 바래봅니다.

잠시 바람 쐬러 들린 프레스퀼 주립공원에서 아주 행복한 셀프 힐링을 받고 갑니다.

참 아름다운 세상입니다!

2023년 12월 8일 자 토론토 중앙일보

_내가 사는 캐나다 트렌튼에서는

내가 사는 트렌튼을 내려다보며...

제가 사는 트렌튼에는 마운트 펠리온이라는 이름의 해발 고도 60m 정도의 낮은 구릉 같은 산이 있습니다. 높이는 낮아도 이 일대에서는 가장 높은 곳이라 오래전에 영국군과 프랑스군이 전쟁을 할 당시에는 이곳이 감제고지로서 전략상 요충지 역할을 했습니다.

오늘은 아침 일찍 이 작은 산의 정상에 올라와 보았습니다. 산 정상 위에서 내려다보는 타운의 모습은 단풍잎이 국기의 문양인 캐나다답게 온통 나무숲으로 우거져 타운의 모습이 많이 가려져 보이기는 합니다만 온타리오 호수와 트렌트강이 맞닿은 채로 인접해 있어 아담하니 제법 풍치도 있어 보입니다.

이 작은 타운에 들어와 지낸 지가 벌써 14년이 되었습니다. 짧지도 길지도 않은 그 세월 동안 저 작은 타운 안에서 참 많은 희로애락을 겪어냈습니다.

생업으로 작은 가게를 운영하면서 한국에 계신 부모님과 장인 장모님의 상도 겪었고 아이들도 출가시키고 한인 성당에도 나가 미사를 보며 많지 않은 한인들과 교유를 하며 살아왔습니다.

낯선 이국땅에서 어떻게든 잘살아 보자고 모질게 마음먹고 살아오면서도 이것이 전부가 아니고 다가올 앞날에는 무언가 달라져 있으리라는 희망으로 이

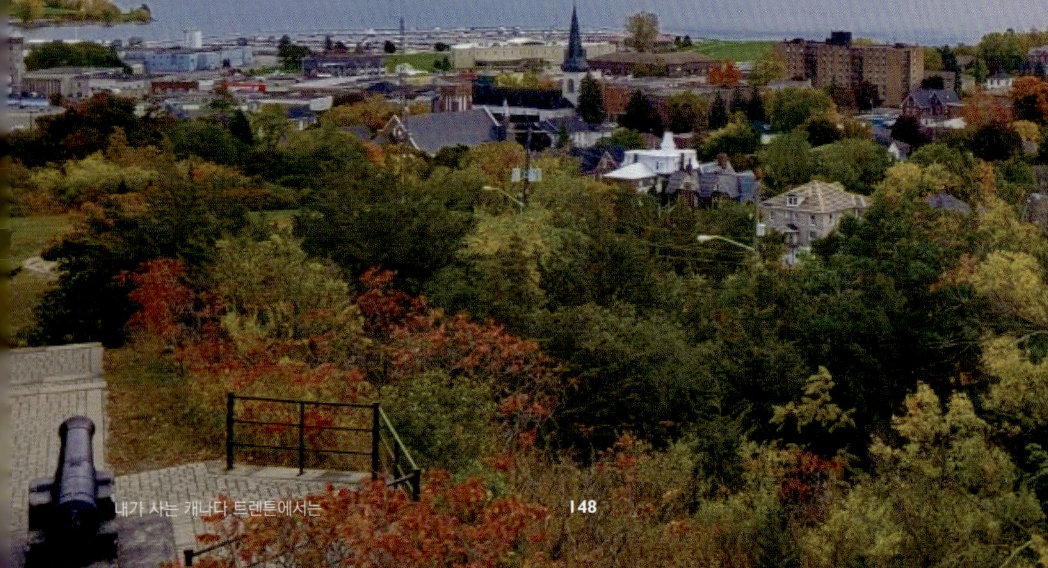

것저것 힘들고 어려운 일을 인내하며 감당해 왔습니다만 어느새 세월이 흘러 고희가 눈앞이고 보니 제 사는 형편이 그때나 지금이나 크게 달라진 것은 없고 나이 들어 흰머리에 주름진 얼굴만이 달라져 있습니다.

그토록 무언가 좀 달라지기를 간절히 바라며 지내왔건만 속절없이 지나버린 세월만 원망스럽기도 합니다. 우리네 인생 정말 별거 없는 것이었는데…

이제와 이런저런 욕심을 내려놓고 생각해 보니 무엇이 되려고 또 무엇을 가지려고 아등바등 살아온 지나온 세월이 참으로 어리석게 보이는 것 같습니다. 무슨 말이 더 필요하겠습니까?

그저 내 마음 다스리며 세상과 무탈하고 평화롭게 어울리며 사는 것이 최고로 잘 사는 인생이었습니다. 내려다보는 제가 사는 트렌튼의 풍경은 참 아름답고 평화로워 보이는데 그 아름답고 평화로운 타운에 사는 저만 괜스레 지지고 볶으며 힘들게 살아온 것 같습니다.

이제 뭘 좀 깨달은 것 같은 제가 앞으로는 평화롭게 잘 살려는지?

아무래도 지금보다 젊었던 때보다야 좀 낫지 않겠습니까!

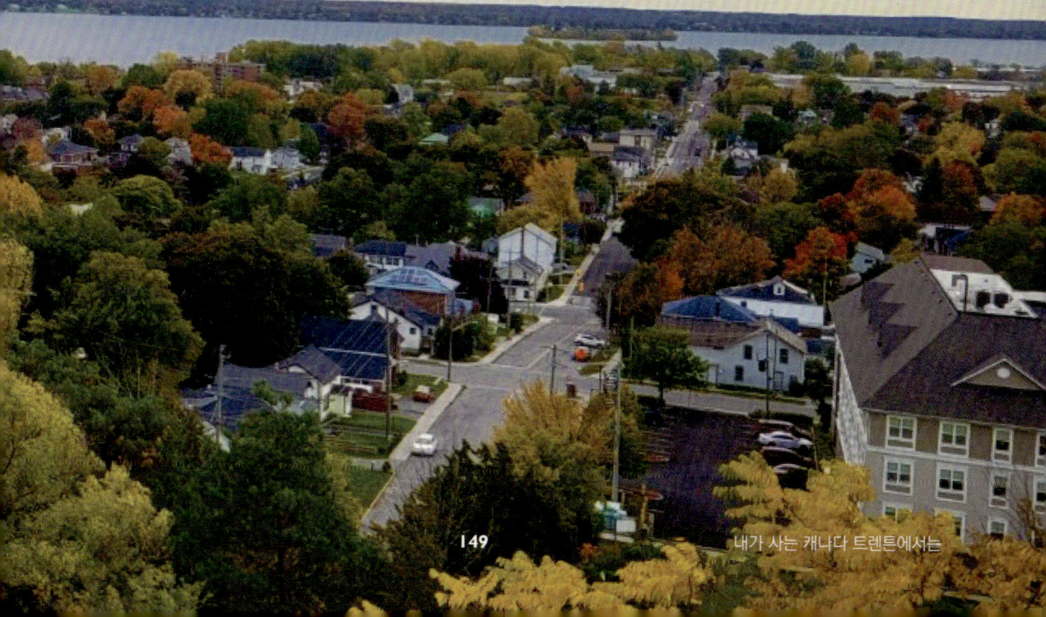

내가 사는 캐나다 트렌튼에서는

누이동생의 캐나다 오빠 방문

　　나비 그림을 그리는 여동생이 미국에서 유학하고 있는 딸을 보러 왔다 돌아가는 길에 캐나다의 오빠를 만나자고 토론토에 왔습니다.

7년 만의 상봉이라 아내와 함께 들뜬 마음으로 공항에서 만나 그 길로 나이아가라를 다녀오고 한 일주일 있는 동안 토론토 다운타운의 CN 타워는 물론 제가 사는 트렌튼과 주변 일대의 킹스톤과 천섬 등 알뜰하게 시간을 쪼개어 좋은 추억을 쌓고자 애를 썼습니다.

부모님이 돌아가시고 여러 해를 별렀다가 다녀가는 것이라 잠시 잠깐이라도 더 함께하고자 하였습니다만 어느새 일주일이 지나 누이동생이 서울로 돌아갑니다.

아쉬운 마음에 토론토 공항에서 떠나가는 동생의 뒷모습을 바라봅니다.

어머님이 살아계시던 오래전에 제가 한국을 다녀오면서 어머님과 여동생이 이제 보고 또다시 볼 수 있을까 하는 마음에 인천공항에서 저를 눈물로 전송하던 기억이 납니다.

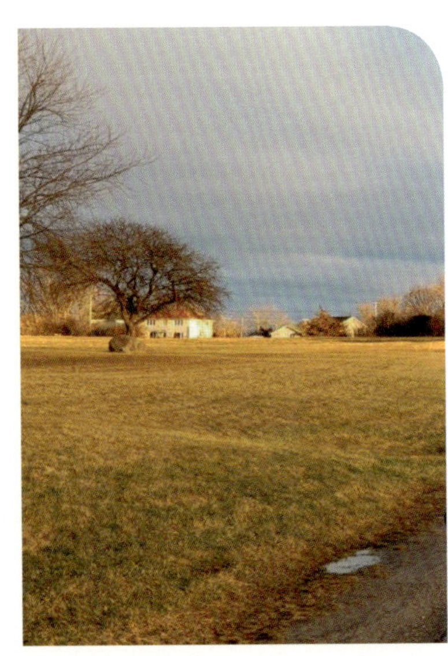

그 공항에서의 이별을 마지막으로 어머님과는 영원히 이별하였습니다.

유난히 어머님을 닮은 여동생을 보며 불효막심했던 어머님을 전송하는 듯한 마음에 울컥하기도 하였습니다.

먼저 가신 어머님처럼 한이 쌓이지 않고자 여동생의 방문 기간 내내 신경을 쓴다고 꽤 애를 썼습니다만 혈육과의 이별은 언제나 가슴이 아픕니다.

"오빠! 또 올게!"라는 동생의 말을 위안을 삼으며 아쉬운 마음으로 떠나가는 동생의 뒷모습을 봅니다.

제가 한국을 다니러 갔다 돌아오던 공항에서 다시 못 볼까 애태우시며 눈물 흘리셨던 어머님과 같은 마음으로…

2024년 7월 26일 자 토론토 중앙일보

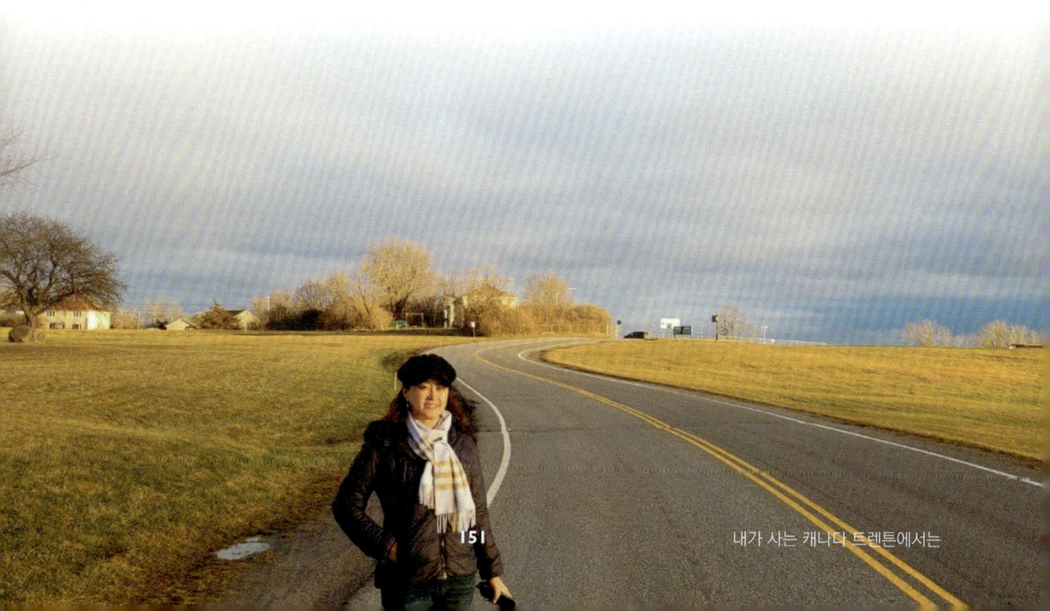

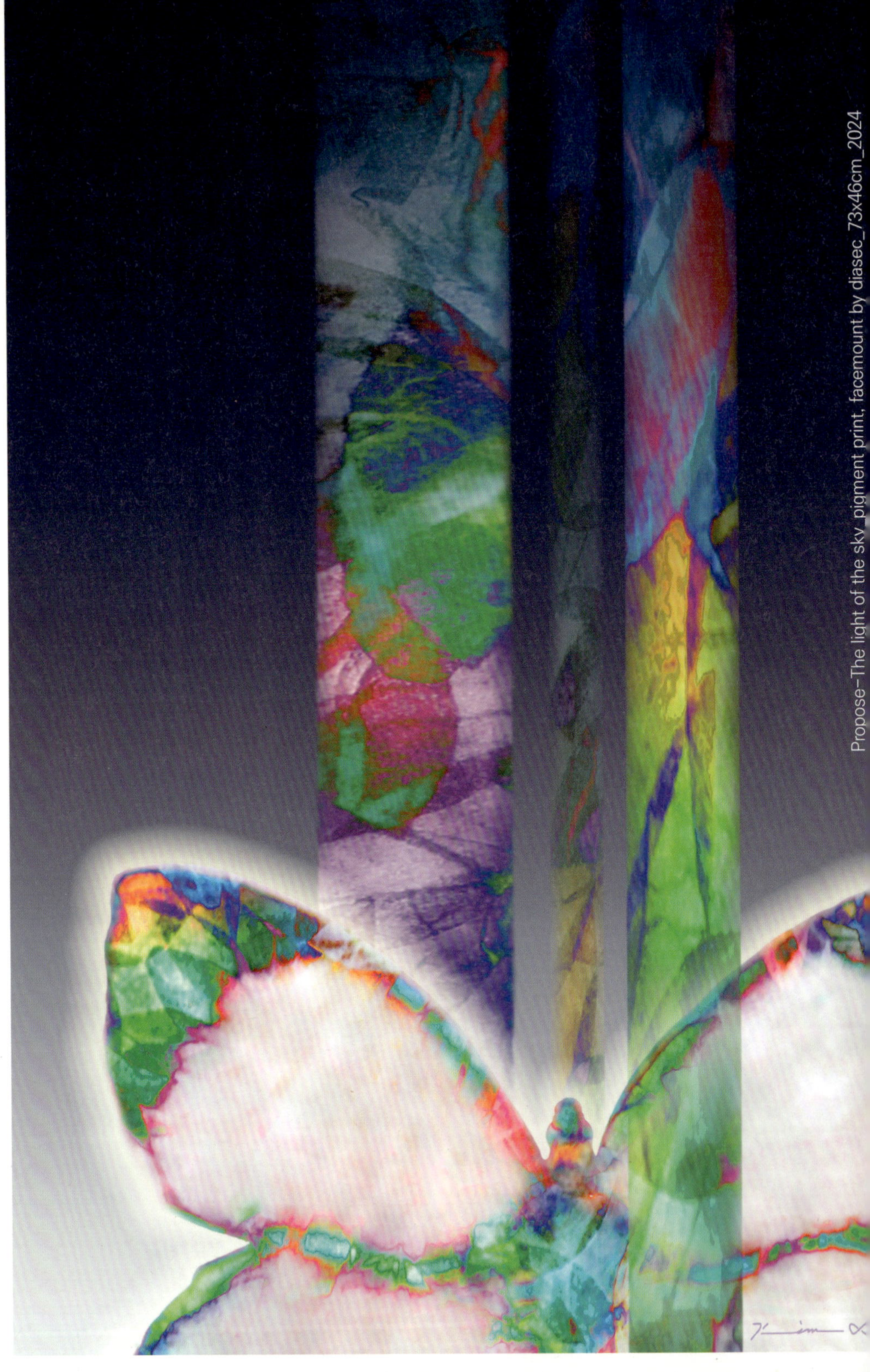

Propose–The light of the sky_pigment print, facemount by diasec_73x46cm_2024

Propose-The light on the earth_pigment print, facemount by diasec_73x46cm_2024

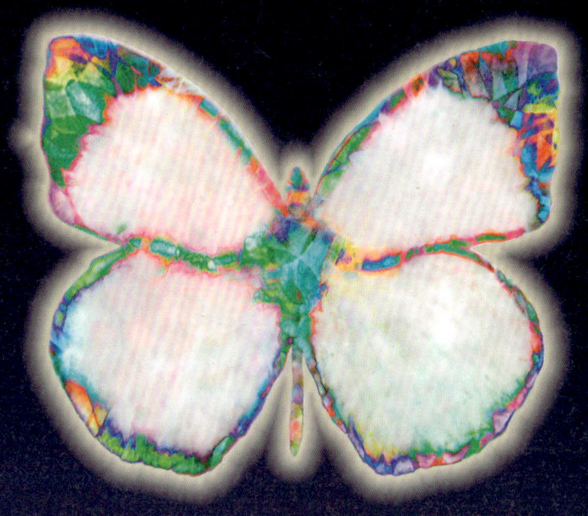

이 생각 저 생각

그리움

그리운 건
그대일까
그때일까

그대도
그때도
그립소만

진정으로
그리운 건
그때
그대와 나눈

진정한
사랑이 아니었나
생각해 봅니다.

삶과 행복

삶과 행복에 관한
질문과 고뇌가 수없이 많습니다 .

나는
삶과 행복이
같은 것이라 생각합니다 .

우리가 살면서
잘나고 못나고
배우고 못 배우고
가지고 못 가지고 와 상관없이

행복은 마음만 먹으면
가능한 일이기 때문입니다.

삶이 곧 행복입니다.

누구는
삶이 곧 고통이고
고난이라고 하는데

어찌 생각하며 살고 싶으십니까?

2021년 6월 18일 자 토론토 중앙일보

사랑과 웃음

사랑은
세파에 시달린
우리의 마음을 달래주고

웃음은
고단한 우리 몸의 피로를
풀어줍니다.

서두르며 바쁘게 사는
우리의 인생살이에
사랑과 웃음이
흔치 못한 것이
아쉽습니다.

그런데
신통한 것은
사랑과 웃음이 함께하면
만사가 형통한다는 것입니다.

안타깝게도
모르고 사는 사람들이
많은 것 같습니다.

우리 모두
깨닫고 그리하고자
애쓰며 살았으면 좋겠습니다.

2021년 5월 28일 자 토론토 중앙일보

웃고 사는 삶

친구들이여!

웃지 못하고 사는 삶을
어찌 삶이라고
할 수 있겠나?

웃지 말고 살라 하면
차라리
삶을 포기하겠다 하겠네.

좋아서도 웃고
싫어도 내색 않고자 웃고

마음 아프면 허탈해하며 웃고
사랑하면 가슴 벅차 뛸 듯이 기뻐
하며
아주 큰 소리로 웃네.

할 수 있는 한
자주 웃고자 하네.
자네들도
자주 웃고 살도록 하시게.

인생 별거 있는가?
그러다 보면 한평생
웃으며 살 수 있을 것이네.

2021년 5월 7일 자 토론토 중앙일보

배려하는 삶

하얀 꽃잎들 사이로
보랏빛 꽃술이 잘 어울려 보입니다.

단아하면서도
강렬한 색의 조화입니다.

그 하얀 꽃잎들과
다른 색의 조화를 상상해 봅니다.

빨간색과 노란색, 파란색과 초록색 등
거의 모든 색이 잘 어울려 보입니다.

꽃이라서
그냥 다 예쁜 것만은 아니라 생각합니다.

색의 조화입니다.
하얀색의 차분한 배경 때문이지요.

우리의 삶도
누군가의 소리 없는 배경이 되어줄 수 있을 때
한결 더 아름다워 보이는 것 같습니다.

나보다 남을 배려하는 삶이 아름답습니다.

2021년 6월 4일 자 토론토 중앙일보

아름다운 세상

일상이 답답하고
지루하게 느껴질 때
우리는 여행을 갑니다.

가슴이 후련해지도록
넓고 새로운 세상과
아름다운 세상을 보기 위해서.

그 아름다운 세상을 보면서
우리는 또 다른 일상을 이겨낼
에너지를 충전 받습니다.

아름다운 세상이 주는
큰 선물입니다.

아름다운 세상은
보여지는 것만이 아니라
우리의 생각과 마음으로도
보고 느낄 수 있습니다.

생각이 아름다우면
세상이 아름답게 보이고
마음이 아름다워도
세상이 아름답게 느껴집니다.

행동이 아름다우면
세상을 아름답게 바꿀 수도 있습니다.

수많은 선행과 미담이
우리의 세상을 아름답게 합니다.

우리가 함께
아름다운 세상을
보고 느끼며 만들어보지
않으시렵니까?

아름다운 세상은
언제나
우리의 생각과 마음과 행동으로
보고 느끼고 만들 수 있습니다.

2021년 8월 6일 자 토론토 중앙일보

그냥 살아있는 게 좋다!

이른 아침에
자전거를 타러
호숫가에 나왔다.

자전거 타기는
아침은 아침대로 좋고
저녁은 또 저녁대로 좋다.

숲에 핀 꽃들도
이놈 저놈
그냥 다 이뻐 보이고.
잔디위에 얌전히 앉아
아침 먹잇감 찾는
토끼도 귀여워 보인다.

자전거 뒤로 보이는
반짝이는 호수와
아침햇살은 또 어떻고…

그거참!
그냥 살아있다는 게 좋다!
살아서
자전거 탈 수 있다는 게 좋다!

오메야!
나가 인자는
신선이 다 되어부렀는가 보다!

저 호수만 같으면…

일요일 아침 일찍
자전거를 타며 보는
나무들은

마지막 잎새 하나 없이
이 가을이
다 지나갔음을 말해준다.

푸르렀던 한때
풍요롭게 보이던
그 모습은
온데간데없이.

호수는 사시사철
눈이 오나 비가 오나
내 마음이
편안하든 불편하든
늘상
조용히 그 자리에
그대로 있어 좋다.

철 따라 시간 따라
달라 보이는 정취에
물리지도 않고…

사람도
저 호수만 같으면
굳이 시비하고
다툴 일들도 없을 텐데

제 마음들
다스리지 못해
제 마음은 물론
남의 마음까지도
불편하게 하며 산다.

마음 다스리는 일들은
한 평생을 다 살아
제법 깨우친 것 같아도
끝내 쉽지가 않다.

칠순의 청춘

육십 갓 넘은 시절엔
환갑 지나면
노인인 줄 알았네만

칠십
또한 젊음이었음을
백수 다 된 인생 선배님들이
깨우쳐주시네.

인생이 짧다 한들
웃고 즐기는 세월
어찌 막을 수 있겠소

지나온 세월,
후회와 아쉬움의 점철일지라도
남은 세월
웃고 즐길 수만 있으면
그래도
잘 살아온 인생이외다

백수는 멀어 보이고
팔순은 짧아 보이는
칠순의 청춘인 사람들아

우리네 젊고 늙음이
어찌 나이 탓이라고만 하리요!
내 마음이 청춘이면 청춘인 것을…

2024년 4월 5일 자 토론토 중앙일보

슬하의 자식

　　우리네 인생 중에 슬하에 자식들이 있었을 때가 우리가 젊었었기도 하지만 사회 활동도 왕성히 하면서 가장 행복했던 시기가 아닌가 생각한다.
오랜만에 옛 추억의 앨범을 꺼내어 한 장 한 장 사진을 들추어 본다.
오래전 중절모에 양복을 입으신 아버님께서 나를 안으시고 단정한 한복차림의 어머님과 함께 찍으신 사진 그리고 젊은 시절의 내가 아내와 아이들과 함께한 사진들, 노년의 나이에 접어든 지금은 그야말로 허망할 정도의 세월 무상을 느끼게 한다. 그래도 분명한 것은 풍요로워진 지금보다는 가난한 살림들이었지만 그때 그시절이 행복했었다는 것이다.

세상의 행복이 이러니저러니 해도 가족 간의 사랑과 정이 넘치는 가정을 통하여 얻어지는 행복이 으뜸이 아닌가 생각한다.
그럼에도 불구하고 요즈음의 젊은 세대들은 만만치않은 육아 노력과 적지 않은 자식들의 교육비용을 빌미로 자신들의 즐거움과 행복을 찾겠다고 결혼도 미루고 결혼을 해도 아이들을 갖지 않겠다는 풍토이니 참으로 안타깝기 그지없다. 그런 세태 속에 정부는 인구절벽 문제로 고심을 하여야 하고.
가족이 주는 행복 특히 슬하 자식의 재롱이 주는 행복이 행복의 완성형임을 모르고 감성 만족에만 치우친 반 쪽 짜리 행복에 젖어 사는 요즈음 젊은 세대들이 참 안쓰럽기도 하고 가엾다는 생각을 해본다. 인간이나 동물이나 모성애를 기반으로 한 혈육 간의 사랑이 세상을 존속케 한 비결인 것을…

후두둑거리는 빗소리에
창문을 열고 안타까운 마
음으로 봄비 내리는 하늘
을 바라본다.

2024년 4월 26일 자 토론토 중앙일보

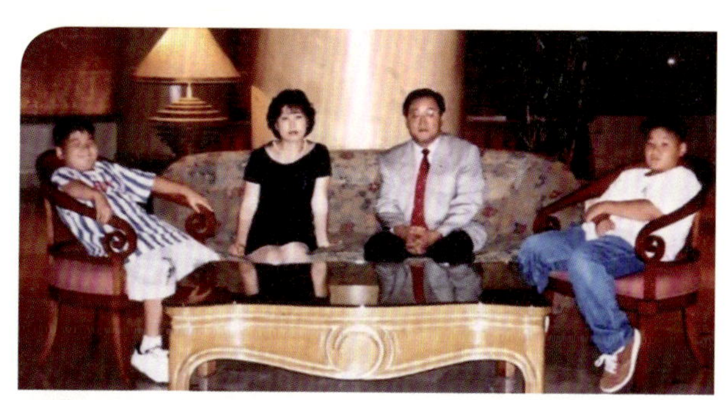

이 생각 저 생각

믿음의 영광

오늘은 조형아트 서울 2023 아트페어 전시회에 대해 문의하고자 편안하게 쉬어야 할 저녁 시간에 화실에서 그림을 그리느라 물감이 잔뜩 묻은 모습으로 전화를 받는 여동생을 영상으로 보며 통화를 하였습니다.

전시회가 임박하여 여기저기 인터뷰도 하고 개막 행사에서 사회 진행도 맡아 개회 인사말 준비는 물론 개막행사 시의 사회 진행 구상도 하여야 하고 주최 측과의 이런저런 협의도 해야 하는 등 너무도 바쁜 일정에 결국엔 작품에 매달리는 것은 늦은 밤 시간이라는 얘기에 마음이 많이 안쓰러웠습니다.

이 얘기 저 얘기 중에 동생으로부터 다음과 같은 말을 들었습니다.

"오빠!
나는 작년에 이 아트페어 미디어 게이트에 보이는 어느 화가의 작품 영상을 보면서 '하나님! 다음엔 이곳에 제 나비가 빛으로 날게 해주세요!' 하고 기도했어요.

그리고 참 이루어지기 힘든 나만의 꿈이었지만 매일 하나님께 간절히 기도해 왔어요. 그런데 금년에는 수백 명의 참여 작가 중에서 내가 메인작가로 선정이 되고 내 나비 그림들이 미디어 게이트뿐만 아니라 전시장 주변 여러 개의 스크린에까지 영상으로 보여지게 되었어요.

나는 이것이 나의 능력만이 아니라고 생각해요.
어떻게 내 능력만으로 그 많은 훌륭한 작가님이 계신데 제가 메인작가가 될 수 있겠어요?

정말 저보다 능력도 출중하시고 또 얼마나 열심히 노력하시는 작가들이 많은데요.

오빠!

나는 확실하게 믿어요.

하나님이 내 삶의 기획자라는 것을요.

내가 빛의 나비를 이십 년 가까이 그리게 된 것도

그리고 내 삶의 빛과 그림자도 하나님 계획안에 있었다는 것을요.

그림도 내 능력으로 내가 그리는 게 아니에요,

하나님께서 내 손을 붙들어 함께 그려주시는 거예요.

그리고 나는 지금이 시작이라고 생각해요.

앞으론 더 잘될 거예요.

걱정하지 마요, 오빠!

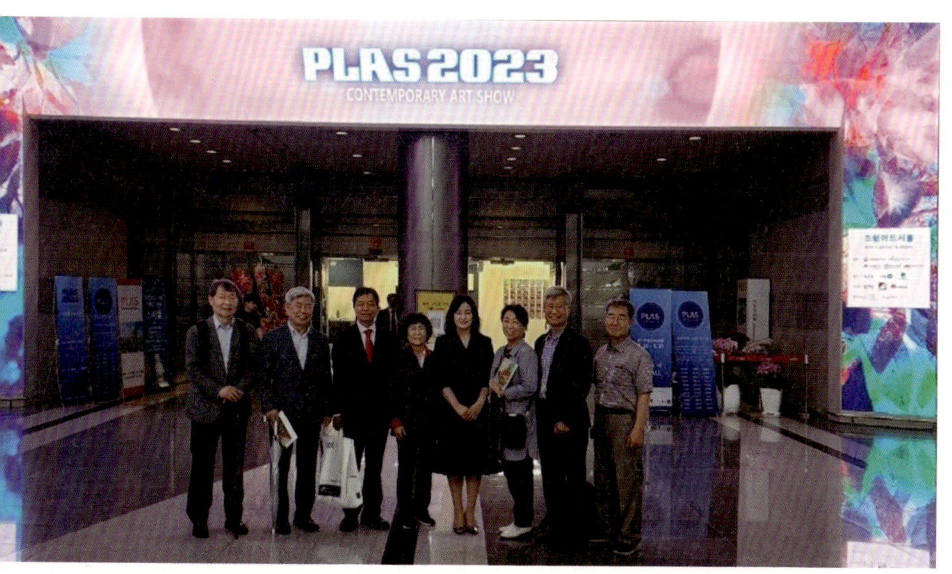

여동생 Navikim 작가가 제작한 동영상이 송출되는 코엑스 전시장 미디어게이트 앞에서 ROTC 15기 분들과

모든 것은 하나님의 계획과 섭리 안에 있고 나는 그저 굳은 믿음으로 하나님이 이끌어 주시는 데로 나의 최선을 다해 날갯짓하며 따라가기만 하면 되니까요.”
동생의 말을 듣고 저는 할 말을 잃었습니다.

제 동생에 대한 걱정도 그리고 또 저의 미래에 대한 걱정도 아무 필요 없는 염려라는 것을…
강한 믿음과 함께라면 우리는 그 어떤 상황이든 감사하며 살기만 하면 되는 것이라고…

일찌감치 어린 남동생을 잃고 부모님의 슬픔 속에 아주 늦게 제가 대학 1학년 때 본 나이 차이 많은 여동생이지만 동생에게서 많은 것을 배우고 있다고 또 ‘믿음이 주는 영광’은 이렇게 위대할 정도로 크다는 생각을 하면서 통화를 마쳤습니다.

강한 믿음이 이끌어 주는 세상!
모든 결과를 하나님께 맡기고 자기에게 주어진 삶에 충실하는 자세가 진정으로 오늘을 찬란한 세상으로 살게 한다는 생각입니다.

2023년 6월 6일 자 토론토 중앙일보

내 마음의 버킷리스트

　　사람들은 누구나 나이가 들면서는 앞으로 살날이 그리 많지 않다는 생각에 평소에 하고 싶었지만, 이런저런 사정으로 하지 못하였거나 뒤로 미루어 왔던 일들을 하나둘씩 실천해 보고자 합니다.

저의 경우에도 일일이 적어놓고 있지는 않지만 그 희망 사항들이 여럿이 있는데 그중에서도 짧지 않은 세월 동안 제 곁을 지켜온 아내와 여기저기 여행을 다녀보고 싶다는 것을 거의 1순위처럼 생각하며 지내왔습니다.

아직도 생업을 붙들고 있는 처지로서는 꿈만 같은 희망 사항이기 때문입니다. 그래도 언젠가는 그리 될 날 있겠지 하는 생각으로 하루하루 일상을 묵묵히 지내오고 있습니다.

그런데 얼마 전부터는 우선적으로 해야 되겠다는 1순위의 내용을 바꾸게 되었습니다.

살아오면서 우연이었든 아니면 필연이었든 사람과의 관계에서 상처를 받았거나 인생의 행로가 바뀔 정도로 치명적인 피해를 받았을 경우에는 거의 원한 관계로 까지 진전되어 다시는 보지 않고 사는 사람들도 생기게 되는 경우가 왕왕 있습니다.

되돌아보기도 싫은 기억에 그 응어리진 마음을 가슴 한구석에 평생동안 담아 두고 사는 것이 대부분 사람들의 경우입니다.
저도 마찬가지였습니다.
그 응어리진 마음이 제 건강과 저의 생활에 그리 좋은 영향을 주지 않는다는 것을 알면서도 내려놓지 못하고 지내왔습니다.

그런데 어느 날 문득 깨닫게 되었습니다.
제가 마음에 담아두고 있든 아니면 내려놓았든 그 과거의 아픈 사실이 달라질 것은 아무것도 없다는 것을.
그래도 그 아픈 기억과 원한을 내려놓았을 때는 그나마 제 마음이 편안할 수 있는 오늘과 내일이 있을 수 있다는 것도.

혼자서 정리한 생각은 '과거의 불행했던 일로 오늘과 내일까지 불행하지 말자!'입니다.

저는 그 뒤로 버킷리스트의 우선순위를 바꾸어 제가 싫어하고 미워하는 사람들과의 용서와 화해를 시도하는 것을 1순위로 하게 되었습니다.

저 혼자서 될 일은 아니지만 할 수 있는 한 시도해 보고자 생각하고 또 노력 중에 있습니다.
더구나 그것은 아내와의 여행처럼 시간과 돈을 필수적으로 동반해야 하는 일도 아니었습니다.

한 사람 두 사람, 서로 간에 용서와 화해를 해가며 얻어가는 기쁨은 여행이 주는 기쁨과 행복함과는 비교가 될 수 없을 정도로 큽니다.

제 가까운 사람들에게도 권유하고 싶습니다.
싫어하고 미워하는 사람에 대한 화해의 손길을 내가 먼저 내밀어 보시라고.
그리고 그 일들을 내 마음의 버킷 리스트에 1순위로 올려보시라고.

생각보다 훨씬 아름답고 살만한 세상이 되리라 확신합니다.

2024년 4월 12일 자 토론토 중앙일보

오월의 아카시아를 보면서…

아카시아를 보니 오래전 대학 시절의 한 가지 추억이 떠오른다.

1976년 5월 대학 4학년 때에 같은 과 친구의 아버님이 중병으로 입원하셔서 혜화동의 서울대병원에 가까운 친구 몇 명이 문병을 갔었다.

돌아오는 길에 그 서울대 병원 인근의 서울대 캠퍼스를 걸어 나오면서 흐드러진 새하얀 아카시아꽃을 보고는

"아 아! 이 아카시아가 내년에 다시 필 때면 우리 대학 생활은 끝이 나 있겠네!"하며 젊은 나이였지만 가는 세월에 대한 아쉬움을 우리네 젊음도 끝나간다고 아주 서운한 마음으로들 얘기했던 기억이 난다.

그 이후로는 뿔뿔이 흩어져 이 세상 여기저기서 각자의 삶들을 살았고…
안타깝게도 그중 한 명은 벌써 몇 해 전에 먼저 세상을 떠났다.

이제 그 아카시아가 이 봄에 다시 피었다.
이제는 나이들이 들어 남은 인생에 얼마나 더 보게 될지 모를 우리네 백발 같은 그 아카시아꽃이…

그 일 이후론 아카시아꽃을 볼 때마다 화사한 봄기운에 들뜨기도 하지만 한편으론 무상한 세월에 대한 아쉬움이 언제나 더 크게 느껴지곤 한다.

2023년 5월 19일 자 토론토 중앙일보

이 생각 저 생각

삼십 년 만에 만난 친구에게 보낸 메시지

유 사장!

정말 오랜만인 삼십 년 만에 만나 반가웠네.
목소리와 선해 보이는 모습은 그대로인데
지난 세월 동안 너무도 달라져 있는 위상에 얘기를 나누면서도 그저 어안이
벙벙할 뿐이었네.

정말 부럽다고 할 정도로 큰 성공과 부도 이루었고 참 잘 살아온 인생이었네.
모든 것이 매사 솔직하고 진지한 태도로 열심히 살아온 결과라 생각하네.

얘기를 들으면서 문득문득 내가 이민 온 것을 후회하는 마음이 들기도 했지
만 달라지지 않을 나의 현실을 다소 억지스러운 감이 있지만 안빈낙도한다는
생각으로 그냥 지금처럼 만족하고 사는 것이 최선이라는 생각을 했네.

삼십 년 세월의 회포를 풀다 보니 참 만감이 교차하는 하룻저녁의 대화였네.
그래도 일 년 선배밖에 안 되는 나를 우리 젊었던 날처럼 깍듯이 형님 대접해
주는 유 사장의 태도에도 너무 고마웠고.

지난 몇 년간 폐암과 대장암과 다시 폐암의 세 차례에 걸친 반복으로 죽을
듯한 육체적 정신적 고통을 이겨내고 아직도 항암치료 중에 있으면서도 부
인과 함께 여행도 하며 태연하게 여생을 보내는 모습에 경외감까지 드는 마
음이었네.

그래 이제 우리가 살면 얼마나 더 살겠나?

유 사장 얘기대로 할 수 있는 한 살아있는 시간에 열심히 즐겁게 사는 것이 우리의 최선이라는 생각에 공감하네.

정말 만나서 반가웠고 여러 가지 깨달음도 얻었네.
이제 귀국하면 항암치료를 위해 다시 병원으로 가야 한다는 얘기에 가슴이 아프네만 부디 이겨내시고
내게 얘기한 대로 상태가 괜찮으면 이곳 토론토에 다시 찾아와 나를 만나보 겠다는 약속을 꼭 지키시기를 바라네.

아직도 유 사장의 선한 웃음이 내 눈앞에 어른거리는 것 같네.
잘 지내시고 또 보세!

2024년 5월 10일 자 토론토 중앙일보

이 생각 저 생각

사할린 동포의 삶에 관한 영상을 보고…

　　설 특집으로 제작된 최불암 씨가 소개하는 '한국인의 밥상-사할린' 편을 보았습니다.

일제시대에 강제징용으로 끌려가 모진 삶을 살며 뿌리내린 사할린 동포들의 이야기가 영상 보는 내내 눈시울을 붉어지게 합니다.

이제는 전 세계 도처에 우리 한민족 교포들이 정착하여 살고 있지만 특히 본의 아니게 사할린에 정착하게 된 한인들의 삶은 참으로 눈물겹다는 생각입니다.

그 척박한 동토에서 고단한 삶을 살면서도 우리의 전통음식과 문화를 지키는 것으로 고향에 대한 애절한 그리움을 삭히고자 했던 동포들의 그 끈질긴 고국 사랑에 그저 가슴이 뭉클해짐을 느낍니다.

해외 이민살이하는 동포의 한사람으로서 고국에 대한 사할린 교포들의 그 그리움과 사랑이 가슴 깊이 절절하게 느껴지는 것은 아마도 저 한 사람만의 소회는 아니리라 싶습니다.

그토록 애절한 마음으로 귀향에 대한 꿈을 키워왔던 고국을 사할린에 강제징용으로 끌려간 이주 1세대들은 연로 병사하여 대부분이 살아생전에 돌아오지 못하였고 안타깝게도 우리는 그 후손들의 기억으로 그분들의 애환을 전해 듣습니다.

나라가 힘이 없어 지켜주지 못하고 척박한 땅으로 내몰리게 되었던 그분들의 원혼을 위로하는 의미에서라도 그 2세와 3세들만큼은 본인들의 희망 시 대한민국 정부에서 따뜻하게 받아들여 주었으면 좋겠다는 생각입니다.

이제는 그 인고의 세월을 눈물로 견뎌온 사할린 교포들의 2세와 3세들이 평화롭고 행복한 삶을 살기를 빌어봅니다.

2024년 2월 23일 자 토론토 중앙일보

떠나가는 길

우연히 페이스북에서 김영애 배우의 마지막 촬영 날의 영상을 보게 되었습니다. 췌장암으로 투병 생활을 하며 드라마의 주인공으로 촬영을 하면서 그토록 살고 싶어 했고 떠나기를 거부하고 싶었지만 떠날 수밖에 없었습니다.

그래도 마지막 촬영까지 마치고 돌아서 가는 뒷모습이 의연해 보입니다.
창백한 안색이지만 참 고운 얼굴이 못내 바라보는 이들의 마음을 아프게 합니다.

결국 마지막 촬영 후 한 달 반 뒤에 모두의 바램을 뒤로 하고 가야 할 곳으로 떠나갔습니다.

누구나 가야 하는 길!
지나온 인생에 미련과 아쉬움이 많지만
언젠가는 우리도 멀지 않은 미래에 떠나가야 합니다.
떠날 때 떠나더라도 의연하게 떠나고 싶습니다.

남은 생은 진정으로 모든 것 내려놓고 나와 인연이 있었던 모든 사람들과 화해가 필요하면 화해도 하면서 따뜻한 사랑과 정을 나누며 살고 싶습니다.
그것이 내가 이 세상에 대한 안타까움이나 아쉬움 없이 의연하게 떠나갈 수 있는 길이라 생각합니다.

삼가 고 김영애 배우의 명복을 빕니다.

2024년 1월 12일 자 토론토 중앙일보

어머니

어머니는 누구에게나 듣기만 해도 가슴이 뭉클해지는 말입니다.
더구나 우리같이 이민 나와 자주 뵙지 못하고 지낸 처지로서는 어머니라는
그 한마디에 할 말을 잃어버리고 맙니다.

다른 효도 다 필요 없이 얼굴만 봬드렸어도 행복하셨을 어머님께 얼굴조차
자주 봬드리지 못했기 때문입니다.

이민 나와 칠 년 만에 찾아뵙고 다시 떠나오던 날 괜찮다고 만류함에도 굳이
공항까지 전송나오셔서 저를 붙잡고 우셨던 어머니.
결국 그것을 마지막으로 어머님을 뵙지 못하고 몇 년 뒤에 보내드렸습니다.
어머님께서는 다시 못 볼 것 같은 자식을 붙잡고 보내고 싶지 않았던 것입
니다.

정작 자식인 저는 다시 못 뵐 수도 있을 것이라는 짐작조차 하지 못한 채 건
강하시라는 말만 남기고 홀연히 돌아서 왔습니다.
왜 어머님처럼 다시 뵐 수 없을 수도 있다고 생각하지 못했을까?
그 생각만 했어도 어머님의 마음을 조금이나마 더 위로해 드리고 한 번이라
도 더 안아드렸을 텐데…

그 많은 불효함 중에서도 공항에서 어머님의 눈물을 공감하지 못하였음이 끝
끝내 저를 아프게 합니다.

아! 어머니!
이 불효막심한 아들을 용서해 주십시오.

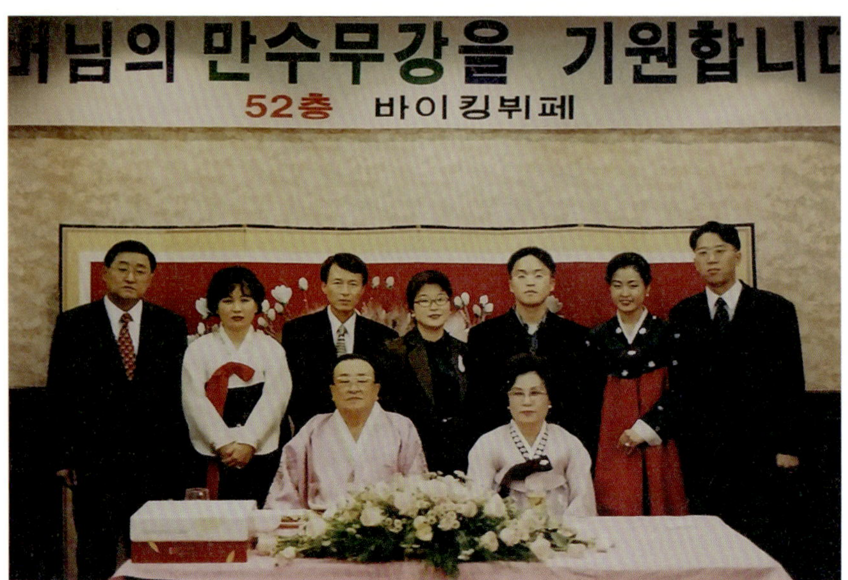

아버님 칠순잔치

뒤늦게 눈물을 흘리며 애원을 해봐도 아무런 말씀이 없으십니다.

어머니!
하늘나라에서라도 이 못난 아들 걱정 그만하시고 평안한 마음으로 지내십시오.
이 불효자가 비옵니다.

2022년 5월 5일 자 토론토 중앙일보

가시나무새

친구가 보내준 '가시나무새'라는 글을 읽었습니다.

사고로 시력을 잃은 자식에게 자신의 한쪽 눈을 내주고 아들이 세상을 보게
된 것을 너무도 감사하는 마음으로 하나님께 기도를 드리는 어머니의 이야기
였습니다.

글을 읽으며 내내 돌아가신 어머님 생각에 눈시울이 뜨거워졌습니다.

한국에 계신 연로하신 어머님이 그렇게 저를 보고 싶어 하시는 것을 알면서
도 생업을 손 놓지 못하고 전화로만 통화하다가
어느 날 밤 새벽에 어머님을 꿈에 뵙고 화들짝하며 놀라 깨었습니다.

그 새벽에 전화를 드리는데 어머님께서 받지를 못하십니다.
하루 일과중에 있는 여동생에게 급히 전화하여 119에 연락하여 집의 문을 따
고 들어가게 하였습니다.

한 시간도 안 되어 여동생에게 급히 온 전화의 울음소리로 알았습니다.

부랴부랴 그 새벽에 토론토로 나와 여행사에 애걸하다시피 부탁하여 한국에
다녀가 장례를 치렀습니다.

무엇이 그리 중하여 왜 진작에 잠시 생업을 놓고 어머님을 살아생전에 가 뵙
지 못하였는지 비행기 타고 가는 내내 눈물이 그치질 않았습니다.

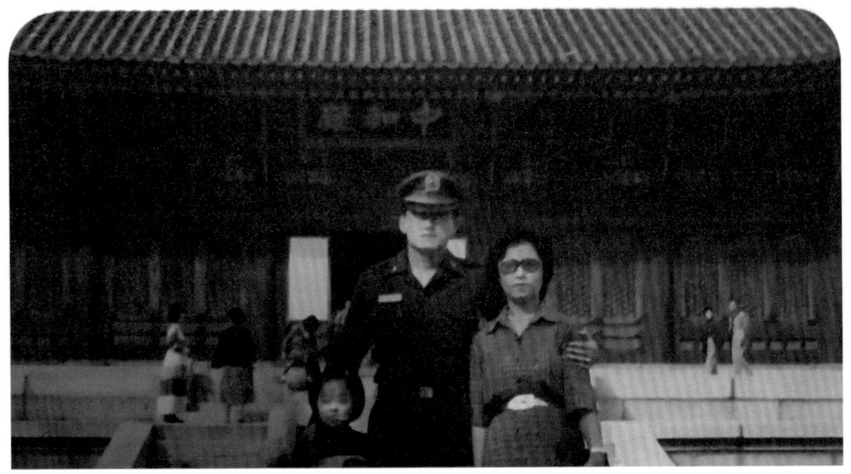

1979년 봄 전역을 한달 앞두고 외박을 나와 어머니와 당시 6살이던 나비작가 여동생 현정이와 덕수궁에서

시간이 지나 생각해 보니 한국에 있는 제 가족과 일가친척 어느 분보다 이역
만리 객지에 나와있는 제가 어머님의 소천을 제일 먼저 알았습니다.

저를 보고자 하시는 어머님의 마음이 얼마나 한이 맺히셨으면 제게 먼저 알
리셨을까 하는 생각에 너무나 가슴이 아팠습니다.

다시는 뵐 수 없는 어머님의 영전에서 뒤늦게 그저 눈물만 흘릴 수밖에 없는
저는 정말 미련한 천하의 불효자였습니다.

2024년 6월 8일 자 토론토 중앙일보

제 여동생 나비 작가 김현정은 효녀 심청이었습니다

어릴 적에 저는 2남 1녀 중의 장남이었습니다. 제가 중학교 2학년 때 아버님은 월남에 가 계셨는데 아버님이 부재중에 초등학교 1학년이던 막내 남동생이 병을 얻어 갑작스레 하늘나라로 떠나갔습니다.
오직 가족의 안녕을 위해 전쟁터에서 고생을 고생이라 생각하지 않고 지내시던 아버님께 어머님은 차마 그 사실을 전할 수 없었습니다.

막내 남동생이 떠나고 일 년 뒤에 삼 년 만에 귀국하신 아버님의 그 무너질듯한 슬픔은 어린 나이의 제가 보기에도 이루 말로 표현할 수가 없었습니다.

지금도 삼 년 만에 막내 남동생 없이 큰 죄를 지은 듯이 어머니와 여동생과 함께 아버님 앞에 섰을 때 "병록이는?"하고 막내 남동생을 찾다가 사실 내용을 듣고 넋을 잃으시던 아버님의 모습을 떠올리면 눈물이 앞을 가립니다.

끝내 막내 남동생을 못 잊으시던 부모님께서는 주변의 시선을 아랑곳하지 않고 큰 결심을 하셨습니다.
제가 대학 1학년 때에 막내 여동생을 본 것입니다.
막내아들을 잃은 슬픔을 딛고 어렵게 얻은 그 귀한 막내딸은 부모님의 각별한 사랑 속에 무난하게 성장하여 대학을 마치고 결혼까지 하게 되었습니다.

그 뒤로 또 세월이 흘러 내 조국 대한민국에 IMF 돌풍이 몰아치고 이런저런 사연으로 저는 캐나다에 이민 온 지 22년째 살고 있습니다. 연로하신 두 분 부모님은 저 대신 결혼한 막내 여동생이 모시고 지내왔습니다만 아버님께서는 뇌졸증으로 십 년 가까이 전신불수의 모습으로 지내시면서 제 여동생은 식사는 물론 용변 수발까지 다 해드렸어야 했고 지금으로부터 십 년 전에 84

세를 일기로 돌아가셨으며 4개월 뒤에 어머님께서도 아버님의 뒤를 따라가
셨습니다.

막내 여동생을 끔찍이 사랑하시고 보살피셨던 두 분 부모님께서는 노년에는
반대로 생애의 마지막 순간까지 막내 여동생과 함께 생활하시며 막내 여동생
의 지극한 보살핌 속에 세상을 떠나셨습니다.

대학에서 미술을 전공하고 화가의 길을 걸으며 창작활동은 물론 대학에 나가
강의도 하랴 거동이 불편하신 병환 중의 부모님을 모시랴 가정생활도 챙기랴
막내 여동생의 생활 무게가 참으로 막중했으리라 생각합니다.

지금도 막내 여동생만 생각하면 대견하고 고맙기도 하지만 오빠로서 가슴이
아프고 참 미안하기 짝이 없습니다. 이 막내 여동생이 이제는 오십줄에 접어
들었습니다.

자신의 일과 가정생활 등 바쁜 와중에도 활발한 창작활동을 통하여 여러 가
지로 부족한 작품들이지만 국내외에서 많은 개인전을 오픈하고 전시회에도
빈번히 참가를 해오면서 이제는 나름대로 자리를 잡아가며 나비작가 김현정
의 이름을 세상에 알리기 시작하는 것 같습니다.

오랜 시간의 고통을 인내하고 부활하는 나비처럼 제 여동생이 나비작가 김현
정으로 거듭나는 것 같아 가슴 뿌듯한 기쁨을 느낍니다.

이번에 라스베가스에서 열린 전시회의 LG디스플레이의 신제품 전시관에서
나비작가 김현정의 LED 작품들이 크게 호응을 얻어 지면에 기사화가 되기도
하였습니다.

나비 작가 김현정은 얼마 전까지 국제아동돕기연합의 홍보대사로도 활동하
였으며, 시 당국과의 협업하에 서울 시청역과 안양역 그리고 의정부역의 지
하철 역사에도 '기부하는 나비계단'이라는 이름으로 재능기부도 한 바 있습
니다.

못난 오빠 덕에 더 힘들게 작품 활동을 할 수밖에 없었던 막내 여동생에 대한

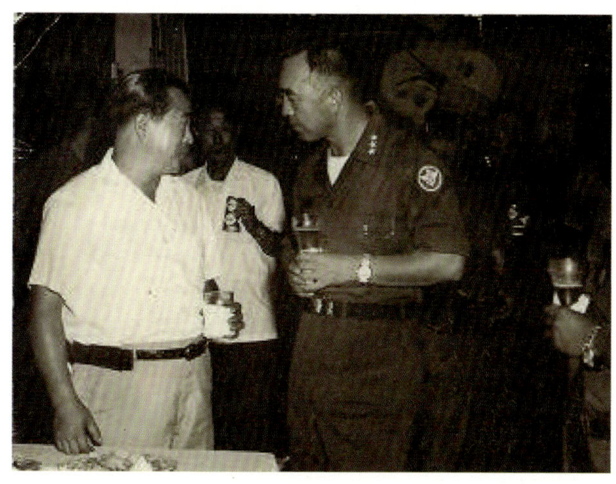

1967년 당시 월남에서 근무하시던 아버님께서 주관하신 리셉션장에서
주월사령관 채명신 장군과 담소하시는 모습

미안한 마음으로 여동생을 세상에 알리는 데 조금이라도 도움이 되고 싶은 캐나다의 한 시골 마을에 사는 이 오빠의 마음을 헤아려들 주셨으면 고맙겠습니다.

언제고 제 여동생의 작품 전시회를 접할 기회가 있으시다면 이름이 생소한 낯선 작가라 생각 마시고 오빠의 글을 통해 이름을 들어 알고 있다고 따뜻한 격려의 말씀 한마디씩이라도 건네주시면 제 여동생에게는 크나큰 힘이 되리라 생각하며 아무런 도움이 되지 못해 마음 아팠던 이 오빠에게도 큰 위안이 되리라 생각합니다.

가족 자랑은 팔불출 같은 처신인 줄 알면서도 조금이라도 동생에게 도움이 될까 싶어 민망함을 무릅쓰고 제 여동생 자랑을 해보았습니다.
이 글을 읽으시는 분들의 너그러운 양해를 구하는 바입니다.
대수롭지 않은 제 개인적인 가정사 이야기를 끝까지 읽어주셔서 감사합니다.

2022년 9월 23일 자 토론토 중앙일보

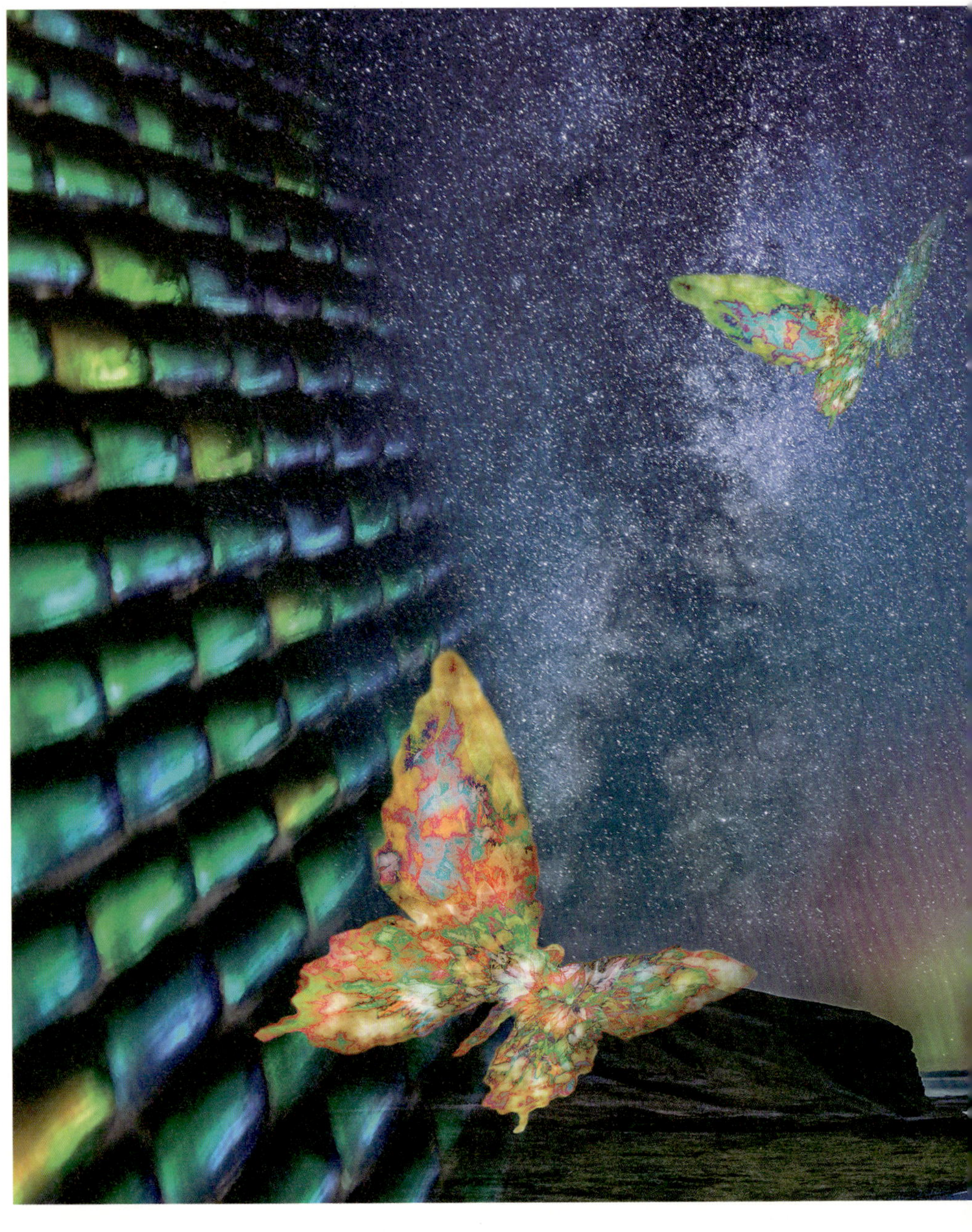

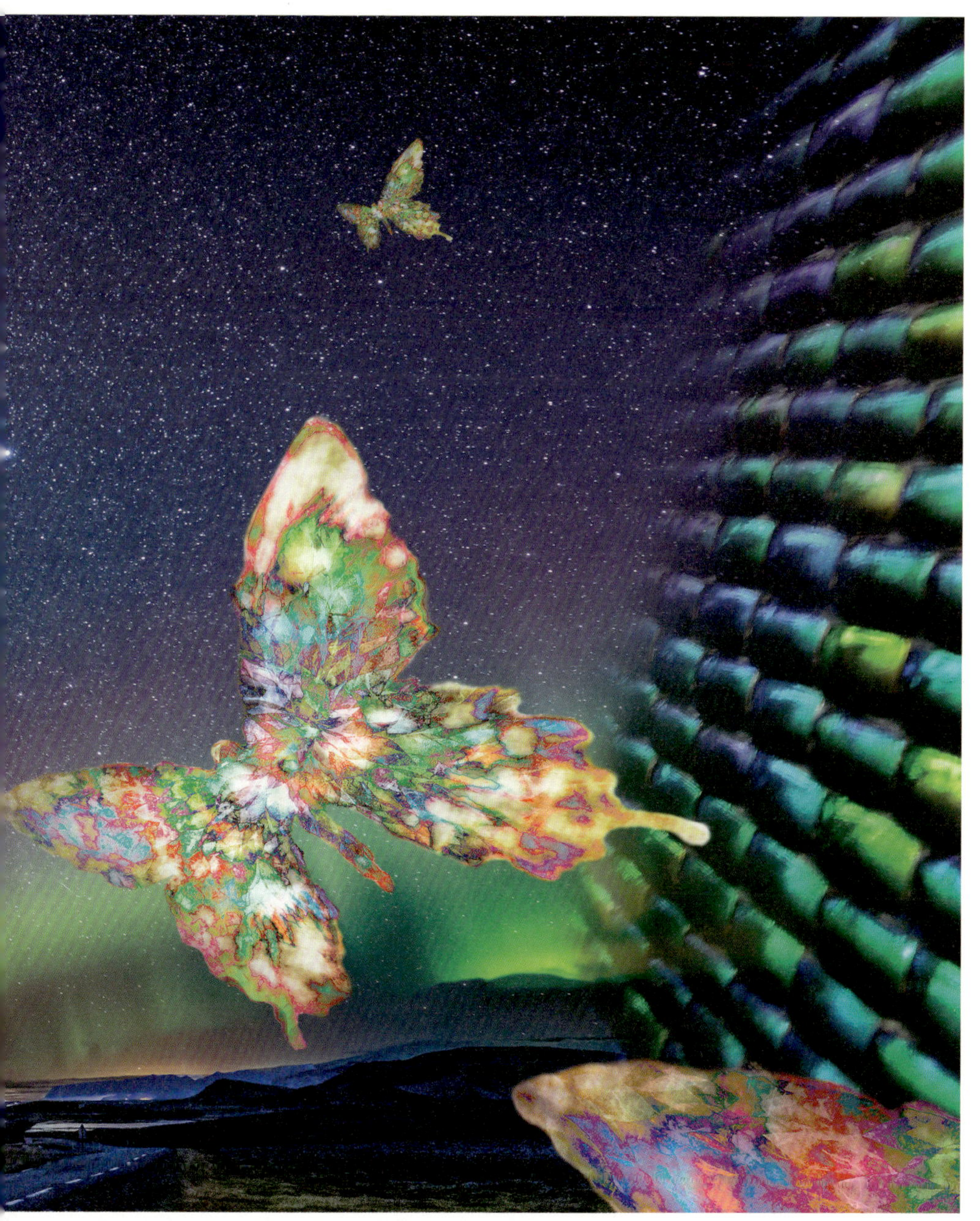

Infinity Ray 021128_pigment print, facemount by diasec_190×110cm_2021

프레스톤 미제 부동액

　　1979년도 ROTC 중위로 전역한 후 효성물산에 입사하여 수입부의 신입 사원으로 근무하던 나는 그해 겨울 수입 부동액에 관한 신문 기사를 접하게 된다.

다수의 품질이 양호한 국산품이 있었음에도 미국 유니온 카바이드사의 프레스톤 부동액이 일부 물량의 경우 항공수송까지 해가며 인기리에 판매된다는 내용이었다.

당시만 해도 마이카 시대가 아니어서 자동차가 상당한 자산 목록의 하나이었던 시절이라 미제를 선호하는 풍조를 따라 부동액도 미제를 선호했던 것 같다.

이듬해 거의 일 년의 시간을 들여 부동액의 국내 소요 물량은 물론 대도매상과 유통 현황 등의 시장조사를 마친 후 장문의 시장보고서를 작성하고 그다음 해에 LA와 시카고, 뉴욕 등의 미국지사들에 긴급 오파 수배를 요청하였다. 시카고지사에서 들어온 오퍼가 거의 30% 정도 현저히 낮은 가격이었다.

당시 미국은 차량 1억 대를 보유한 자동차 대국으로서 지역별 대도매상들이 보유하고 있는 재고에 대한 오퍼가격이 같은 유니온 카바이드사의 제품임에도 차이가 많았었다.
믿기지 않아 여러 경로를 통해 유니온 카바이드사의 제품인지의 여부를 확인한 후 시장보고서와 함께 10만 개의 수입 품의를 하였다.

경쟁력 있는 가격에 이미 대도매상들과의 판매 협상을 끝내고 판매 총액 상당의 담보 물건까지 확보하여 근저당권 설정 준비를 마치고 올리는 품의였다.

당시 국내 총차량 대수가 50만 대 정도였으니 국내 소요 물량의 5분의 1에 해당하는 물량이었으며 수입품 전체 물량의 절반이 되는 물량이었다.

자금 투하 금액도 3억 5천만 원으로서 당시 잠실아파트의 가격이 1,200만 원 정도였으므로 아파트 30채분에 해당하는 엄청나게 큰 규모의 비즈니스였다.

회사 입사한 지 2년도 안 된 신입사원의 품의에 결재 상급자들은 결재 과정마다 나를 불러 구체적인 질문과 확인을 하였고 나의 일 년 가까운 기간 동안의 조사를 통해 작성한 거의 논문 수준의 시장 보고서를 보고 결국 재가가 되었다.

당시 나보다는 물량들이 적었지만, 함께 수입한 상사들은 삼성물산과 국제상사 그리고 선경이 있었다.

드디어 부산 부두에 물건이 입항하고 나는 조금이라도 미리 판매 대비를 하고자 서둘러 통관 작업을 위하여 부산으로 내려갔다.

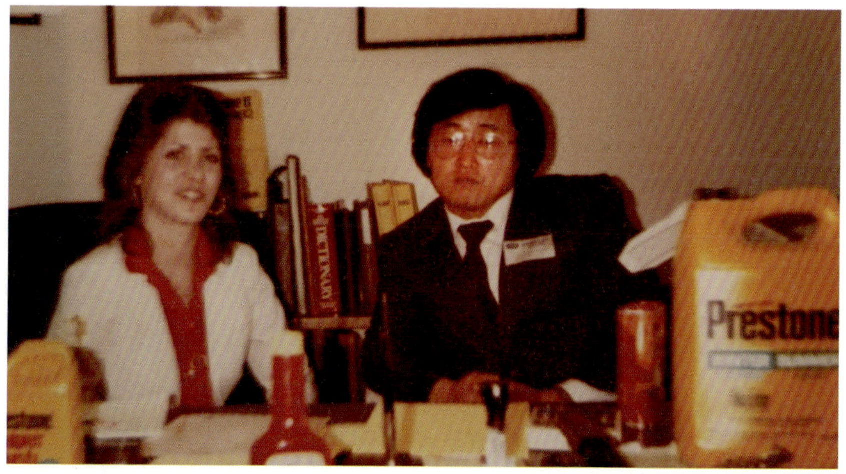

1982년 미국 커네티컷주 소재 다국적 기업인 유니온 카바이드사를 방문시 극동지역 담당 매니저와 함께

통관 과정 중 중요한 것이 검사소에 검사의뢰를 하여 합격판정을 받는 것인데 원체 빨리 신청하여 2주가 걸리는 검사를 다른 상사들보다 제일 먼저 검사 의뢰하고 합격 통보를 받을 수 있었다.

첫눈이 올 때 일 년 소요 물량의 절반 이상이 팔리는 물건을 10월 20일에 검사를 완료하고 공업진흥청에서 발부하는 10만 장의 검사필증을 받아 200여 명의 인부를 동원하여 검사필증 부착 작업을 마친 후 8톤 차량 50대를 선탑하여 이송하고 서울의 창고에 10월 23일에 입고를 시키고 판매 준비를 완료하였다.
그런데 이게 웬 날벼락 같은 행운인가!
정말 드문 경우였는데 10월 25일에 첫눈이 내렸다.
다른 상사들은 아직 검사소의 검사도 끝나지 않았는데 판매가 시작된 것이다.
그날 당일 정말 불난 듯이 온종일 창고에서 단 하루 만에 물량을 완판해 버렸다.

이튿날부터는 판매 대금 수금을 하는데 플라자호텔의 커피숍에서 만난 도매상의 사장들마다 상자 박스들을 들고 오는데 박스 속에는 모두 현금들이었다. 커피숍에서 현금 인수인계를 할 수 없어 호텔 방을 하룻밤 빌려 밤새도록 돈을 세고 돈다발을 묶었던 기억이 있다.

그때 당시에 내게서 물건을 받은 도매상들은 가격도 좋았고 판매 타임도 적기에 맞추는 바람에 모조리 대박들이 나고 업계에서 비중있는 대도매상들로 거듭나게 된다.

신입사원들 대개의 경우 선배 사원들이 하던 비즈니스를 물려받아 업무를 하는 것이 통상적인 경우였는데 회사로서는 처음 하는 비즈니스로서 성공을 한 사례가 되어 나는 입사 후 2년 만에 거의 사내에서는 임원들 간에 스타 플레이어로 인정받게 되었다.

그해 연말에 최우수사원 표창과 금일봉도 받았고 다음 해 4월에는 오파 수배를 위해 입사 2년 반짜리 신입사원이 미국 출장을 나가게 된다.
이 비즈니스는 이후 시장의 대도매상들을 완전히 장악하고 3년을 반복하여 대박 비즈니스로 자리를 잡으며 사내의 전설이 된다.

나중에 곰곰이 성공 요인을 생각해 보면 물론 철저한 시장 조사를 통한 상품과 유통 구조에 대한 이해와 좋은 가격의 오퍼 확보가 큰 도움이 되었지만 조금 이르다 싶을 정도의 판매전의 검사 작업 완료가 아니었다면 찾아온 행운도 잡지 못하지 않았나 싶다.
우리네 인생사에서도 흔히 있는 일이지만 운칠기삼의 옛말 중에 운이 칠이라는 말이 실감이 났던 경우였다.

40여 년 전의 일이지만 정말 꿈만 같았던 내 젊은 날의 추억이어서 자랑처럼 얘기해 본다.

해외 원조물자 수출

　1980년대 중반경의 이야기입니다.

지금은 대한민국이 외교적으로 북한보다 완벽하게 우세하지만, 당시에는 개발도상국과 후진국을 상대로 북한과의 외교전이 치열하기 그지없었습니다. 그 외교전은 다름 아닌 후진국을 대상으로 한 원조물자의 제공이었습니다.

수출부서의 대리로서 수출 실무를 하고 있던 저는 회사로부터 중요한 한가지 임무를 부여 받습니다. 이미 회사의 임원진과 외무부간에 교섭이 진행 중에 있었던 외무부의 해외 원조물자 수출을 고려무역이 전담토록 실무자 차원에서도 외무부와 교섭하는 일이었습니다.

당시에는 외무부에서 사안별로 여러 종합상사와 제조업체들을 개별적으로 직접 상대하여 해외 원조물자 수출을 하고 있었습니다.

임무를 부여받고 초면 인사차 광화문 앞의 정부종합청사 내에 있는 외무부의 담당 부서를 방문한 나는 깜짝 놀라지 않을 수 없었습니다. 담당 사무관이 나의 고등학교 동기 동창이었습니다. 놀라기는 그 친구도 마찬가지이었지요.

국가의 중대한 사업을 진행하면서 여러 가지로 세심하게 신경을 쓰며 피곤하게 여러 회사들을 상대하다가 허심탄회하게 업무 협의를 할 수도 있고 서로 간에 신뢰할 만한 동기동창을 만났으니 반갑고 고맙기는 나보다 더했던 것 같습니다.

만나고 나서 알았지만 거기에다가 두 사람 모두 강남구 대치동 은마아파트의 같은 단지에서 결혼한 지 몇 년 안 된 신혼생활을 하고 있었습니다.

실무자 간의 화통한 대화를 통하여 서로 간의 입장 확인을 하고 문제점을 보완하면서 수출 전담 계약은 순조롭게 진행될 수 있었습니다.

그 이후 고려무역은 오랜 기간 나라의 중차대한 해외 원조물자 수출 업무를 수행하게 됩니다.

참 신기한 인연이었습니다.

해외 원조물자를 수출하는 일에 관여한 실무자급의 인물은 대한민국에 정부의 담당 사무관과 전담회사의 실무자 딱 두 사람이었는데 그 두 사람이 고등학교 동기 동창이었던 것입니다.

물론 정부 중대지사를 수행하는 일에 한치의 오차가 있어서는 안되겠지요. 나라를 위한 중차대한 일을 한다는 자부심에 한참 젊은 나이의 두 사람 모두 사명감을 가지고 할 수 있는 한 사소한 실수하나 없이 완벽하게 일을 처리하고자 애들을 썼습니다.

지금도 당시에 서로의 아파트를 왕래하며 밤샘 근무를 했던 기억이 어제 일처럼 생생합니다.

지금 생각해 보면 그 친구나 나나 정말 자기 맡은 일에 더할 수 없이 최선을 다했던 우리 젊은 날의 보람 가득 찬 추억이었습니다.

함께 일을 하며 곁에서 지켜본 그 친구는 참 조용하고 과묵한 성품이었지만 업무 추진력이 대단했던 기억이 납니다. 먼 훗날 그 친구는 중국과 일본대사관 근무를 하고 유럽 몇 개국의 대사를 거쳐 중국과 일본 양국을 아우르는 외교통으로서 외교부 장관의 물망에 오르게 됩니다.

서울 국제무역박람회

　　1988년 서울올림픽이 열리던 해에 서울에서 국제무역박람회가 열렸다. 세계의 이목이 집중되던 때이라 다른 어느 때보다도 정부나 기업체들 모두 각별한 관심과 노력을 기울여 박람회의 준비에 정성을 기울였다.

당시 고려무역에서 전시박람회와 국제입찰 등의 개발수출 업무를 담당하고 있던 나는 박람회장 내에 중소기업 공동관을 준비하게 된다.

2년마다 정기적으로 열리는 박람회에 예전에는 한정된 공간 안에 10여 개의 대표 중소기업 제품들을 전시해 왔지만 이 박람회 참가가 처음인 나는 할 수 있는 한 다양한 제품이 전시되는 것이 상담 수주 성과를 올릴 수 있는 길이라 생각하고 50개 가까운 중소업체의 상품들을 전시할 구상을 하고 제한된 공간의 효율적 설계에 많은 노력을 기울였다.

통신수단이 지금 같지 않았던 시절에 50개 업체와 전시 준비 작업을 진행한다는 것은 엄청난 수고가 따르는 일이었지만 그 보람은 있었다.
개관 하루 전의 사전 점검 절차에서 내가 준비한 중소기업 공동관이 다양한 제품이 전시되어 볼거리가 된다는 이유로 VIP의 관람동선으로 선정이 된 것이다.

개막 당일 많은 매스컴의 사진기자와 촬영팀을 대동한 국무총리를 비롯한 유관인사들이 중소기업 공동관에 들러 상당한 시간을 지체하며 관심을 보였다.

공식적인 VIP의 시찰이 끝나고 대한뉴스 촬영팀이 다시 중소기업 공동관을 찾아왔다.

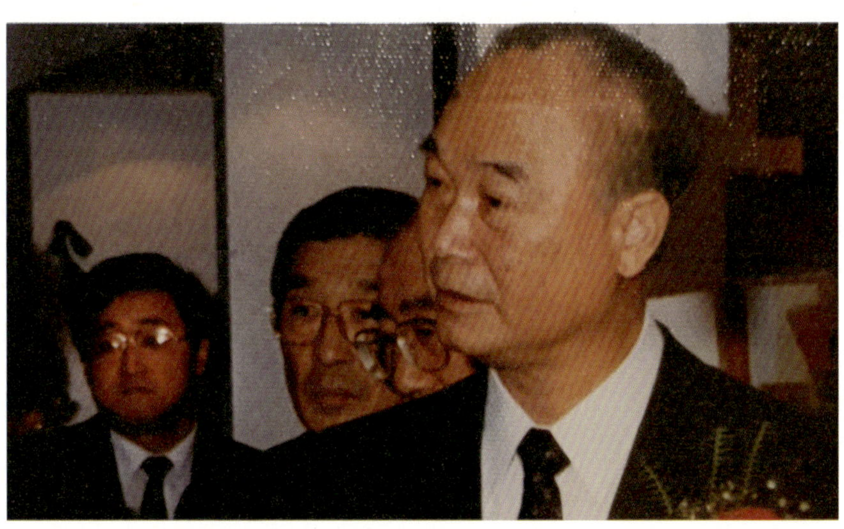

1988년 서울국제무역박람회 당시 중소기업공동전시관을 찾은 강영훈 국무총리를 안내하는 필자(맨 좌측)

수백 개 전시관 중에서 가장 이슈가 될 만하다며 대한뉴스에 올릴 영상으로 다시 찍겠다고 찾아온 것이다.

내가 공들여 준비한 중소기업 공동관이 '88 서울국제무역박람회의 대표 전시관이 된 것이다.

정말 지독히 고생했던 지난 몇 달간의 고생을 보상받는 기분이었다.

제품이 다양하여 상담 수주실적도 종전 대비 괄목할 만한 신장이 되어 회사로서도 아주 흡족한 결과를 얻기도 하였다.

서울국제무역박람회가 끝나고 며칠 뒤에 회사 직원들로부터 믿기지 않을 얘기를 들었다.

영화를 보러 갔다가 대형스크린에 클로즈업된 김 대리를 보고 깜짝 놀라 내게 축하인사들을 하는 것이었다.

나는 그날 퇴근 즉시 가까운 극장엘 가 보았다.

영화가 시작되기 전에 상영된 대한뉴스에서 나의 땀과 손길이 담긴 전시관이 상당 시간 보여지고 바이어와 상담 중인 나의 모습이 클로즈업되어 화면을 가득 채우고 있었다.

영화관의 스크린을 가득 채운 내 모습을 보면서 뿌듯하기는 하면서도 참 묘한 기분이었던 기억이 난다.

그 이후로 직장생활을 하며 뉴스보도와 인터뷰 등으로 매스컴에 종종 등장하기는 하였지만 대한뉴스는 물론 TV 뉴스와 함께 각종 매스컴에 처음으로 얼굴을 내밀게 된 일이었다.

작은 일이었지만 진인사대천명이라고 최선을 다하고 얻은 결과라 한동안 흐뭇한 마음으로 지냈던 기억이 있다.

요르단 쎄이프웨이 백화점

'88 서울올림픽이 곧 다가온다고 한참 부산을 떨던 1987년이었다.
미국의 쎄이프웨이 스토어 체인 본사의 부사장과 아시안 지역 담당 매니저
두 명이 회사를 찾아왔다.

요르단의 암만에 쎄이프웨이의 이름으로 백화점을 오픈하는데 백화점에 구
색을 갖춰 전시 진열할 상품을 구매해 가겠다는 것이었다.
총구매 금액은 자신들도 짐작하기 어렵지만 한국에서 생산하는 거의 모든 품
목을 총망라하여 구매하겠다는 것이었다.

자신들의 방문 목적을 설명하기 시작하는 처음부터 듣기에 중소기업 제품의
수출 지원을 하는 우리 회사로서는 그야말로 빅 바이어였다.
한국 내 체재 기간은 일주일이며 앞으로도 몇 차례 더 오겠다고 한다.

회사로부터 그들에 대한 안내와 상담 역할을 명령받은 나는 이튿날부터 일정
을 짜서 그들을 안내하며 제조업체들을 방문하기 시작하였다.

일주일의 일정 동안 20개 가까운 업체들을 방문하고 그들은 내게 대만과 홍
콩에서도 구매가능한 품목들을 알아보고자 방문을 한다고 설명한다.
은근히 경쟁심리를 부추겨 가며 특별히 좋은 가격을 당부하면서…

나는 이들과의 상담을 진행하면서 한가지 문제점을 파악할 수 있었다.
구매 총액은 크지만, 개관 예정인 백화점의 진열품목을 구색을 갖춰 다양하
게 일시에 준비하자니 그 품목별로의 주문량은 제조업체가 따라갈 수 없을
정도의 소량이었다.

중소기업의 수출이 한참 바쁘게 돌아가던 시절에 제조업체들을 설득하는 것이 큰 장애였다.

나는 쎄이프웨이의 부사장과 매니저에게 큰 걱정하지 말라고 하면서 속으로는 절대 대만이나 홍콩에서 쎄이프웨이의 요구를 따라가기 힘들 것이라고 장담했다.

당시 중국은 제조업 전반이 아직은 국제 경쟁력이 없었고 일부 가능한 품목은 개별 접촉하기가 쉽지 않은 넓은 대륙의 중국을 대신하여 홍콩과 싱가폴에서 대리 교역을 하던 처지였다.

그리고 홍콩이든 대만이든 그곳에서도 쎄이프웨이의 오더를 취합하여 처리하는 나 같은 인플이 있을 텐데 이 쉽지 않은 오더를 처리하면서는 내가 그들에게 절대 지지않겠다고 다짐했다.

이후 쎄이프웨이의 서너 차례의 방문이 더 있었고 그동안 나는 한국의 중소기업 200여 개 업체를 현장 동행 방문과 상품 카다로그 그리고 샘플을 부단히 소개하였다.
쎄이프 웨이가 첫 방문을 하고 난 뒤의 한 서너달 동안은 정말 끔찍할 정도의 업무량이었다.

그들의 마지막 방문 시에 최종 주문 결정이 있었다. 거의 백여 개에 달하는 중소기업의 제품으로 거의 총 100만 불에 육박하는 주문이 확정되었다.

말이 백만 불이지 한 업체에서 만불 이상씩의 물량도 있었던 것을 감안하면 정말 소액으로 만든 백만 불이었다.
물론 서너 차례의 분할로 개설하는 신용장이기는 하였지만 단일 오더로서는 중소기업의 수출 지원을 하던 고려무역으로서는 거의 기록적인 금액이었다.

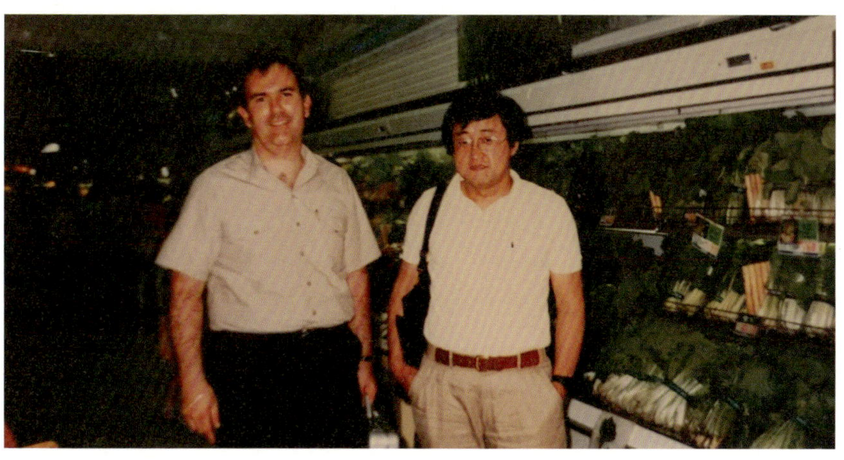

1987년 미국 쎄이프 웨이 본사의 아시아 지역 매니저를 안내하며

남들은 무역업무가 통신과 서류 작성 등 편해 보이는 사무직의 일이라고 부러워했지만, 그때 나는 밤낮없는 엄청난 노동으로 거두어 낸 성과였다.

대표이사실에서 마지막 주문 계약에 서명날인을 하고난 뒤에 한동안은 각종 경제신문과 방송매체에 토막뉴스로 나갔던 일이 기억에 새롭다.

후일담으로 내가 쎄이프웨이에 물었다.
홍콩과 대만에서는 구매를 얼마나 했냐고?
쎄이프웨이에서의 대답은 단 한 건도 없었다고 한다.
이후에 추가 소요되는 물량도 한국에서 조달해 가겠다고 한다.
올림픽 소액 수출 종목에서 금메달을 딴 기분이었다.

무역이 사무직은 무슨?
상 노동도 그런 상 노동이 없었다.

그때 그 시절 이야기

북예멘 지사 주재원 파견

1988년 서울올림픽으로 한창 나라가 들썩이던 때였다. 세계 각국의 바이어들이 한국에 대해 관심을 갖고 무역 상담차 빈번하게 방문하기 시작하였다. 대한무역진흥공사의 알선으로 북예멘의 바이어 2명이 회사를 찾아왔다. 당시 개발수출과의 대리로서 국내외 박람회의 주관과 국제입찰 등 개발 수출을 하던 나는 일주일 정도의 시간을 그들과 여기저기 중소기업의 공장들을 찾아다니며 참 열심히 안내도 하고 또 저녁 시간도 그들이 아주 만족할 만한 시간을 함께 보냈다.

일주일간의 한국에서의 비즈니스 상담과 출장 업무를 마치고 마지막 날 대표이사 부사장실에서 나와 내 소속과의 과장 그리고 두 예멘의 바이어가 함께 앉아 답례 인사를 하는 자리였다.

답례인사후에 예멘의 바이어가 제안을 하는데 북예멘에 지사를 설치해 달란다. 사무실과 비품집기 그리고 비서등 현지 직원들 다수를 자기들 비용으로 지원하겠단다. 고려무역으로서는 마다할 이유가 없는 좋은 제안이었다.

그런데 문제는 이 친구들이 한 가지 더 특별히 부탁하는 것이 현지 주재원으로 반드시 미스터 김을 보내달라는 것이었다.

과거 효성물산 사원 시절에 이루어지지는 않았지만, 나이지리아 라고스지점 근무를 자원한 적이 있었는데 그때는 나이지리아가 인구도 2억 명이나 되는 큰 시장이었기에 나의 미래를 염두에 두고 오지를 지원한 것이었는데 인구도 적고 남북이 대립하여 분쟁지역이면서 시장성이 취약한 예멘에서의 근무는 고생한만큼의 보람이 없을 곳이었다.

대표이사는 흔쾌히 수락을 한다. 그들이 떠나고 나는 참 고민에 빠졌다. 그

열악한 지역에는 가족 동행도 할 수 없을 뿐만 아니라 율법이 엄격한 중동 국가이라 술을 좋아했던 나 같은 사람에겐 특히나 생활의 낙이라곤 눈꼽만큼도 없을 곳이었다.

얼마 뒤에 신년 1월 1일 자의 회사 인사 발령 공지문이 게시판에 붙었다.

축 처진 어깨로 게시판을 보던 나는 깜짝 놀랄 수밖에 없었다.

개발수출과 대리 김병년 기획조정실 기획과장
개발수출과 과장 김 × × 북예멘 사나 지사장

나를 여러 해에 걸쳐 눈여겨 보고 있던 대표이사 부사장이 나를 기획조정실의 기획과장으로 인사 명령을 낸 것이었다.

그날 저녁 도올 김용옥 교수와 고대 철학과 동기이면서 나의 대학 5년 선배이기도 했던 그리고 느닷없이 나 대신 날벼락을 맞은 김 과장과 술 한잔하지 않을 수가 없었다.

그 자리에서 술이 취해 하는 그 선배 왈

"이거야, 원! 김 대리땜에 내 인생 잠시 고달프게 생겼다!"

그 선배가 예멘에서 일을 하는 동안 나는 선배를 물심양면으로 돕는다고 신경을 썼지만 전화통화할 때 그 선배가 하던 말이 생각이 난다.

"야아! 김 과장! 여기 이 놈들은 도심지만 벗어나면 아직도 낙타타고 허리춤에 칼차고 다닌다. 참, 나!"

3년뒤에 귀국한 김 선배를 만나 술한잔 거하게 사며 "아이구! 선배님! 저 대신 큰 고생하셨습니다, 죄송했습니다!"라고 얘기하며 술잔을 따랐던 기억이 있다.

내 얘기이지만 수출보국을 기치로 내걸었던 시절, 상사맨들의 속 깊은 애환을 보여준 일화라는 생각이다.

에디오피아 국제입찰

　　제조업이 활발하지 못한 중남미나 아프리카 지역 후진국들의 경우에는 정부 예산으로 군수물자나 의료용품과 농기구 등의 물자들을 대량으로 외국으로부터 물량을 구매하는 경우가 많았다. 이 경우 구매 방식은 국제입찰형식으로 진행이 된다.

'88 올림픽이 개최되던 시기에 에디오피아의 국방부에서 약 150만 불 상당의 군복과 군화 등의 군수물자를 입찰 공고한 적이 있다. 당시 전시박람회와 국제 입찰을 담당 업무로 하고 있던 나는 오파를 받기 위하여 제조업체들과 접촉하였는데 문제가 있었다.

당시 군수물자의 경우에는 거의 대부분의 국가의 입찰에 삼성과 대우에서 입찰을 독점하다시피 하여 삼성과 대우 이외의 무역업체들은 제조업체로부터 오파 조차 받지를 못하고 있었다. 나 또한 오파 취득에 어려움을 겪으면서 한 가지 궁리를 내어 제조업체들을 설득하였다.

얼마 전까지 정부의 해외 원조물자 수출업무를 해왔던 나는 내가 인수인계하고 떠나온 그 부서의 직원들을 대동하고 정부의 군수물자 해외원조가 있을 경우에 물량공급의 우선권을 주기로 하고 오파를 취득하였다. 그것도 확실하게 우리 회사가 유리한 가격조건으로.

해외원조물자 수출의 경우에는 경쟁이 심한 일반수출보다는 품질만 보장이 된다면 가격면에서 충분한 수익성이 보장되었기 때문이다. 그렇게 에디오피아의 국방성에 150만 불 상당의 응찰을 하고 기다리던 중에 나는 기획조정실의 기획과장으로 승진 인사이동 명령을 받았다. 내가 대리로 근무했던 개발수출과의 과장으로는 서울대를 나와 대한무역진흥공사에 근무하다가 고려무역으로 전직한 동료 직원이 승진하여 부임을 했다.

각자가 신규 부임한 부서에서 업무를 보기 시작한지 한달도 안되서 에디오피아 국방성으로부터 낙찰 통보를 받았다. 중소기업의 소액 수출지원을 전문으로 하던 회사로서는 처음으로 수주한 단일 건으로는 백만 불을 훨씬 상회하는 오더였다.

낙찰 직후 개발수출과의 과장은 에디오피아로 현지 출장을 떠나고 기획조정실에서 기획과장을 하며 대외홍보도 내 소관업무였던 나는 각종 매체에 '고려무역 에디오피아에 군수물자 수출'이라는 내용으로 보도자료를 송부하였다.

에디오피아 출장까지 다녀왔으면 더 좋았겠지만 그래도 한동안 회사에서 어깨에 힘도 좀 주고 마음 한구석이 뿌듯했던 기억이 있다.

그런데 참 신기한 것은 그 동료 과장과 나의 인연이다.

몇 해 뒤에 나는 LA지사로 발령받아 근무를 하고 돌아올 때도 바로 그 친구에게 인수인계하면서 내가 타던 승용차까지도 그 친구가 인계를 받았다.

그 이후 또 여러 해가 지나 그 친구가 기획조정실에 근무하게 되어 회사에서는 기획통이었던 내게 기획 업무에 대한 자문을 많이 구하게 되었다.

참 재미있는 인연인데 좀 우습게도 나는 항상 주는 입장이었고 그 친구는 항상 내게서 받는 입장이었다.

사람 사는 일이 항상 공평하지만은 않은 것 같다. 그래도 이런저런 사연이 많은 그 친구와는 IMF 직후 정부의 결정에 따라 회사가 청산이 되어 문을 닫은 뒤로도 각별한 교유를 하는 막역한 사이가 되었다.

한참 눈코 뜰 새 없이 바쁘게 일하던 당시에는 일에 치여 가끔 어디론가 한적한 곳에 가서 심신을 쉬고 싶었던 때도 많았지만 지금 이 나이가 되어 돌이켜보니 그렇게 왕성하게 일을 할 수 있는 기회를 부여받았다는 것이 내게는 큰 축복이었음을 깨닫게 된다.

여한 없이 왕성하게 일을 했던 내 젊은 날의 추억에 나는 조금도 후회가 없다고 감히 말할 수 있다.

독일 병정 1

12·12 사태 이후 세상이 바뀌었다. 당시 소장인 보안 사령관이 계엄사령관이며 육군 참모총장인 대장을 체포하여 무력화시킴으로써 세상의 모든 권력은 신군부가 장악하게 되었다.

당시 실질적인 합수부 대변인인 국방부 대변인을 하면서 신군부의 권세를 누렸던 인물이 세월이 지나 5공과 6공 시기에 무슨 연유에선지 수출 제조업을 하였다.

품목은 스포츠용품으로서 당시로서는 세계 최고의 품질로 세계의 유명브랜드에 OEM으로 꽤 큰 물량을 수출하고 있었다.
고려무역의 수출 지원업체 중에서도 선두를 달리는 업체였다.

해외 원조물자 수출을 초기에 일 년 정도 하면서 부서의 직원들도 보강하고 업무시스템도 자리 잡아 가던 시기에 나는 갑자기 인사이동 명령을 받았다.
전시박람회와 국제입찰 그리고 이 업체를 비롯한 몇몇 주요 지원업체에 대한 여신 관리 업무가 나의 주요 직무였다.

통상 수출 지원업체의 경우에 은행 같으면 1억 원의 담보에 1억 원의 대출이나 거래한도 지원을 받으나 종합상사의 경우에는 제조와 수출과정에 함께 참여하여 주문 구매 중인 원자재와 공장에서 생산 중인 원자재 및 운항 중인 선박의 선적 물품에 투입된 원자재까지 총 지원 금액이 보통 담보의 300%까지 가능하다.

주문 구매 중인 원자재와 선박 운행 중인 기 선적 물품에 대한 여신은 종합상사에서 관리가 가능한 것으로 보기 때문이다.

문제는 상당한 수출실적으로 최고의 전성기를 구가하고 있다고는 하나 이 업체의 여신 총액이 담보 대비 거의 700%에 육박하고 있었다.
당연히 회사의 경영진으로서는 만약의 경우를 우려하지 않을 수 없었다.

이미 이전에 실무자는 물론 담당 과장과 부서장까지 누차에 걸쳐 현장에 나가 재고 파악을 하여 보고토록 지시하였으나 무슨 연유에선지 제대로 된 재고 파악 보고서가 올라오지 못하고 있었다

회사의 실무를 총괄했던 대표이사 부사장은 이전의 업무처리 과정에서 나름 신뢰를 해온 내게 그동안 상당한 부담이 되어 왔던 그 업체의 여신 관리 중책을 맡긴 것이었다

새 부서에 부임하여 대충의 업무 파악을 한 나는 이 업체의 재고 파악을 위한 현장 방문에 나섰다. 회사를 나서면서 참 생각이 많았다.

이 업체의 사장이 5공 초기에 고려무역의 출자 대주주인 무역협회 이사장의 인사에까지 영향력을 미쳤었다는 소문을 듣고 있는 나로서는 우리 회사 측의 입장에서 단순히 재고조사만 철저히 하는 것이 능사가 아니었다.

재고조사는 재고조사대로 철저히 하되 영향력이 큰 이 업체 사장의 심기를 건드려 나를 믿고 이 일을 맡긴 우리 회사의 대표이사에 대한 반감을 갖게 해서는 안 될 일이었다.

독일 병정 2

공장 현장에 도착하니 사장실에는 당시 그 업체의 상무를 지내며 고려무역과의 무역업무를 총괄 관리하던 ROTC 5기의 선배와 무역실무를 하는 담당과장 그리고 키가 185cm는 족히 넘으며 손이 보통 사람의 거의 두 배 만한 거구의 사장이 나를 맞이했다.
한 눈에 보기에도 전형적인 무인상이었다.

차 한잔을 마시며 초면 인사를 나눈 뒤에 직원들을 내보내고 나 한 사람만을 소파에 앉혀놓은 업체 사장은 완전히 군대 방식으로 작성된 차트를 지휘봉으로 넘겨가며 내게 "김 대리님께서 보시다시피…" 등등 해가며 엄청난 예우와 함께 브리핑을 한다.
일부러 기죽이자고 하는 것인지 정말 부담스럽기 그지없었다.

그리고는 자기 나름대로의 재고 현황을 설명을 하고 나서 그 재고 현황 사본을 내게 한 부 주고는 공장을 한번 둘러보고 저녁 식사나 하러 나가자고 권유를 한다.
나는 그때 왜 전임자들이 제대로 재고조사를 못 했는지 이해할 수가 있었다.

업체 사장의 브리핑이 끝난 후 나는 "사장님 오늘 저는 재고조사를 하고자 이곳에 왔습니다. 지금부터 재고 현황을 파악하고자 하는데 아무래도 재고조사가 끝나려면 상당한 시간이 걸릴 것 같으니 사장님께서는 일찍 퇴근하시고 내일 직원들을 통해 보고를 받으시지요."라고 말씀을 드렸다.

업체 사장은 한사코 사양하며 김 대리님께서 큰 수고를 하시는데 재고조사가 끝나기를 사무실에서 기다리겠단다.

어찌 됐든 재고조사를 하면서 나는 내가 미리 생각했던 대로 내가 앞장서서 끝자리의 숫자들은 넉넉하게 카운트를 하여 업체 직원들의 반감을 사지 않도록 하면서 중간중간 상무가 사장에게 김 대리가 상당히 호의적이고 협조적이라는 보고를 하게끔 유도하였다.

인심 쓰듯 카운트하는 재고의 금액은 그래봐야 전체 금액의 1%에도 못 미치는 금액이었다.

창고에 비축되어 있는 방대한 재고는 물론 생산라인에 올려진 원자재와 현재 통관 중이고 주문 바이어들에게 가고 있을 선박 운항 중인 원자재 등을 원단 소요 비율을 감안하여 모두 총망라해서 조사와 검수를 끝냈다.

결국 오후 4시경에 시작한 재고조사는 자정이 넘어서 끝이 났다.

다행히 거의 완벽하게 끝이 난 재고조사서의 결과는 우리 회사의 경영진들이 우려했던 원자재와 상당 부분의 회사 자산의 누수는 없었고 모든 재고들이 완벽하게 그 자리에 있었으며 별도로 점검한 업체의 경영수지 부문도 양호한 상태였다.

그날 밤 12시 넘어서까지 다소 불편한 심기로 재고조사의 결과를 기다렸던 업체 사장이 재고조사 결과 보고서를 받아 들고 내게 한 얘기는 그동안 자기도 이 방대한 원자재의 현황이 궁금했었지만 이렇게 소상하게 내용을 파악해 보기는 이번이 처음이었다고 실토하며 내게 고맙다고 한다.

본인도 사실 내심으로는 이 방대한 재고의 관리가 제대로 되고 있는지에 대하여는 궁금하긴 했지만 정작 고려무역의 재고 파악 의도에는 항상 불쾌했었다는 말을 덧붙이면서.

다음날 회사에 보고서를 작성하여 대표이사에게 직접 설명했고 며칠 뒤에는 업체의 사장이 우리 회사를 찾아와 우리 회사의 대표이사와 점심 식사를 하게 된다.

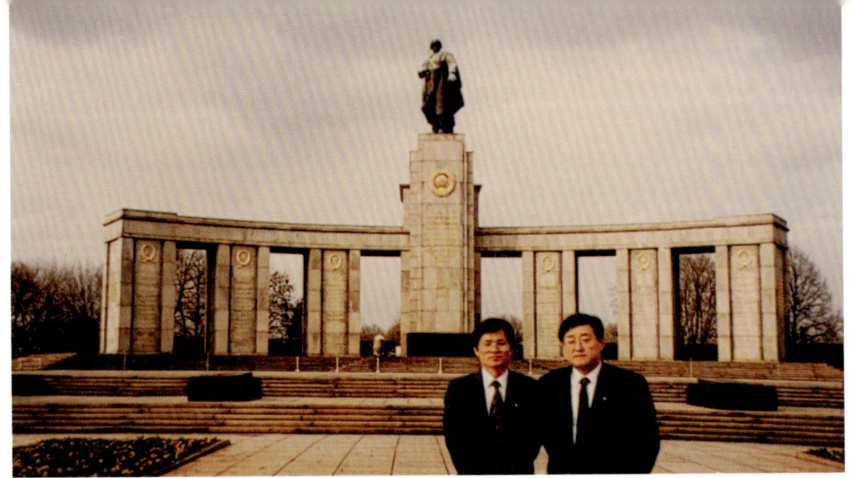

독일 동베르린 출장 중에

나중에 후일담으로 들었는데 속 시원히 자신이 원하는 결과는 보고 받았지만 업체 사장의 심기를 불편하게 하지 않았을까 하는 우려를 하며 다소 긴장을 하고 식사에 임했던 우리 회사의 대표이사는

"허 허 허! 우리 회사가 무엇이 그리 못마땅하셔서 그런 독일 병정을 보내셨습니까?

근데 사실 저도 이 공장을 여러 해 운영해 오면서 꽤 궁금했지만 그렇게 소상하고 정확한 재고 현황서는 처음 받아 보았습니다.
김 대리에게 내가 직접 고맙다고 얘기를 하였습니다."
라는 업체 사장의 얘기에 안도의 한숨을 쉬었다고 전해 들었다.

신군부의 권세가 서슬이 퍼렜던 시절의 웃지 못할 한 가지 에피소드였다.

그래도 권세를 이용해 쉽게 갈 수 있었음에도 기업경영을 하며 자신의 꿈을 이루려 했던 그리고 내게 정말 젠틀했던 그 업체 사장의 모습을 돌이켜보면서 참 존경스럽다는 생각을 하기도 한다.

두바이 호텔 재벌과의 상담

1989년 3월 중국이 아직 수출 교역 대국으로 부상하기 전이다. 당시 한국의 중소기업 제품들은 전 세계 시장을 석권하다시피 하고 있었다.

당시 고려무역에서 기획조정실 기획과장으로 근무하고 있던 나는 대한무역진흥공사로부터 꽤 중요한 프로젝트를 제안받았다.

유나이티드 아랍 에미레이트 두바이의 호텔그룹 재벌로부터 자기들이 보유한 두바이 시내 한 건물에 한국상품 상설전시직매관을 개설 운영하여 줄 것을 부탁받은 것이다. 건물은 무상임차 조건이었다.

당시에는 후진국이나 개발도상국들로부터 한국을 상대로 한 사업 제안이 많았었으나 실제 들여다보면 비즈니스로서는 현실성이 없는 내용도 많았으므로 진상 파악과 가능성 여부를 판단코자 그 즉시로 사장의 명을 받고 열흘 일정으로 현지로 출장을 떠났다.

가서 만나보니 그들은 왕족으로서 아버지가 교통관광장관을 하고 있었고 두바이에 쉐라톤, 라마다, 힐튼 호텔 등 5개의 호텔과 두바이 내에 고층 건물들을 다수 보유하고 있었다.

그들의 목적은 한국의 품질 좋은 중소기업 제품들을 총망라하여 자기들 건물에 한국상품 상설전시 직매관을 설치 운영함으로서 그 건물은 물론 자신들 그룹의 대외 이미지를 제고코자 함이었고 부수 효과로 자신들이 보유한 부동산들의 시세 상승을 유도할 계산이었다.

중소기업 제품의 수출 촉진을 위해서도 당연히 우리로서는 마다할 이유가 없었다.

여러 날에 걸친 상담을 통해 이후 체재하게 될 운영 요원들의 아파트 숙소 무료 제공과 사무실 집기와 비품지원 등 참 기가 막힐 정도의 특혜 조건들을 추가시키면서 아주 성공적인 결과를 들고 귀국할 수 있었다.

귀국하자마자 태스크 포스 전담팀을 편성하여 그로부터 2개월 뒤에는 설치 운영 요원들이 출발을 했고 우리의 상품들이 속속 선적이 되어 나갔다.

이후 그들은 그들대로 소기의 목적을 달성하고 우리는 우리대로 거의 무상의 비용으로 100여 개의 중소기업 제품들을 중동지역에 수출할 수 있는 전진기지를 구축할 수 있었다.
그야말로 윈윈 게임이었던 아주 만족할 만한 업적이었다.

현지 대 재벌회장과의 업무상담을 하면서 나는 평생에 못 해 볼 큰 호사를 누렸던 기억이 있다.

내 숙소는 바다 위에 일부 돌출되어 떠 있는 것처럼 보이는 그들 소유의 쉐라톤 호텔의 스위트룸이었다.

물론 그들이 무상으로 특별 제공한 것이었고 쉐라톤 호텔 내의 레스토랑에서 회장 형제와 식사를 할 때는 주방장이 직접 기구들을 이동 테이블로 끌고 나와 우리가 보는 앞에서 직접 요리를 하여 제공하는 것은 물론 식사 중에는 우리의 테이블에 바이올린 등의 악사들이 둘러싸고 우리의 감미로운 식사를 위하여 식사가 끝날 때까지 연주를 하였다.

사진은 그들의 전통음식을 대접하겠다고 호텔이 아닌 외부 어느 식당에서 찍은 것이며 사진 속의 인물들은 30대 중반의 나와 그 재벌그룹의 회장과 회장

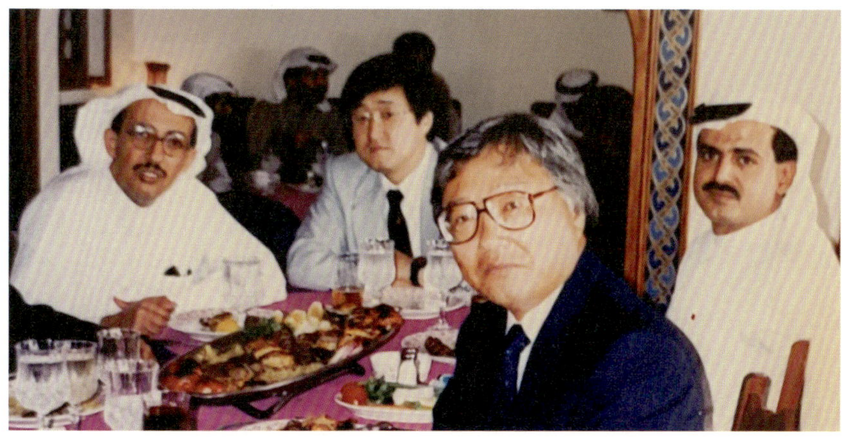

1989년 당시 두바이 무역관장의 안내로 형제지간인 두바이 호텔재벌 회장, 부회장과의 상담 중에

의 동생인 부회장이며 뿔테안경을 낀 한국인은 현지에서 안내하고 업무 협조한 당시 두바이 무역관장인데 훗날 대한무역진흥공사의 부사장을 역임하게 된다.

두바이가 21세기에 들어와 세계 초일류 관광지로 급부상한 지금 나와 함께 일을 도모했던 그들은 세계적인 대 부호로 성장했음은 불 보듯이 명확하다.

지금 내가 두바이를 관광차 가서 옛날의 그 미스터 김이라고 그들을 찾아본다면 그때처럼 스위트룸과 음악 연주까지 곁들인 근사한 저녁 식사를 대접해 줄려나…

참 궁금하다.

걸프전 지원 물자 수주계약 체결

1990년 8월 이라크의 후세인은 쿠웨이트의 유전 탈취와 이란 이라크전에 의한 전비 부채를 탕감할 목적으로 쿠웨이트를 침공하여 수일 만에 점령을 해버린다.

미국은 즉각 유엔의 의결을 거쳐 다국적 연합군을 편성하고 전쟁 준비를 하는 한편 우방국들에 대해 전비 부담을 종용해 왔다.

우리나라도 예외일 수는 없어 비전투 병력인 의료부대의 파견과 2억 불의 전비 부담을 떠안게 되었다.

그 2억 불의 전비 부담액 중 우리의 외무부는 미국과의 외교협상을 통해 절반에 해당하는 1억 불은 국내 수출 기업에 대한 직접 지원 효과와 함께 국내 경제 활성화를 목적으로 물자로 지원키로 합의에 성공하여 나름의 외교적인 성과를 거두게 된다.

이 사실이 알려지자 중소기업의 수출입 지원을 목적으로 운영되던 정책 종합무역상사였던 고려무역은 물론 삼성과 현대, LG, 대우, 효성, 선경, 쌍용등의 8개 종합상사들간에 본 1억 불 걸프전 지원물자 수주를 위한 치열한 경쟁에 돌입하게 된다.

당시 기획조정실 기획과장으로서 나는 대표이사의 특별 인사 조치를 받아 급조된 태스크 포스팀의 팀장으로 긴급 인사 명령을 받고 나보다 상위직급의 간부 직원까지 지휘하는 권한으로 수주를 위한 작업을 시작하게 되었다.

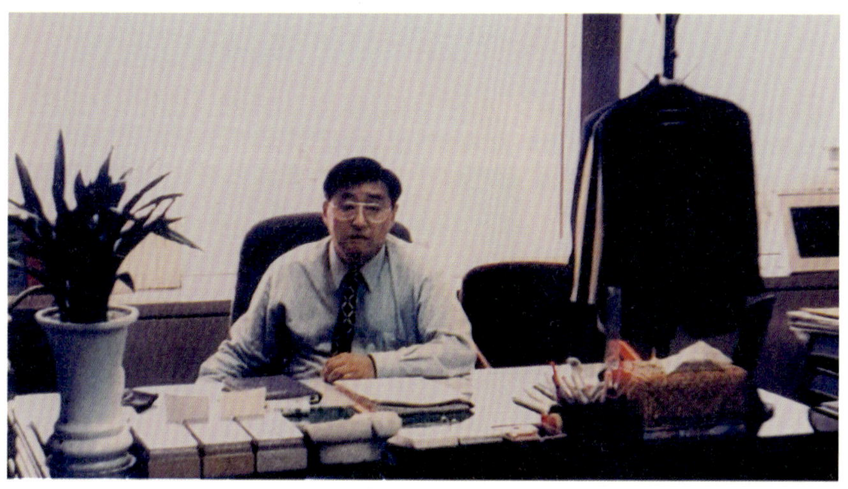

삼성동 무역회관 사무실에서

당시 중소기업제품의 수출로서 연간 수출 실적이 3억 불에 채 못 미치는 고려무역으로서는 어마어마한 금액의 수출 금액이었었다.

그 1억 불은 일반 민간종합상사들에게도 단일 수주 금액으로서는 단연 기록 경신이 될 상상도 못 할 큰 금액이었었다.
당연히 거의 전쟁과도 같은 수주 계약을 위한 대정부 로비와 치열한 정보전이 벌어졌다.

이미 해외 원조물자의 전담 수출을 통하여 외무부의 인맥과 업무시스템에 대하여 능통하였던 고려무역은 유리한 여건에서 타 종합상사들과 경합을 하게 된다.

단 하나의 수출 전담 상사를 운용할 것인지 아니면 상사 별로 일정 금액을 분할하여 진행할 것인지 등 이런저런 우여곡절을 거쳐 본건 진행의 주무부서였던 당시 외무부와 산업자원부를 상대로 한 로비와 수주이행 기획서 제출 등 한 달여간의 치열한 경합 끝에 극적으로 고려무역이 걸프전 지원 물자의 수출 전담 업체로 선정이 되었다.

최종 발표가 나오던 그때의 나와 우리 팀원들은 물론 회사 임원들의 감격은
이루 말로 표현할 수 없었다. 수주계약 체결의 기쁨도 잠시이고 바로 수출 실
무 추진팀을 편성하게 되고 나는 그들의 업무 진행을 원활하게 하도록 지원
하면서 다시 철야에 철야를 반복하는 작업에 들어가게 되었다.

그리고 청와대에서는 본 걸프전 지원 물자 수출 건에 대한 중동 해당국들과
의 구체적인 협의를 위해 당시 외무부의 류종하 차관 (후일 외무부 장관)을
단장으로 하여 청와대와 안기부, 경제기획원, 외무부, 산업자원부 그리고 고
려무역의 사장까지를 포함한 13명의 현지 방문사절단을 수주계약 체결 7일
만에 급편성하여 파견케 된다.
당시 제반 실무 정보를 모두 갖고 있던 나도 사절단과 함께 비공식 수행원으
로 출장을 나가게 되었었으나 현지 출장 이틀 전에 고려무역은 대외적인 이
미지가 민간회사처럼 보여지는 것이 수익 추구의 가능성을 보여준다 싶어 청
와대의 지시로 고려무역은 사절단에서 제외가 된다.

이후 1년이라는 기간동안 쿠웨이트는 물론 중동의 친미 우방국에 대한 군수
물자와 생필품 지원물자들이 속속 선적되어 나가게 된다.

일본은 6.25전쟁으로 그리고 한국은 월남전을 계기로 경제도약을 할 수 있
었던 것처럼 내가 재직했던 고려무역도 걸프전 지원 물자 수주를 통하여 회
사의 중흥을 도모할 수 있었던 정말 자부심 가득한 내 평생의 가장 큰 업적
이었었다.

우루과이라운드 협상

1986년 9월에 시작되어 7년이라는 오랜 세월의 협상 끝에 1994년 4월에 극적인 타결을 본 우루과이라운드 협상은 참가국 125개국에 대한 세계무역 질서를 개편한 중요한 역사적 사건이었다.

특히나 농산물 분야에서는 각국의 첨예한 이해관계의 대립 속에 협상 타결에 가장 큰 장애물이 되었었다.

미국과 같은 대규모의 기계농에 비해 영세농을 기반으로 한 우리나라의 농업 경쟁력은 그야말로 취약하기 짝이 없었다.

우리나라 농민들의 입장에선 정말 목숨을 걸고 결사반대를 하여야 할 만큼 생존의 사활이 걸린 중요한 문제였다.

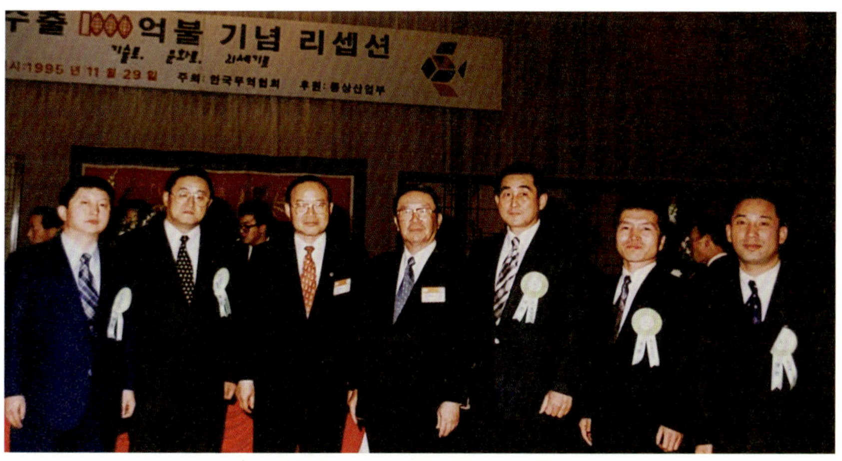

1995년 농어촌특산품 수출 공로를 인정 받아 회사가 대통령상을 수상한 무역의 날 기념식장에서.
좌측 두 번째가 필자, 세 번째는 당시 박재윤 통상산업부 장관, 네 번째가 구평회 한국무역협회장

그때 그 시절 이야기

협상이 진행되는 오랜 세월 동안 거리에는 농민들의 반대 시위가 연일 계속되었으며 일부 정치인들은 협상이 진행되는 스위스 제네바의 현장에 가서 삭발식을 단행하기도 하였다.

정부로서는 거의 폭발 지경에 있는 농민들의 분노를 달래줄 정부 나름대로의 대응 방안을 강구하지 않을 수 없었고 그중에 하나가 해외에 한국의 농어촌특산품 전시직매관을 설치 운영하는 것이었다.

당시 나는 고려무역의 기획조정실에서 기획과장을 하면서 농수산부와 산업자원부, 경제기획원 등의 정책 담당관들과 함께 해외 한국농어촌 특산품 직매전시관의 설립 운영안을 기획하게 되었다.

그 첫 번째가 재외동포가 가장 많은 미국 LA의 한국농어촌특산품 전시직매관이었으며 두 번째는 유럽의 재외동포들을 겨냥한 네델란드의 한국상품유통분배센타이었다.
뉴욕은 한국농수산물유통공사가 주관하여 전시직매관의 설립을 추진하였다.

긴박한 일정으로 기획안에 대한 정부의 승인과 정부로부터의 자금 지원 등 필요한 후속 조치들을 끝내고 네델란드 롯텔담과 미국 LA에 전시직매관들이 개관을 하게 되었다.

그중에 LA의 전시직매관은 내가 기획부터 시작하여 기획조정실의 3년여 근무를 마치고 현지 주재원으로 파견되어 건물 구입에서부터 개관까지의 실무를 모두 주관하게 되었다.

오랜 시간의 노력 끝에 한국의 일부 도지사와 LA 총영사 그리고 LA의 유력 인사들이 개관 행사에 참석하여 테이프 컷팅을 하는 순간의 나의 감격은 말로 표현하기 어려웠으나 내심으론 무척 걱정스럽지 않을 수 없었다.

타당성 조사와 함께 설립기획안의 작성부터 건물의 구입과 개관까지의 모든 업무를 주관한 나는 국민들에게 보여주기 위한 전시 행정 성격의 이 전시직매관이 수익성이 없다는 것을 너무나 잘 알고 있었기 때문이다.

우루과이라운드 협상이 타결되고 몇 년이 흐른뒤 IMF 사태가 발발하면서 이 전시직매관들은 모두 폐쇄가 된다.

이 전시직매관들의 개관으로 국민들에게 우리의 농어촌 특산품도 해외에 활발히 수출할 수 있다는 희망을 주어 분노하는 국민들의 마음을 다소나마 달랬다는 데서 그 의의를 찾고자 한다 하더라도 실무를 주관한 나로서는 썩 개운치 않은 마음이다.

그래도 나름 국가가 필요로 하는 일에 나의 열성을 다하여 일조를 하였다는 사실에 나 혼자만의 자부심을 느끼곤 한다.

러시아와 우크라이나 해외시장조사단 출장

요즘 러시아의 침공으로 전 세계의 이목이 우크라이나에 집중돼 있다. 우크라이나의 키예프는 직장 시절 현지 출장을 다녀온 곳이라 감회가 남 다르다.

한국에는 8개의 종합상사가 있는데 대 정부 건의나 상사 간의 업무 중재 및 협의를 위해 종합상사 협의회가 있다.

협의회는 또 사장단 회의와 기획조정실장단 회의, 기획과장 회의와 기획실무자 회의로 구분하여 긴밀한 협조하에 종합상사의 발전 방향에 대한 논의와 협의를 활발히 한다. 종종 해외시장조사 및 시장 개척을 위하여 조사단 형식으로 단체 출장을 나가기도 한다.

고르바쵸프의 페레스트로이카 여파로 소련이 15개 독립 국가로 해체된 이후 러시아와 우크라이나 등 독립 국가들의 경제 상황이 급변하였다.
이에따라 변화된 시장의 현지 상황 파악을 위해 종합상사협의회는 각 상사의 기획조정실장들로 구성된 시장조사단 파견을 결정하였다.

1996년 당시 나는 고려무역의 총무부장 직무와 함께 기구 통폐합을 통해 기획조정실장 직무를 겸임하고 있어 조사단 출장에 합류한다.

쌍용이 빠진 7명의 종합상사 기획조정실장과 5명의 경제신문 기자들을 대동하여 12명의 멤버가 구성되었다.

출장지는 독립국가 중 경제 규모가 큰 러시아의 모스크바와 우크라이나의 키예프였다.

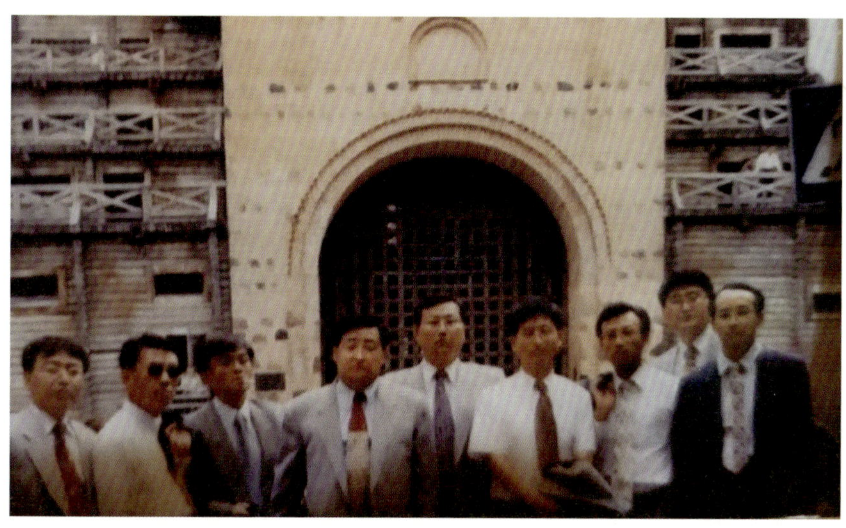

1996년 우크라이나 키예프에서 종합무역상사 기획조정실장들로 구성된 시장조사단 일행
(좌측 네 번째가 필자)

일정은 10박 11일로 한-러 트레이드센타 설립 추진 본부와 모스크바 상사협
의회 방문, 러시아와 우크라이나의 대외 경제성과 한국대사관 방문, 다수의
산업시설 시찰 및 현지 백화점및 소매시장 견학 등이었다.

귀국 후에는 각 상사별로 세분화된 분야별로 조사보고서를 작성하여 종합 편
성을 하여 독립국가연합의 경제 동향 보고서를 책자로 발간하여 배포하고 각
종 매스컴의 좌담회에 참석하여 현지 동향에 대한 정보를 제공하였다.

직장생활 중에 출장으로 20여 개국을 다녔었지만 대부분의 경우 해결해야
할 과제가 있었기에 상당한 부담과 긴장감으로 출장 업무를 보았던 반면에
이 조사단 출장은 대부분의 동행 출장자들이, 물론 경제신문 기자들은 우리
보다 여러 해 후배인 젊은 친구들이었지만 각 상사의 기획조정실장들은 대학
동기이거나 비슷한 학번 대의 멤버들이고 출장 목적도 해외 시장조사이었기
에 가장 부담 없이 여유롭게 다녔던 기억이 난다.

그때 그 시절 이야기

특히나 대외 경제성 방문시에는 방문국의 수석 차관들이 우리에게 자국의 경제 동향을 브리핑하고 한국 대사관 방문시에는 현지의 대사들이 우리 일행을 맞이하여 현안 사항들을 설명해 준 기억이 있다.

출장 중 하루 일정을 마치고 난 후에는 각 상사의 현지 지사장들이 날짜별로 돌아가며 나름 각 상사 내에서는 업무 역량이 큰 기조실장들의 방문을 서로가 질새라 조사단을 환대하는 저녁 일정으로 맞이했던, 나에게는 그 많은 출장 중에 가장 즐거울 수밖에 없었던 출장이었다.

어떻게 세월이 흐르다 보니 적대관계로 전쟁을 하는 두 나라를 동시에 출장을 다녀온 격이 되었다.

당시 인상 깊었던 기억은 우크라이나에서 만난 사람들이 하나같이 온화한 인상의 아이들을 보는 것처럼 참 순박해 보였다는 것이다.

특히 우크라이나의 키예프에서는 정말 하얀 피부의 해맑은 미녀들을 보고 경탄들을 했던 기억이 있다.
지금 그때 만났던 그 사람들이 겪고 있을 두려움과 고통을 생각하니 참 마음이 아프다.

모쪼록 우크라이나의 전쟁이 조기에 평화롭게 좋은 결말을 보았으면 좋겠다는 마음이다.

폴란드 마피아 1

　　1991년 12월 고르바쵸프의 페레스트로이카 이후 소비에트 연방공화국은 해체되고 구 소련의 영향력 하에 있던 폴란드와 헝가리, 체코슬로바키아, 루마니아, 불가리아 등의 동구권 공산주의 국가들도 시장 경제에 눈을 뜨기 시작하였다.

자본주의와 시장 경제가 무엇인지 개념 조차 없던 그들로서는 어느 나라이든 간에 불법 행위를 일삼는 마피아들이 상행위에 앞장서고 있었다.

1990년대 중반 우리 회사의 한 수출부서에서 직물 원단을 폴란드에 90days usance(90일 외상) 조건으로 원 샷에 백만 불이 넘는 금액을 수출하였다가 대금 회수를 못 하는 사고가 생겼다.

사고 발생 전 한 몇 년 동안은 물자가 부족했던 동구권의 수출 시장은 엄청난 호황을 누렸고 어떤 품목이 되었든 물건만 있으면 기대 이상의 큰 이익과 함께 큰 물량을 거래할 수 있었다.

사고 거래에 대한 감사실의 감사 보고가 있고 나서 대표이사의 명을 받아 당시 총무부장과 기획조정실장 직무를 겸임하고 있던 나는 담당 부서의 이사와 담당 부서의 팀장이었던 차장과 함께 폴란드의 바르샤바로 출장을 가게 된다.

이미 내용 파악도 하고 있고 업무 성격상 감사실장이 가야 할 일이었음에도 대표이사는 굳이 내가 다녀오라고 지시를 한 것이다.
사고 내용상 부담이 많은 출장이었지만 귀국 일자도 정하지 못하고 사고 해결을 위해 장도에 오를 수밖에 없었다.

암스텔담에서 환승하여 도착한 바르샤바 공항에는 우리를 맞이하기 위하여 상대측의 인원들이 다수 나와 있었다.
준비된 차량들은 검정색 벤츠들이기는 한데 연식이 좀 오래된 차량들이었고 무엇보다 놀란 것은 하나같이 큰 체구에 우락부락한 인상들이었다.
한마디로 현지 마피아들이었다.

이튿날 우리는 그들의 회사라는 곳을 안내받고 또 한 번 놀라지 않을 수 없었다. 조폭 영화에나 나올 법한 분위기로 회사 간판만 달랑 달아놓고 황량하고 썰렁한 창고 건물에 헬스장의 운동기구 같은 것들만 여기저기 널려져 있고 한쪽의 큰 공간에 엄청난 물량의 직물 원단을 쌓아놓고 있었으며 귀퉁이에 두 칸 정도의 사무실에 책상과 소파 등의 낡은 비품 집기들만이 있었다.

당황스러운 표정을 감춘 채 자리에 앉아 그들의 상황 설명을 들었다.
간단히 얘기하자면 물건만 있으면 대박이었던 시장 상황에서 몇몇의 마피아가 결성하여 공동구매와 시장 판매를 하여 왔는데 이번의 경우 선적이 지연되었다.
또 그 선적 지연으로 말미암아 불운하게도 함부르크항에서의 파업을 맞게 되어 상당 기간 하역이 지체됨으로써 실기를 한 셈이 되었다.

그들 중 일부는 자기들 주장으로는 백만 불 이상의 예상 수익을 수출자 측의 책임으로 손해를 보았으므로 대금결제 없이 물량을 임의 처분하고 자신들의 몫으로 나누겠다는 의견이었고 신용장 개설 명의자는 이후 대외적으로 자기 혼자 책임질 수 없기에 우리와 협의하여 원만히 해결을 보자는 의견이었다.

하루 종일의 협상을 통해서도 해결을 보기 어려웠던 중에 다음 날엔 창고 사무실 테이블에 앉아 협상을 준비 중인 우리 세 사람을 여러 명의 체격이 건장

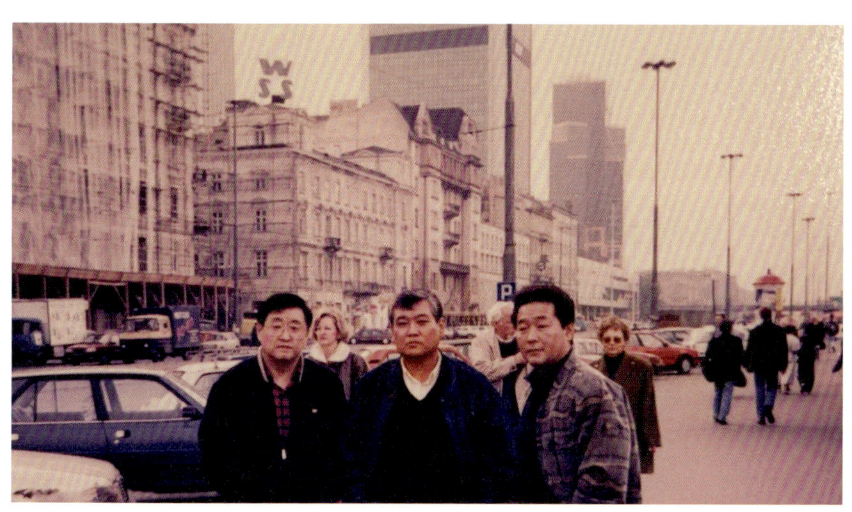

폴란드 바르샤바 출장 중 긴박한 협상 중에 단 한장 찍은 바르샤바 시내 중심부에서의 사진

한 젊은 친구들이 우리를 에워싸고 야구방망이로 머리를 깨버리겠다고 위협을 하며 순순히 내 가방에 든 모든 서류를 넘기고 귀국하란다.

참 어이가 없었다.

강제로 서류를 빼앗는다 해도 법적인 책임에서 자유로울 수가 없는데 정말 단순 무지한 발상이었다.

극도로 긴장되는 가운데 잠시 잠깐이지만 머릿속이 순식간에 복잡하여졌다.

정말 이놈들이 우리를 해칠 것인가?

요 며칠 보아온 폴란드의 치안 상황을 보아서는 그럴 수도 있겠다 싶었다.

　　목숨이 경각에 달린 위급한 순간에는 대부분의 경우에 가족들의 얼굴이 떠오른다고 하던데 참 희한하게도 나는 그때 "김 부장이 다녀와!"라고 말하던 대표이사의 얼굴이 떠올랐다.

순간 나는 물러설 수 없다는 생각과 함께 한가지 아이디어가 떠올랐다.
지난 몇 년간 돈맛을 본 이 친구들에게 더 큰 돈으로 회유를 하는 것이었다.

나는 아주 다부지고 결기에 찬 목소리로 "NO!"라고 외쳤다. 그리고는 그들을 설득하기 시작했다. 앞으로도 비즈니스는 이 직물 원단 이외에도 얼마든지 할 수 있고 우리는 대한민국의 모든 품목을 조달할 수 있다.

만약 너희가 우리를 해치고 이 직물 원단만을 획득한다면 그 이후 우리 정부 측의 조사와 수사 의뢰로 너희는 잠적을 해야할 것이고 공개적으로 비즈니스를 활발히 하지 못할 것이다.
선택은 너희가 해라!

잠시 정적이 흐른 후 그들 중의 한 친구가 크게 긴장되고 살벌함이 느껴지던 분위기를 가라 앉히고자 다시 협상을 하자는 쪽으로 말미를 돌렸다.
좀 싱겁기도 하고 서로 간에 민망하기도 했지만 우리는 그렇게 다시 협상을 시작했다.

그날 저녁 상대 측의 대표자들 몇 명과 함께 호텔로 돌아온 우리는 그들과 저녁 식사 후 서울 본사에 진행 사항을 보고하기 위해 이사의 방에 모여 서울의 출근 시간인 바르샤바의 새벽 한 시가 되기를 기다리며 이야기를 나누고 있었다.

밤 10시경이었다. 창가 테이블 쪽에 앉아 방의 도어를 바라보고 있던 나는 소스라치게 놀랐다. 도어의 손잡이가 조심스럽게 돌아가고 있었다.

그리고는 갑자기 문이 열리며 문 양쪽으로 삐져나온 모자의 챙과 두 자루의 총구와 밑에는 구두코가 보여지고 있었다.
순간 나는 나도 모르게 "어! 저 놈들이 총을 갖고 있네요!"라고 얘기하는 순간 검은 복장의 괴한들이 총을 겨누며 밀려 들어오고 있었다.

"핸즈업! 돈 무브!"라고 외치며, 죽었구나라는 생각이 든 순간 그들은 우리를 여기저기 벽에 밀어 넣고 총구를 내 머리의 관자놀이에 갖다 대었다.

잠시 후 검은 사복의 그들은 경찰이라는 것을 알게 되었고 우리와 함께 있다가 돌아가던 상대측의 사람들 간에 의견충돌과 함께 싸움이 벌어져 엘리베이터에서 한 친구를 칼로 난자를 한 일이 벌어졌고 호텔 측의 신고로 경찰이 출동하고 관련 인물들인 우리의 숙소를 습격한 것이었다.

대충 상황 파악을 하고 우리는 우리의 신분을 밝히고 그 시해 사건과는 관계가 없음을 경찰들에게 이해시키고 호텔 로비에 내려들 가는데 엘리베이터 안이 급히 걸레질했으나 핏자국이 역력한 것을 볼 수 있었다.

호텔 로비에는 호텔 종업원이 막대 걸레로 핏자국을 치우는 가운데 우리가 가해자로 추정하는 그들 중의 한 명이 좀 전에 우리 방의 조사를 지휘했던 경찰 반장과 태연히 대화를 나누고 있는 것이 아닌가.

다가가서 그 친구에게 어떻게 된 일이냐고 물었을 때 그 친구의 대답이 나의 간담을 서늘하게 하였다.
"ㅎ ㅎ ㅎ 미스터 킴! 디스 이스 폴랜드!"
마피아와 경찰은 거의 공생하다시피 관계들을 유지하고 있었다.

폴란드 마피아 3

일주일 정도밖에 되지 않는 시간 동안에 현지에 도착하기 전에는 상상할 수도 없었던 참 많은 일들이 있었다.
아마 내 평생에 가장 길었던 시간이 아니었나 싶다.

사실 시차 때문에 숙면이 어려운 애로도 있었지만, 밤에는 이 생각 저 생각 오만가지 상념과 함께 해결책의 묘안을 짜내느라 거의 날밤을 지새우기도 했었다. 한편으론 혹시나 하는 두려움에 복도의 인기척에도 신경을 곤두세워 가면서…

결국 위급한 상황에서 내가 즉흥적으로 주장했던 지속적인 거래의 미끼가 그들에게 설득력이 있었다.
그날 이후로 그들의 태도는 위압적이었던 것에서 많이 누그러져 있었다.
아니, 거의 정상적인 비즈니스 마인드로 돌아들 온 것 같았다.

선적이 늦어진 우리 측의 책임도 일부 인정하여 총 물품 대금의 80%를 결제 받기로 하고 물품은 우리가 지정한 창고로 이송을 하였다.
출고 때마다 물품 대금의 80%를 지불하면 우리가 출고를 허락하는 조건이었다. 물론 그들이 희망하는 여타 품목의 거래도 계속하는 조건으로.

그리고 대부분의 품목이 아직은 시장성도 좋고 이익이 크므로 이후에 거래하는 품목에 대하여는 건건이 매회 거래 금액의 2%를 적립하여 직물 원단에서 발생한 20%의 손실을 보전하는 조건이었다.
최종적인 보고를 본사에 올렸을 때에 본사의 반응은 거래 금액 전체의 손실을 우려했다가 일단 물품 전량을 회수하고 이후에 어떻게 진행이 될지는 두

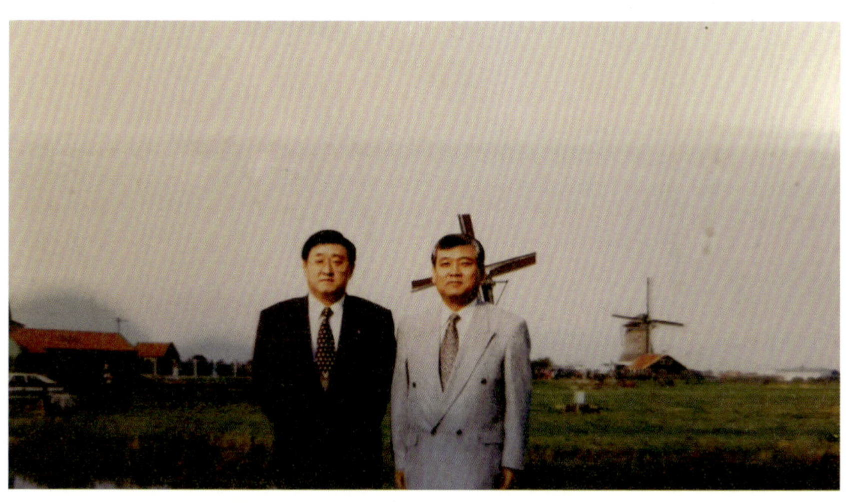

폴란드 바르샤바에서의 협상을 끝내고 네델란드 암스텔담 민속촌에서

고 보아야겠지만 일단은 20% 손실 예상액에 대한 보전책까지 확보를 한 셈이 되었으니 거의 성공적인 해결로 간주할 만한 성과이었다.

협상 결과에 흡족해하던 대표이사는 우리에게 수고했다는 치하와 함께 귀국 길에 회사가 운영하던 네델란드 롯텔담에 소재한 한국상품유통분배센타에 들러 운영현황도 살펴볼 겸 며칠 쉬다가 오라는 명을 내렸다.

바르샤바에서 암스텔담을 거쳐 롯텔담에서 며칠간 휴가와 같은 시간을 보낼 때 세 사람 모두 한결같이 한 소리가 "From hell to heaven!"이었다.

본사에 돌아와 대표이사와 독대하며 대화를 나눌 때에 이미 출장 동행했던 이사를 통하여 협상 과정 중의 어려웠던 애로 사항들을 전해 들은 대표이사가 생색내듯이 농처럼 내게 하던 얘기가 잊혀지지 않는다.

"김 부장! 자네는 감사실장이 출장 가야 된다고 했었지?"

폴란드 마피아 4

숨 막히는 폴란드 마피아와의 협상 중에 하루는 출장 3인에 대한 특별 활동비로 받은 미화 3천 불을 현지 화폐로 환전하고자 호텔 앞 지하도에 있는 환전소에 가서 줄을 서고 있었다.

웬 건달 같은 젊은 친구 둘이 내게 다가오더니 환율을 두 배로 쳐서 바꿔주겠단다. 당시엔 동구가 개방된 지 얼마 되지 않아 미국 달러에 대한 가치가 대단하긴 했었다.
솔깃해서 잠깐 기다리라 하고 나와는 좀 거리가 떨어져서 서 있던 나와 동행 출장을 온 이사와 차장에게 가서 그들의 제안을 이야기하였다.
달러 암거래가 불법이라 신경이 쓰이긴 했지만 다 들 솔깃해서 그들의 제안을 받아들이기로 했다.

주변 사람들의 이목도 있고 해서 우리가 묵고 있는 호텔 로비 지하의 화장실로 이동을 했다. 이동을 하는 와중에 한 친구가 내게 얼마를 바꾸겠냐고 묻는다. 마음은 3천 불을 다 바꾸고 싶었지만 혹시나 하는 걱정도 있고 나중에 또 바꾸면 되지 하는 생각으로 1천 불만 바꾸겠다고 얘기했다.

그 지하의 화장실은 내려가는 계단과 지하에 그 화장실밖에 없는 꽉 막힌 공간이었다.
나는 이사에게 계단 위에서 기다리게 하고 ROTC 18기였던 차장 후배에게 따라오라고 하며 계단을 내려가 화장실에 들어갔다.

화장실에 들어가서 보니 따라와야 할 차장은 겁을 먹고는 따라오지를 않아 화장실에는 나 혼자서 두 친구를 상대하게 되었다.

마주 선 상태에서 두 친구의 용모를 보니 둘 중에 한 삼십 대 초반 정도로 조금 나이가 있어 보이는 듯한 친구는 키는 작아도 무슨 레슬링 선수처럼 목이 아주 짧고 체격이 당당해 보였고 나머지 한 친구는 이십 대로 보이는데 키가 큰 대신 좀 약골로 보였다.

근데 이 녀석들의 표정을 보니 그 천불의 금액이 큰돈이어서 그랬는지 아니면 겁 없이 순순히 자기들의 제의를 받아들여 꽉 막힌 화장실로 데리고 들어온 우리가 혹시나 자기들보다 더 무서운 차이니스 갱일 수도 있다는 생각을 해서 였는지 긴장한 표정이 역력했고 심지어 약골로 보이는 키 큰 놈은 돈을 세는 손이 덜덜 떨고 있었다.

그것을 본 나는 오히려 마음의 여유가 생겨 더 당당하게 그들을 대할 수 있었는데…

먼저 땅딸막한 친구가 내가 보는 앞에서 환율의 두 배로 계산한 폴란드 지폐를 다시 세어서 내게 주면서 미화 천 달러를 요구하였는데 내가 미화 천 달러를 꺼내려고 주춤하는 잠깐 사이에 그 폴란드 지폐를 미리 준비한 다른 지폐 뭉치로 순식간에 바꾸는 것을 보았다.

나는 바뀐 돈을 받아 내용을 살펴보니 겉장만 고액권이고 안에는 최소액의 저가 화폐였다.

나는 그 지폐 뭉치를 땅딸막한 친구에게 내던지듯이 돌려주며 "갓 뎀!"이라고 욕을 내뱉고 신속히 화장실을 빠져나왔다.

계단의 몇 계단을 오르기도 전에 쫓아온 땅딸막한 친구가 나에게 제대로 된 폴란드 지폐 뭉치를 손에 쥐어 주며 미안하다고 극구 사과를 한다.

받은 지폐 내용을 확인하니 정확히 맞는 액수이었다.

그리고는 그 친구의 요구대로 미화 천불을 내주었는데 이 친구가 내가 준 백불짜리 열 장의 달러 지폐를 불빛에 하나하나 비춰보는 것이 아닌가.

그러더니 갑자기 나처럼 "갓 뎀!"하며 달러가 위조지폐라며 내가 준 돈을 돌려준다. 나는 어이가 없어 한국말로 "미친놈! 싫으면 말어!" 하며 그 친구에게 받은 돈을 돌려주었다.

그 두 친구는 내게 대고 폴란드 말로 욕을 해대며 계단을 뛰어올라 나가 버렸다.

계단 입구에서 기다리고 있던 이사와 차장을 만나 후배 차장에게 따라오지 않은 것을 꾸짖자 머쓱해서 하는 말이 "어이 참! 죄송해요! 좀 겁이 나서… 부장님은 참 깡도 좋아요!"란다.
어찌 됐든 자초지종을 얘기하면서 다 들 실소를 흘리며 없었던 일로 하자고 하는데 이사가 내게 묻는다.

"우리 돈은 돌려받았어?"
"예! 여기 있습니다"하고 주머니에서 천불을 꺼내 이사에게 전해주면서 보니 이런 나 참, 1달러짜리 미화 열 장이었다.
눈 깜짝할 새에 990불을 날려버린 것이다.

셋이서 모두 어이없어하는 가운데 내가 이 일은 내가 주도 한 일이니 내가 책임지겠다고 하자 이사가 하는 말이 "김 부장! 내가 구두 결재한 거야! 셋이 덜 먹고 덜 쓸 수밖에 없지!"

에이!
이 조무래기 마피아들보다 훨씬 센 마피아들과도 팽팽하게 안 밀리고 협상을 잘하고 있다고 생각했는데

"완전 피래미에게 뭐 물렸네!"

욕망의 늪 1

1990년대 초반의 일이다. 당시에는 대한민국의 중소기업 제품이 세계 시장을 석권하고 있었으나 중국이 시장을 개방하여 저렴한 인건비를 쫓아 세계의 유수 기업은 물론 중소기업들까지 중국에의 현지 공장 건설에 박차를 가하기 시작할 때였다.

당시 회사의 한 수출 부서에서 leather jacket으로 2년여 동안 적지 않은 실적으로 미국에서 수입하며 신용을 쌓아왔던 LA의 재외동포 한인 바이어가 있었다.

그의 거래처들은 미국 내 유명 백화점인 메이시와 삭스 핍스 애비뉴, 노드 스트롬, 블루밍 데일 등 고급 백화점들은 물론 씨어스와 제이씨 페니 등 중저가 제품의 백화점까지 거의 모든 백화점에 납품하고 있었다. 당시에 한국의 leather jacket은 세계 최고의 품질로 인정을 받고 있었기 때문이다.

하지만 호황을 누리던 한국의 leather jacket도 중국으로의 현지 공장 진출로 한국 내 생산 제품으로서는 거의 끝물의 수출을 하고 있었다.

그 해에 한인 동포 바이어는 한국에서의 거의 마지막 거래 물량으로 원 샷에 150만 불의 수출 주문을 하였다.

본사의 수출 부서에서는 미국 유수 백화점들의 P/O(purchase order)를 현지의 백화점 별로 일일이 주문 여부 확인을 하고 수출선적을 하였다.

당시에 나는 LA 지사로 발령을 받고 한국 농어촌 특산품 직매장의 건물 구입과 개관 행사까지 끝내고 조금 한숨을 돌리던 참이었다.

150만 불의 leather jacket 중 첫 물량이 롱비치항에 도착하여 통관되던 날 통관은 항상 의례적으로 진행되는 업무이기에 굳이 통관 현장까지 나갈 필요는 없었지만 백만 불이 넘는 큰 금액 거래의 시작인데 하며 다소 긴장하며 롱 비치항의 부두 하역 장소로 나갔다.

한인 바이어 정 사장의 현장 지휘 아래 진행되던 현지 하역장의 하역 작업을 둘러보던 나는 한 가지 이상한 점을 발견했다.

뉴욕과 펜실베니아, 일리노이, 아이오와, 몬태나주 등으로 뿔뿔이 흩어져 가야 할 물품들이 별도로 분별 작업을 거치지 않고 여러 대의 차량에 적재되고 있었다.

나는 의아해하면서 한인 바이어에게 물었다.
"저어, 정 사장님!
이게 모두 도착지들이 다른 물건들인데 어떻게 분별 작업 없이 적재를 하는 거지요?"

그때 평소 광이 번쩍번쩍 나는 검정색 벤츠 500을 타고 다니며 정말 젠틀하고 여유롭게만 행동해 왔던 정 사장이 적잖이 당황하며 내게 대답했다.

"아이구, 참!
김 차장님이 미국에 오신 지 얼마 되지 않아 여기의 물류 시스템을 잘 모르시는군요. 일단 부두에서 내륙 운송 전문 트럭킹 회사까지 이송을 한 뒤에 거기에서 각 지역별로 떠나는 트럭에 다시 분류 적재합니다."

"그래요?
그래도 그렇지 이러면 그곳에서의 분류 작업이 쉽지 않을텐데요."
고개를 갸우뚱하며 적재 차량들이 출발하는 것을 보고 현장에서 바로 퇴근을 하였다.

욕망의 늪 2

그날 나는 집에 돌아와 저녁 식사도 하는 둥 마는 둥 저녁 내내 하역장에서의 일이 마음에 걸려 하역 당시의 상황 장면만을 되새기고 있었다.

정 사장은 처음에 미국으로 유학을 와 석사 과정까지 마치고 중간에 진로를 바꿔 비즈니스에 뛰어든 보기 드문 인텔리 사업가였다.

그런데 그날 하역장에서는 무척 서둘기도 하고 거친 말로 인부들을 부리는 모습이 마치 무엇엔가 쫓기는 사람처럼 몹시 부자연스러웠다.

특히나 그 총명한 사람이 물품 하역을 도착지 구분도 않고 하다니…

문득 나는 이것이 물품의 원 주문처인 백화점들로 가지 않을 수도 있다는 생각이 들었다.

만일 백화점으로 가지 않고 물건이 중간에 엉뚱한 곳으로 빠져 버린다면…

그것은 정말 큰 사건이고 사고였다.

우리는 이 수출 건이 usance(외상) 90 days 조건으로서 아직 대금 결제도 받지 못했는데 회사가 입는 손실 피해는 어떻게 할 것이며 나는 또 어떻게 될 것인가? 그 생각에 미치자 밤새도록 잠을 이룰 수가 없었다.

그래!

만일 나의 짐작이 사실이라면 나는 무엇을 어떻게 하여야 할 것인가?

밤을 꼬박 새워 내린 결론은 사실이 아닐 수도 있지만 사실일 수 있다는 가정 하에 행동을 하자라고 결심을 하게 되었다.

뜬눈으로 밤을 꼬박 새우고 새벽 5시경에 집을 나서서 정 사장의 LA 다운타운 내에 있는 사무실로 향했다.

일찌감치 사무실로 직행한 것은 만일 물건이 백화점으로 가는 것이 아닌 비정상적인 경우로 처리되는 것이라면 정 사장도 서둘러서 아침 일찍부터 움직일 것이라고 생각했기 때문이었다.

정 사장의 사무실에 도착하니 아직 새벽 6시가 채 되어 있지 않았다.
만일 이 시간에 정 사장이 사무실에 있다면 그것은 틀림없이 무언가 잘못 진행되고 있는 것이라는 확신 속에 살며시 도어의 손잡이를 돌려 보았다.
문이 열리고 사무실에 들어서니 사장실의 유리창으로 정 사장이 보였다.
가슴이 철렁한 가운데 나는 바로 사장실로 가서 정 사장을 맞닥뜨렸다.
책상 위에는 컵라면 용기와 간이 음식의 포장재들이 널려 있었다.
정 사장도 이곳에서 밤을 샌 것이 분명했다.

소스라치게 놀라는 정 사장이 내게 "아니, 김 차장님이 이 시간에 웬일로?"라고 말을 미처 맺지 못한다.
그의 말이 끝나기도 전에 나는 단도직입적으로 그에게 바짝 다가가서 "사장님! 나는 그 물건들이 다른 곳으로 간 것을 알고 왔습니다. 물건이 있는 곳으로 나를 안내하시죠!"
나보다도 더 놀라 아연실색해 있는 정 사장이 부인도 못하고 멍하니 서 있을 뿐이었다.

잠시 후에 정신을 차린 정 사장이 나를 나무라거나 욕도 하지 못한 채 안절부절못하며 전화기도 들었다 놨다 하고 사무실 여기저기를 왔다 갔다 하기도 하면서 이 궁리 저 궁리를 하는 것 같았다.
마침내는 화장실에 가길래 나도 따라가서 바로 옆의 소변기에 같이 서기도 하였다.

사무실에 돌아온 잠시 후 무슨 결심이 섰는지 "갑시다. 김 차장!"하고 앞장을 선다.

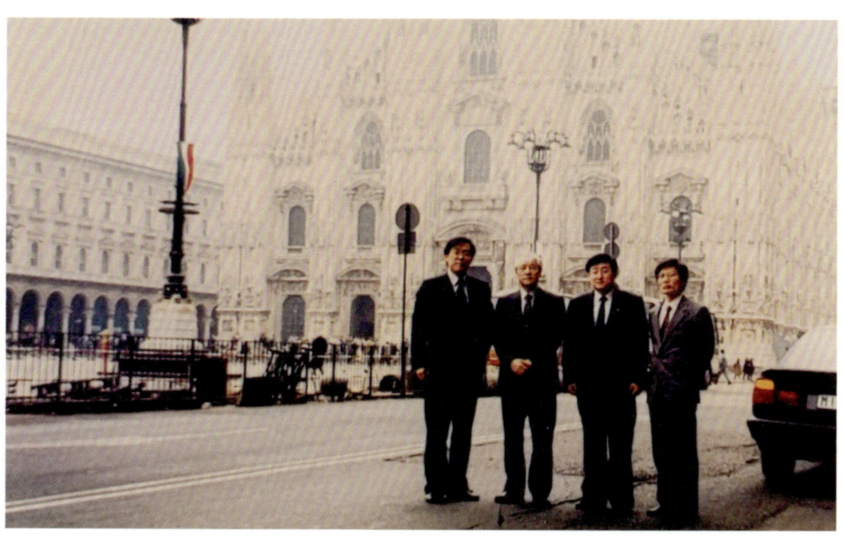
이탈리아 밀라노 출장 중에 KOTRA 현지 무역관원들과 함께

나는 행여 달아나기라도 할까 싶어 전혀 틈을 안 주고 바짝 붙어 서서 걸었다.

LA의 다운타운에는 거의 천개가 넘는 의류 도소매상이 있어 미국 전역으로 물품을 배송하기도 하고 다운타운의 빌딩 숲에는 100년도 넘은 몇십층의 낡은 건물들이 철제문 등의 보안 장치를 해놓고 창고로 쓰고 있었다.

어느 낡은 건물의 현관문을 지나 얼기설기 철제빔으로 엮어진 이중 잠금장치가 되어 있는 엘리베이터를 탔는데 그 삐걱거리는 소리와 덜컹거림은 금방이라도 바닥으로 추락할 것 같은 공포감을 주었다.

이십몇 층인가에서 내려 마주 선 정 사장 창고의 문짝은 거의 폭탄을 터뜨려야지나 파괴될 것 같은 육중한 철제문에 안쪽은 두꺼운 목재의 이중문으로 되어 있었다.
드디어 철제문과 목재문까지 열고 나서 내 앞에 펼쳐진 광경에 나는 아연실색하며 깜짝 놀라지 않을 수 없었다.

욕망의 늪 3

　　문을 열자마자 내게 보여진 광경은 넓은 공간의 여기저기 펼쳐진 재킷들 사이를 수십 명의 히스패닉 멕시칸들이 왔다 갔다 하며 무엇인가 작업을 하고 있는 것이었다. 가까이 가서 보니 가위들을 들고 백화점들의 상표를 가위질로 제거하고 있었다.

그 가위질의 작업 한 가지로 나는 모든 것을 추측할 수 있었다.
더 이상 한국에서의 수입은 끝났다는 것을 파악한 정 사장이 마지막으로 계획한 것은 거의 모든 백화점으로부터 오더를 일시에 받아 물건을 이윤이 아주 박한 백화점에 넘기지 않고 상표 제거 후 덤핑으로 일반 시장의 도매상에 단기간에 넘기고 우리 회사에 물품대금을 정산해야 하는 90일 이내에 모든 물품을 판매 처분하고 정 사장은 일시에 백만 불 이상의 현금을 쥐고 증발하는 것이었다. 정말 아연실색할 일이었다.

잠시 후 정 사장은 멕시칸 중의 관리자인 듯한 한 직원을 불러 오늘 작업은 중단하고 인부들 전원을 창고 밖으로 철수시킬 것을 명하였다.
인부들 전원이 나가자 정 사장은 출입문으로 가 내가 보는 앞에서 바깥 철제문과 안쪽의 이중 목재문을 안쪽에서 키를 돌려 모두 잠그는 것이었다.
그리고는 창고 귀퉁이의 책상에 가서 내게 의자를 권하고 자신도 책상의 가죽으로 된 회전의자에 앉았다.

그리고 나를 회유하고자 한 설명은 이미 한국에서의 비즈니스는 끝났고 자신으로서는 이것이 자기 인생을 건 위험한 도박인 줄 알지만 이 길을 선택했다. 근데 김 차장이 모든 걸 알게 되었고 자신으로서는 김 차장이 어떻게 해서든 자신을 이해하고 돕게 할 수밖에 없다는 것이었다.

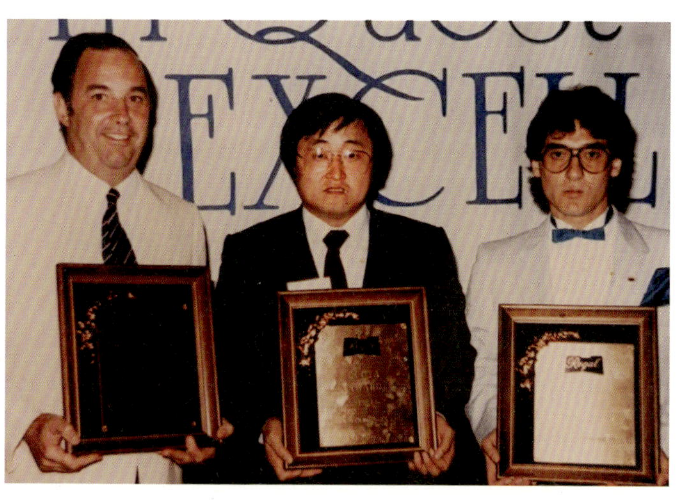

미국 올란도에서 개최된 해외거래업체의 컨벤션 행사에서 공로패를 수상하고

그리고 LA에서는 많은 사람들이 호신용으로 총기를 가지고 있다면서 책상 서랍을 열었다 닫았다 하며 보일 듯 말 듯이 자신이 총을 갖고 있음을 넌지시 내게 알려 주는 것이었다.

그리고 그냥 모르는 척 눈감고 자신을 도와준다면 20만 불의 현금과 미국 영주권을 내주겠다는 것이었다.

자신의 회사에 고용하여 일정 기간 세금 보고를 하면서 영주권 수속을 하면 백 퍼센트 영주권이 나온다는 것이었다.

지금 하는 무역 비즈니스 외에 영주권 발급을 전제로 적지 않은 금액의 수수료를 받으며 여러 사람을 해결했다는 것이었다.

말하는 동안에 내 눈에 비쳐진 정 사장의 눈빛은 결기에 차 있었고 단순한 협박만은 아님을 쉽게 알 수 있었다.

김 차장 때문에 손에 들어온 백만 불을 놓칠 것이냐 아니냐의 아주 중요한 기로에 자신이 서 있음을 분명하게 인지하는 듯한 거의 살기에 가까운 비장한 눈빛이었다.

욕망의 늪 4

　　결연한 정 사장의 눈빛을 바라보며 나는 머리가 쭈뼛해지는 위기감을 느끼면서 잠깐 사이에 많은 생각을 해야 했다. 무엇보다도 중요한 것은 지금 정 사장의 입장에서는 막다른 골목에 처해 있기 때문에 어떤 일이라도 저지를 수 있는 상황이라는 것과 절대로 정 사장을 자극해서는 안 되겠다는 생각이었다. 그리고 정 사장이 사무실에서 안절부절못하다가 결국 나를 이 창고로 순순히 안내한 이유를 이해할 수 있었다. 정 사장의 생각으로는 공갈 협박과 함께 나를 회유할 수 있을 것이라고 생각했으며 아니라 하더라도 최후의 수단으로 총소리가 나더라도 어디서 난 소리인지 알기도 힘든 인적이 없는 이 낡은 건물의 수많은 창고 중 하나인 이 외진 창고에서 감쪽같이 나를 제거하면 모든 것이 자신이 뜻하는 대로 이루어지리라 생각했던 것이었다.

정말 입안에 침이 마르고 바짝 긴장이 되기도 하였지만 내가 너무 위축될 경우 정 사장의 액션은 더욱더 거칠어질 수도 있다는 생각에 일단 나는 자연스럽게 정 사장의 회유에 넘어가는 듯한 태도를 취하기로 작정하고 정 사장의 회유책에 대하여 세부적으로 묻기도 하고 또 그 보상을 어떻게 보장을 하겠냐는 등 진지하게 고민하는 듯한 모습을 보였다.

시간이 지나면서 내가 거의 자기의 회유에 설득이 되었다고 생각한 정 사장은 이후의 자신의 계획을 상세히 보충 설명하기 시작했다.

이번에 챙긴 돈으로 새로운 법인을 설립하여 중국에 임가공 하청공장을 직접 운영할 생각이었고 한국과는 전혀 무관하게 사업을 진행할 계획이었다고…

거기에다가 한술 더 떠 내게 제안하는 이야기는 김 차장 같은 경력의 사람이 그렇잖아도 필요했다며 둘이 함께한다면 정말 큰돈을 벌 수 있다는 것이었다. 영주권과 미국 초기 정착금으로서는 적지 않은 20만 불의 현금이 나로서도 월급쟁이보다는 당연히 구미당기는 제안이라는 식의 반응이 그를 많이 안심시킨 것 같았다. 상당 시간이 흘러 얘기가 무르익어 정 사장이 나에 대한 경계심을 완전히 풀었다고 생각될 쯤에 나는 이제 회사 출근 시간이 지났는데 회사에 연락 좀 하겠으니 전화 좀 쓰자고 부탁을 하였다. 당시에는 핸드폰이 없이 삐삐를 상용할 때이었다. 정 사장은 별 의심 없이 내게 책상의 전화기를 넘겨주었고 나는 회사와 통화 연결이 되자마자 우선 나의 소재지와 현재상황을 신속하고 간략하게 설명하고 직원들의 출동을 요청했다.

일단 나의 소재지가 밝혀지고 나면 나에 대한 가해를 할 수 없을 것이라고 판단했기 때문이다. 아차 하고 새파랗게 질린 정 사장을 혹시나 갑작스러운 돌발 행동을 하지 않을까 하는 경계심으로 뚫어지게 바라보면서 나는 통화를 끝냈고 정 사장 서랍 속의 총은 무용지물이 되었다.

얼마 뒤에 직원들이 도착하여 현장을 수습하고 이후 대책을 논의하기 위하여 우리는 정 사장을 연행하듯이 우리 회사의 사무실로 데려와 대책 회의를 하였다. 정 사장은 사기죄로 징역형이 가능하였으나 사후 수습을 위하여 우리는 그를 활용하기로 하였고 종합상사 협의회에 불량거래업체 리스트에 사건 세부 내용과 함께 공지함으로써 이후 여타 종합상사가 정 사장으로 인해 또 다른 피해 사례가 없도록 조치하였다.

오랜 세월이 지난 요즈음 이 일을 다시 회고해보면 욕망의 늪에 빠진 정 사장이 자신의 기준으로 나까지도 그 욕망의 늪에 순순히 빠져들어 오리라고 생각했던 참으로 황당무계한 일이었다는 생각이다.

참 위험하고 긴장되는 순간에 급하게 판단하고 내린 결정이기는 하였지만 매사 자기 분수를 알고 정도대로 살고자 하는 것이 행복하게 살고 싶은 우리네 인생의 중요한 비결임을 일깨워 준 일이라 생각한다.

짧고 유한한 인생!

욕망의 늪에 사로잡혀 자제하지 못하면 자신의 인생이 지옥이 되지만

마음 내려 놓고 허허거리며 자족하고 살면 그게 바로 낙원이요 천국인 것을…

Epilogue

육 개월 전쯤입니다.
한국의 나비 작가 여동생에게서 전화가 왔습니다.

"오빠! 이제 오빠도 칠순이 되네. IMF 직후 오빠 사십 대 중반에 이민을 간다
고 가족들 모두가 공항에 나가 안타까워하며 전송하던 일이 엊그제 같은데
그게 벌써 20년이 훨씬 넘었네. 세월이 정말 빨라도 너무 빠른 것 같아.
그 사이에 아버님 어머님도 떠나시고…

내 생각인데 그동안 오빠가 쓴 글을 정리해서 칠순을 기념하는 의미로 책을
한번 내보는 건 어떨까?

오빠가 책을 내면 중간 중간에 내 나비 그림을 삽화로 넣으면서 남매 간의 글
과 그림을 콜라보레이션으로 편집을 해보는 것도 의미가 있을 것 같고 칠순
기념으로 오랜만에 한국을 다녀가면서 책 출간도 하고 오빠 친구들도 만나보
고…
책 출간은 내가 도와줄게."

그러잖아도 지난 세월 동생에게 지은 마음의 빚이 많아 항상 미안한 마음이
있는데 제 인생을 마무리하는 시기에 또 큰 빚을 집니다.

그렇게 시작하여 그동안 동기들에게 내보였던 글들을 정리하여 제가 찍은 사

진들과 함께 한 권의 책을 만들어 보았습니다.

일상 중의 저의 소회를 산문처럼 쓰면서 조금 긴 글은 수필이고 짧은 글들은 시를 쓰고 싶은 저의 마음을 담아 시처럼 쓰는 수필! 시수필이라고 혼자서 생각해 보았습니다.
"내 마음의 시수필"이라고…

제 생애 처음 쓰는 책의 편집을 마치면서 지금까지 동기 방에서 함께 어울리며 성원해 주신 동기들과 토론토 중앙일보사의 미쉘 양 대표님 그리고 제 아내와 목사님이신 큰 여동생과 나비 그림을 그리는 막내 여동생,
모두에게 감사의 말씀을 전하며 여러 가지로 부족한 글을 끝까지 읽어주심에 다시 한번 감사드린다는 말씀을 올립니다.

모두들 내내 건강하시기를 빕니다.

캐나다 트렌튼에서 김병년 올림

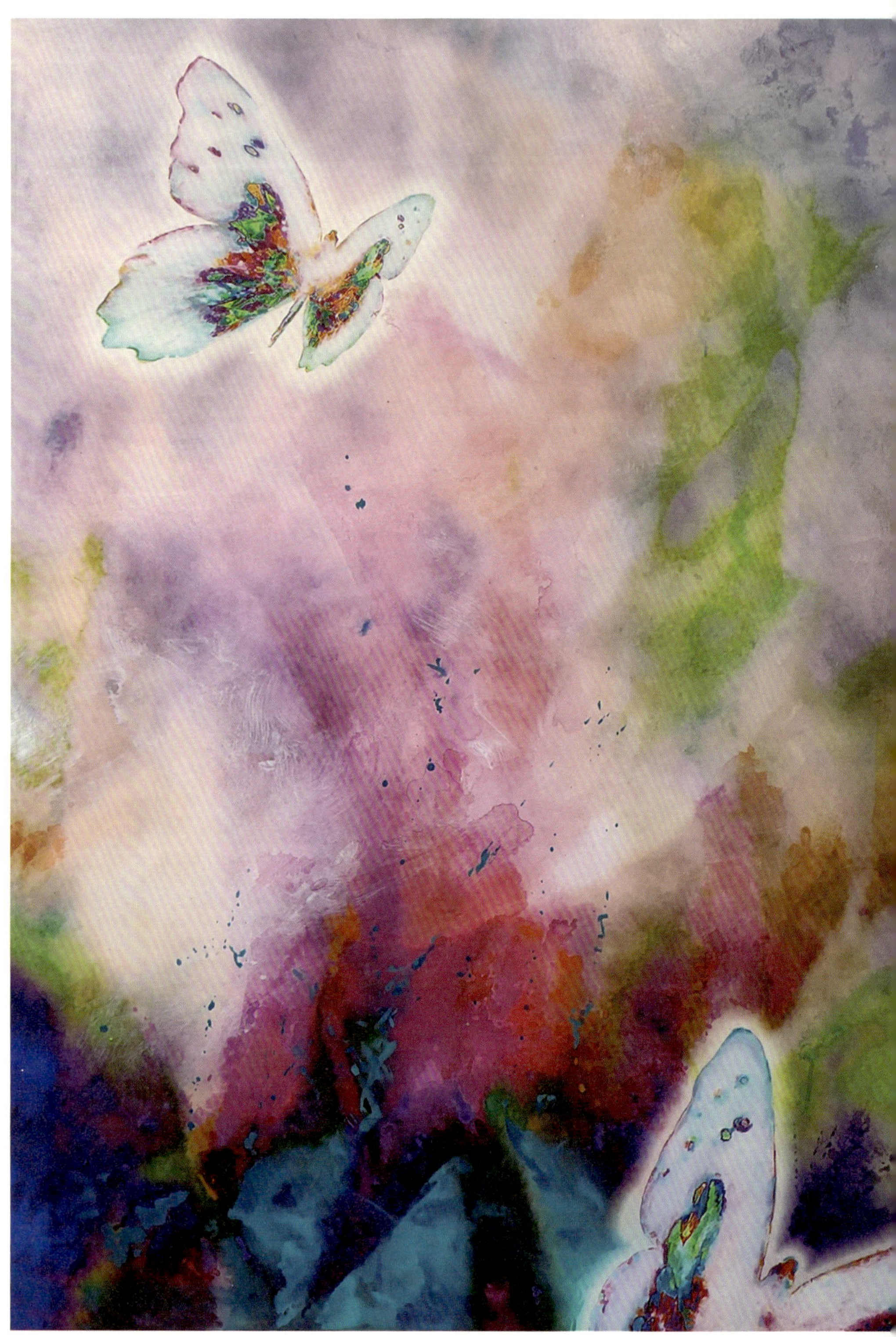

Propose 2407_Acrylic on canvas_80x117cm_2024

눈물꽃에서 피어난 힐링나비

'빛의 나비'를 모티프로 20년째 동행해 왔습니다.
저에게 나비는 현실을 극복하고 싶은, 삶에 대한 열망이자
한 줄기 빛과 같은 희망의 상징입니다.
그래서 나비를 빛나는 색으로 표현하고자 했습니다.

Navikim이라는 작가명은
내 안의 빛을 찾아 항해하는 'Navigator(항해자)',
히브리어의 'Navi(선지자)'라는 뜻을 담고 있습니다.
그 희망의 빛은 멀리 있는 것이 아니라
바로 내 안에 있음을 깨닫게 되었습니다.

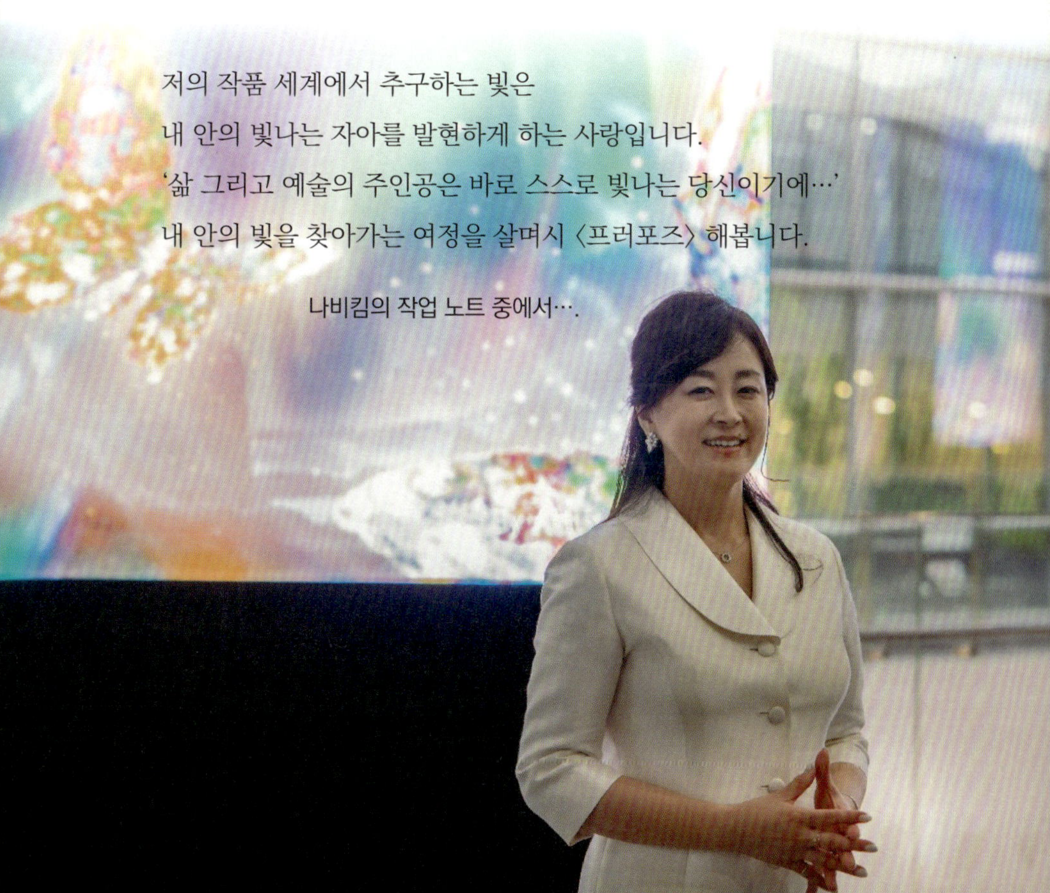

저의 작품 세계에서 추구하는 빛은
내 안의 빛나는 자아를 발현하게 하는 사랑입니다.
'삶 그리고 예술의 주인공은 바로 스스로 빛나는 당신이기에…'
내 안의 빛을 찾아가는 여정을 살며시 〈프러포즈〉 해봅니다.

나비킴의 작업 노트 중에서….

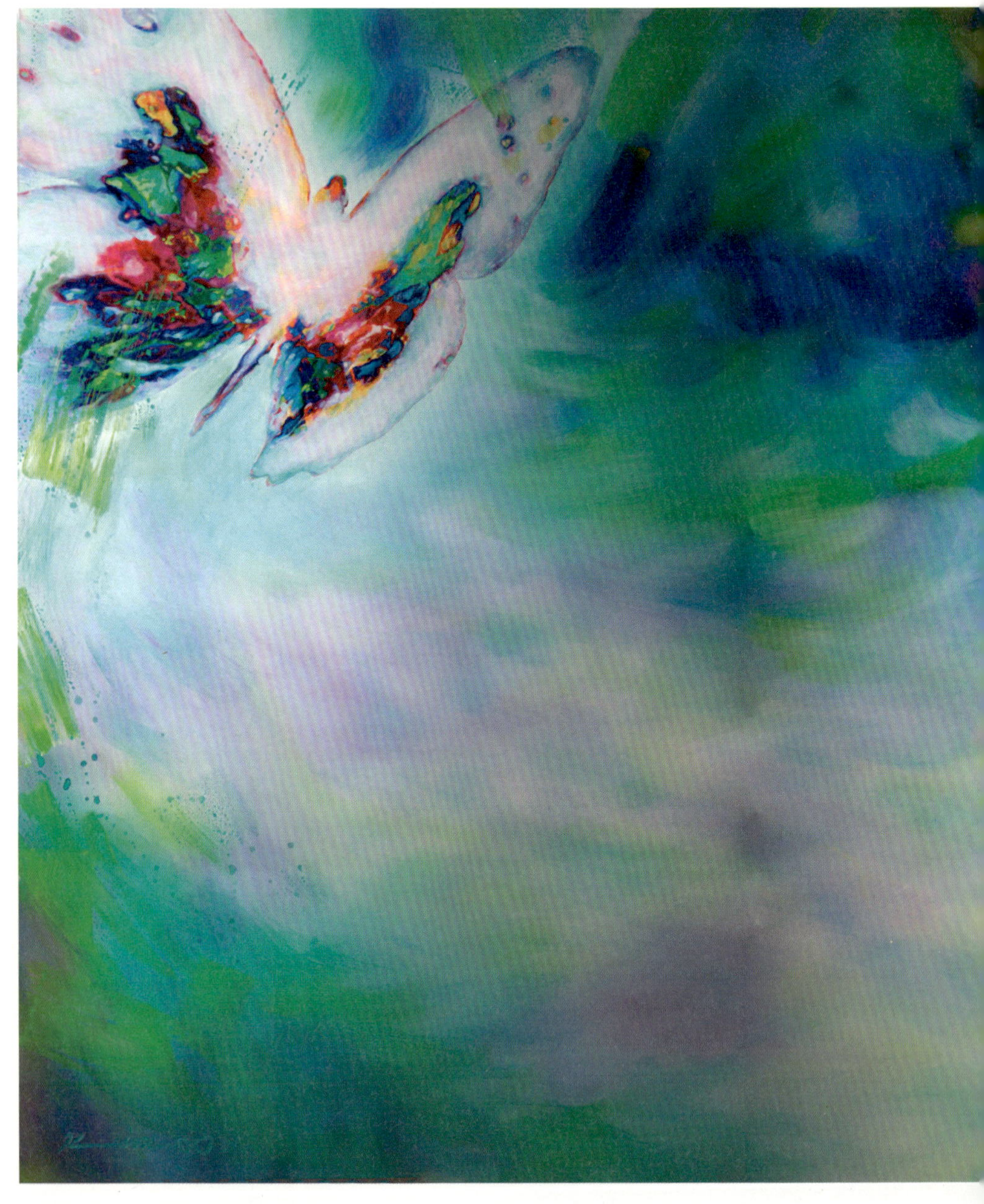

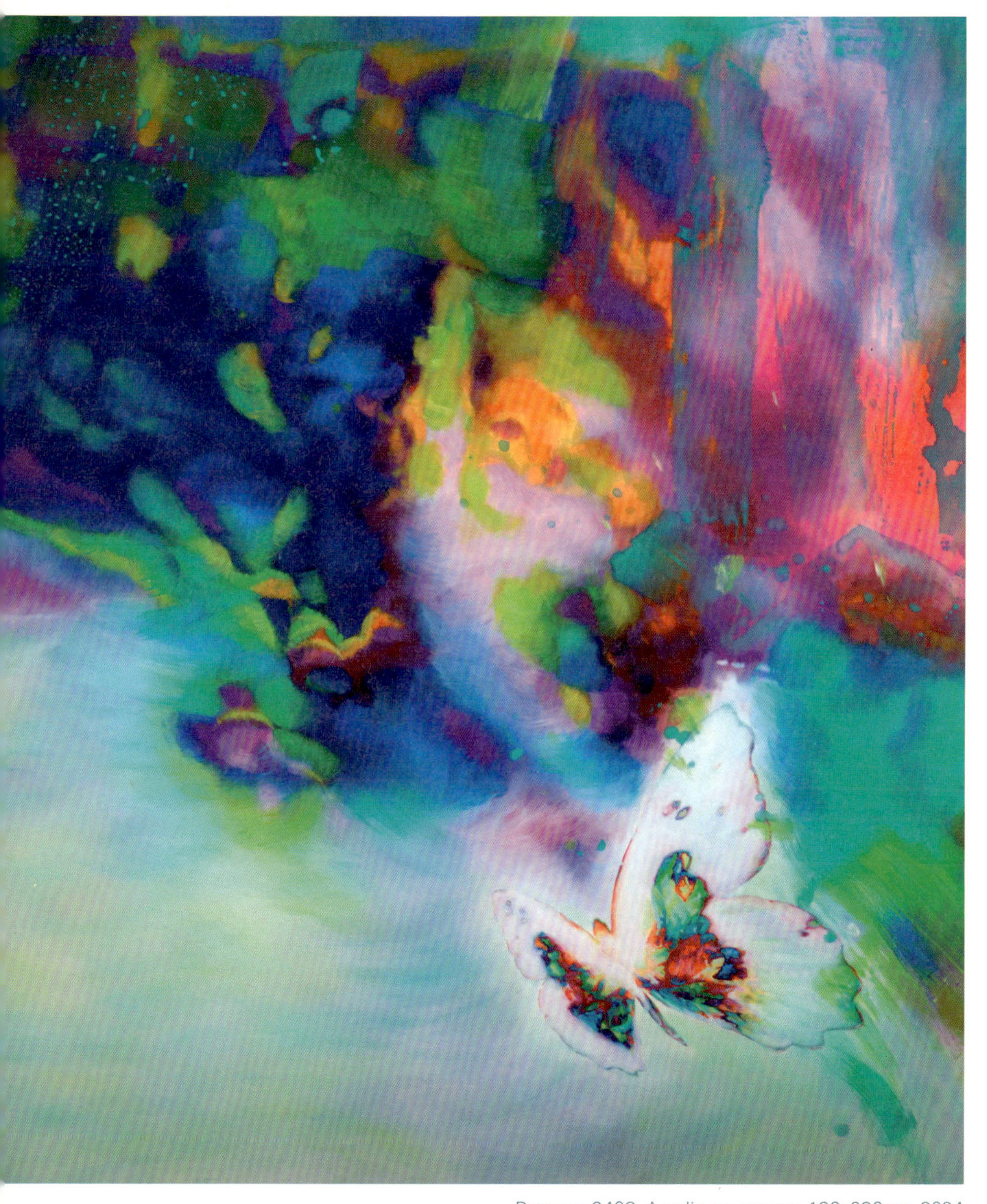

Propose 2408_Acrylic on canvas_130x230cm_2024

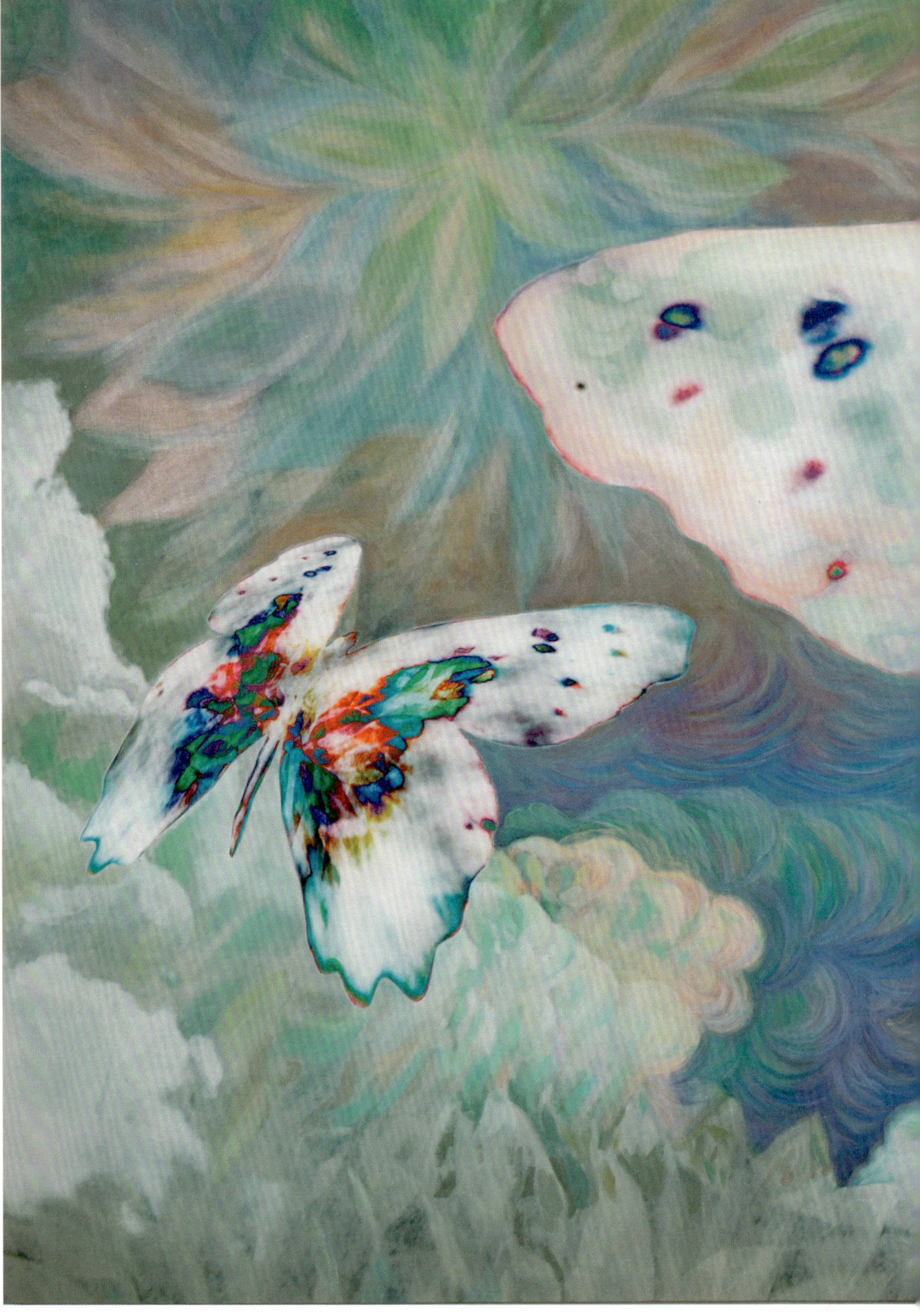

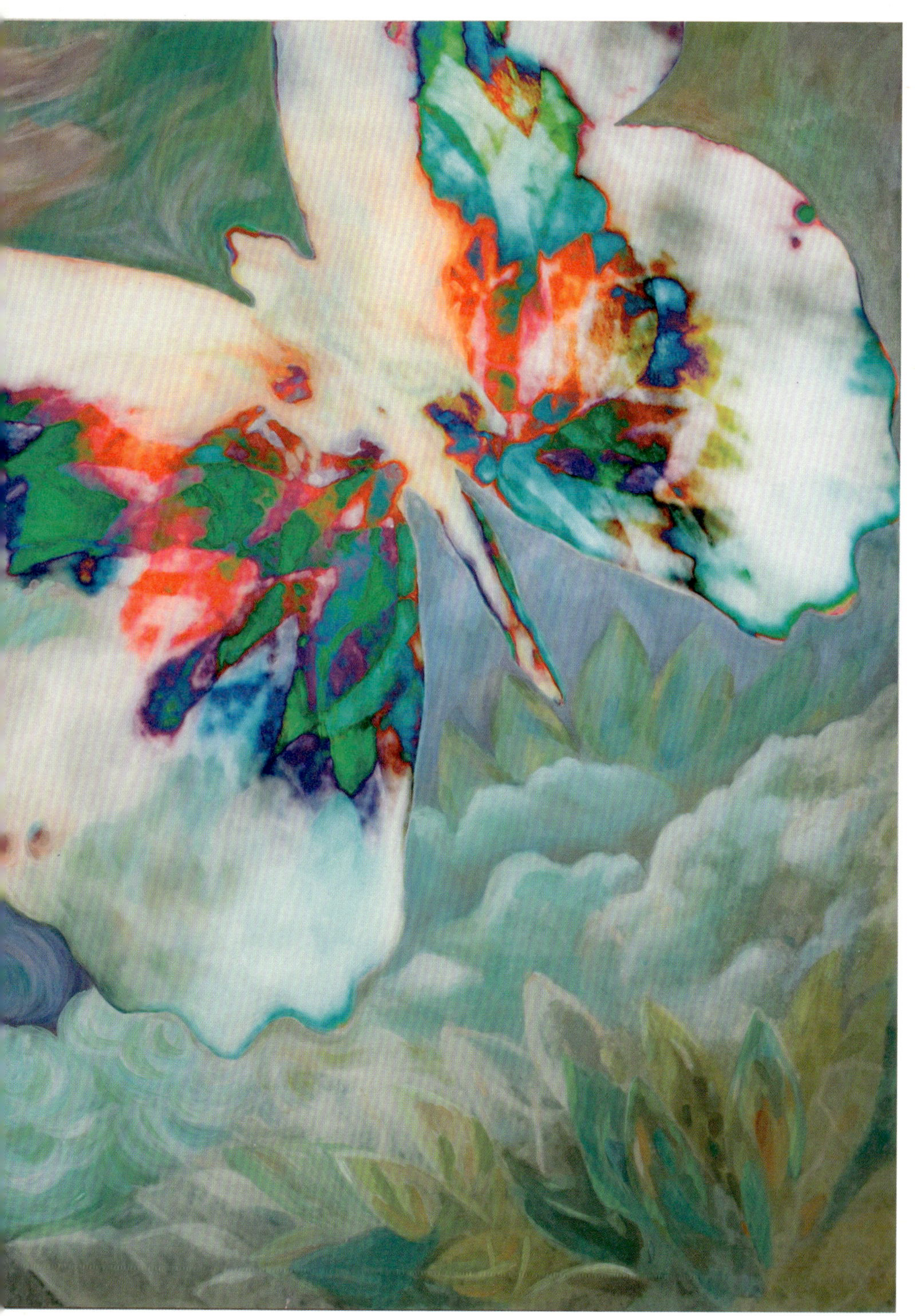

Rebirth 015028_mixed media on canvas_194x131㎝_2015

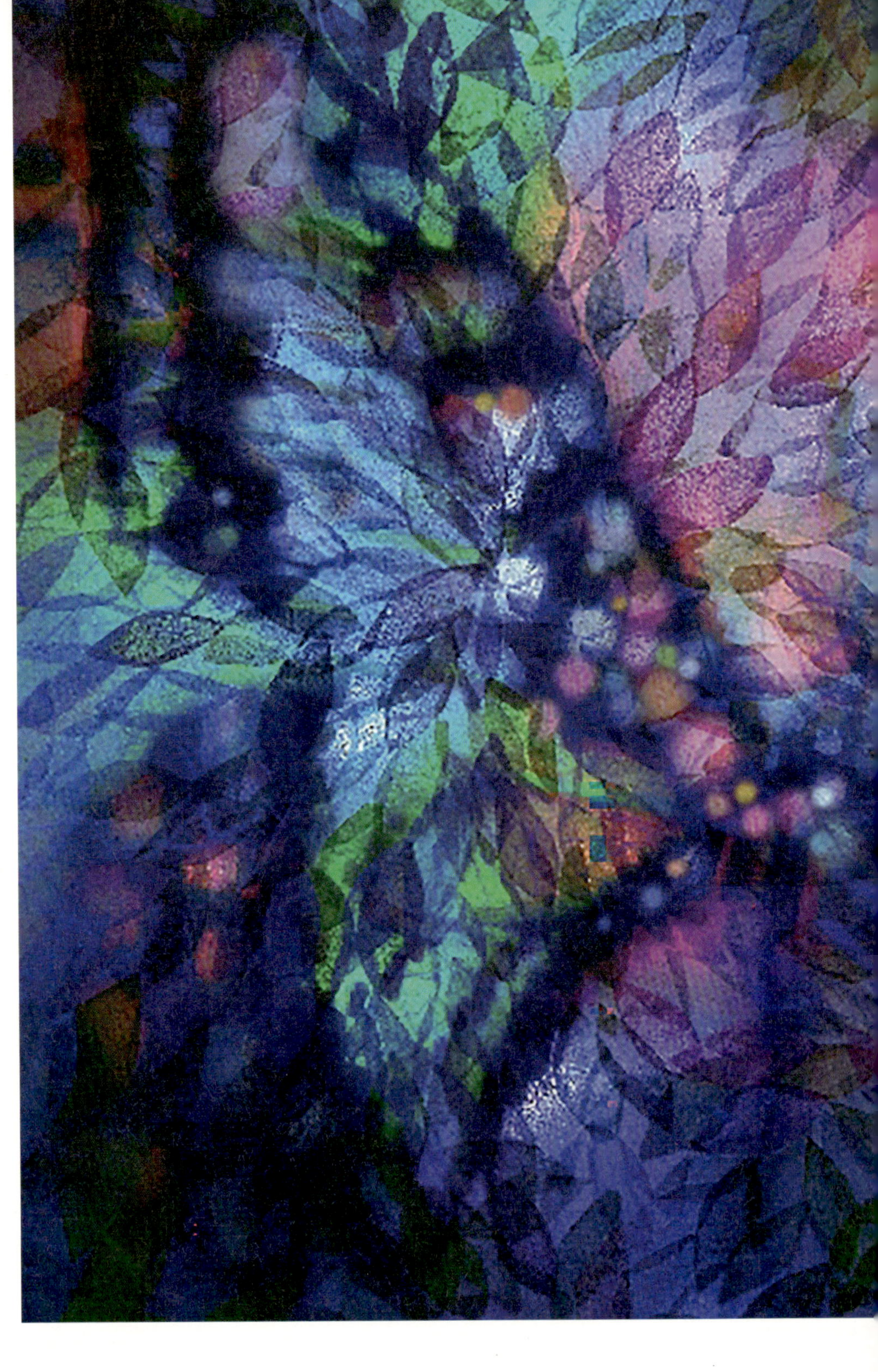

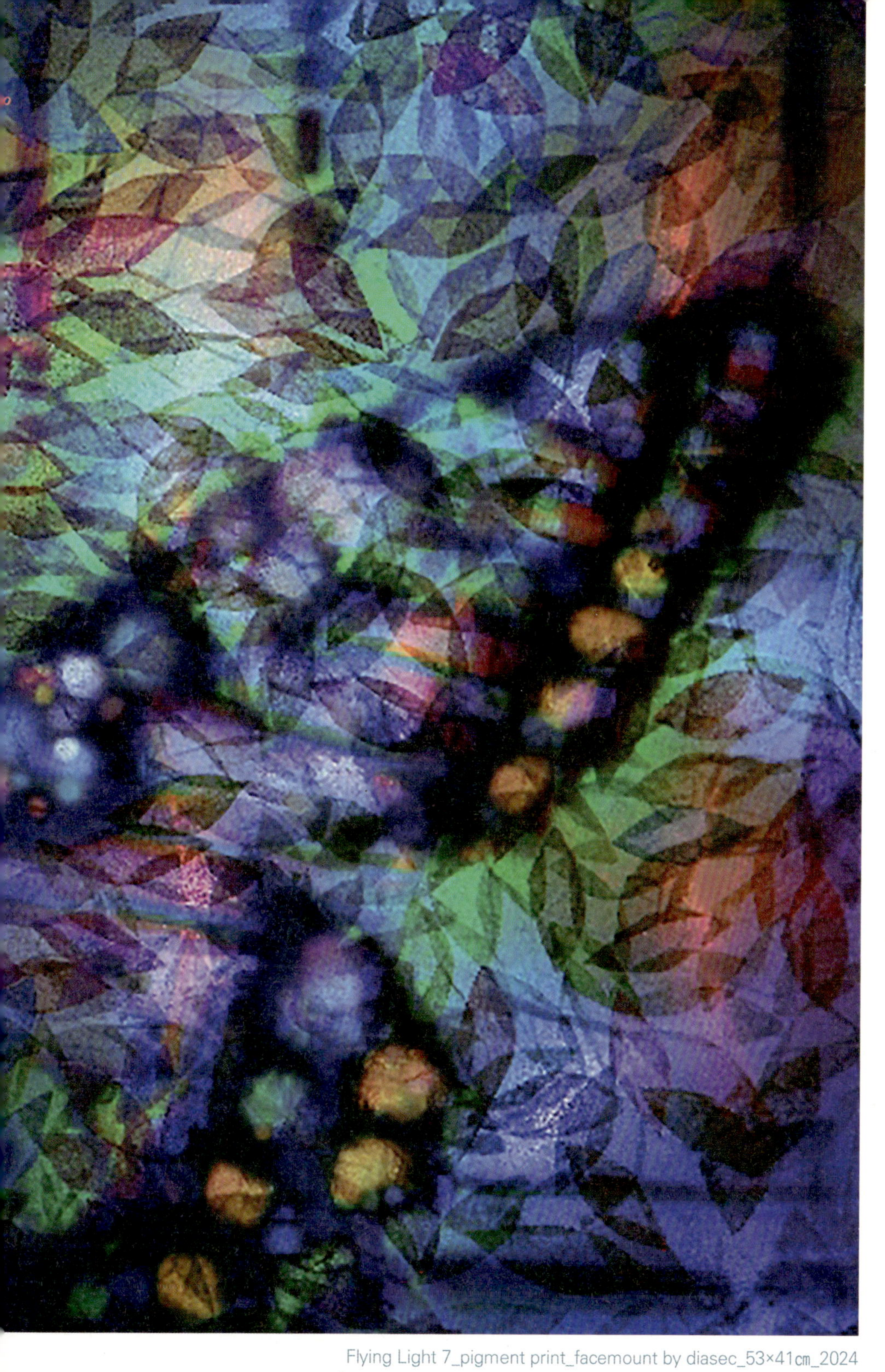

Flying Light 7_pigment print_facemount by diasec_53×41㎝_2024

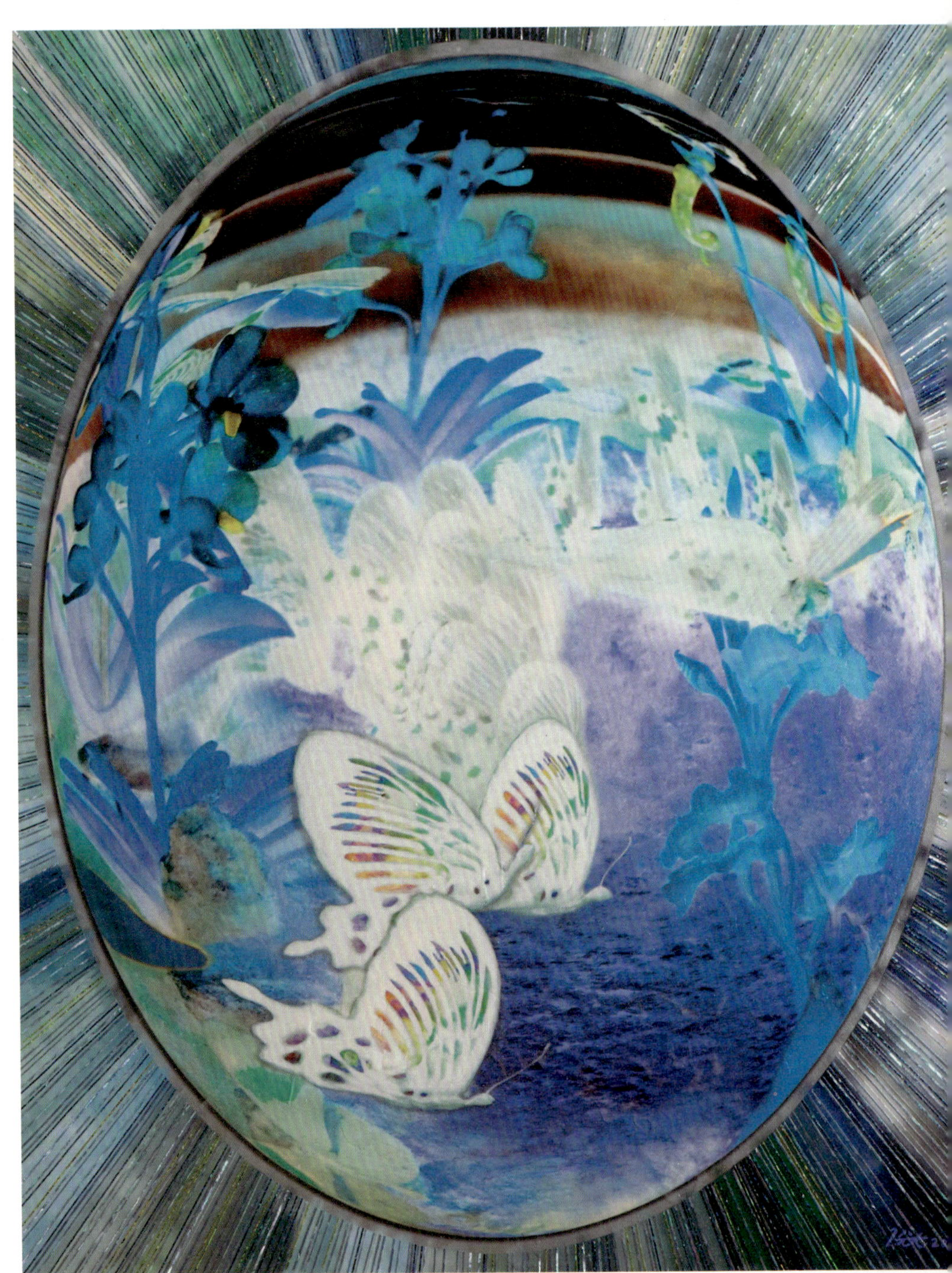

Zero 5_mixed media on fine art paper_122x159cm_2015

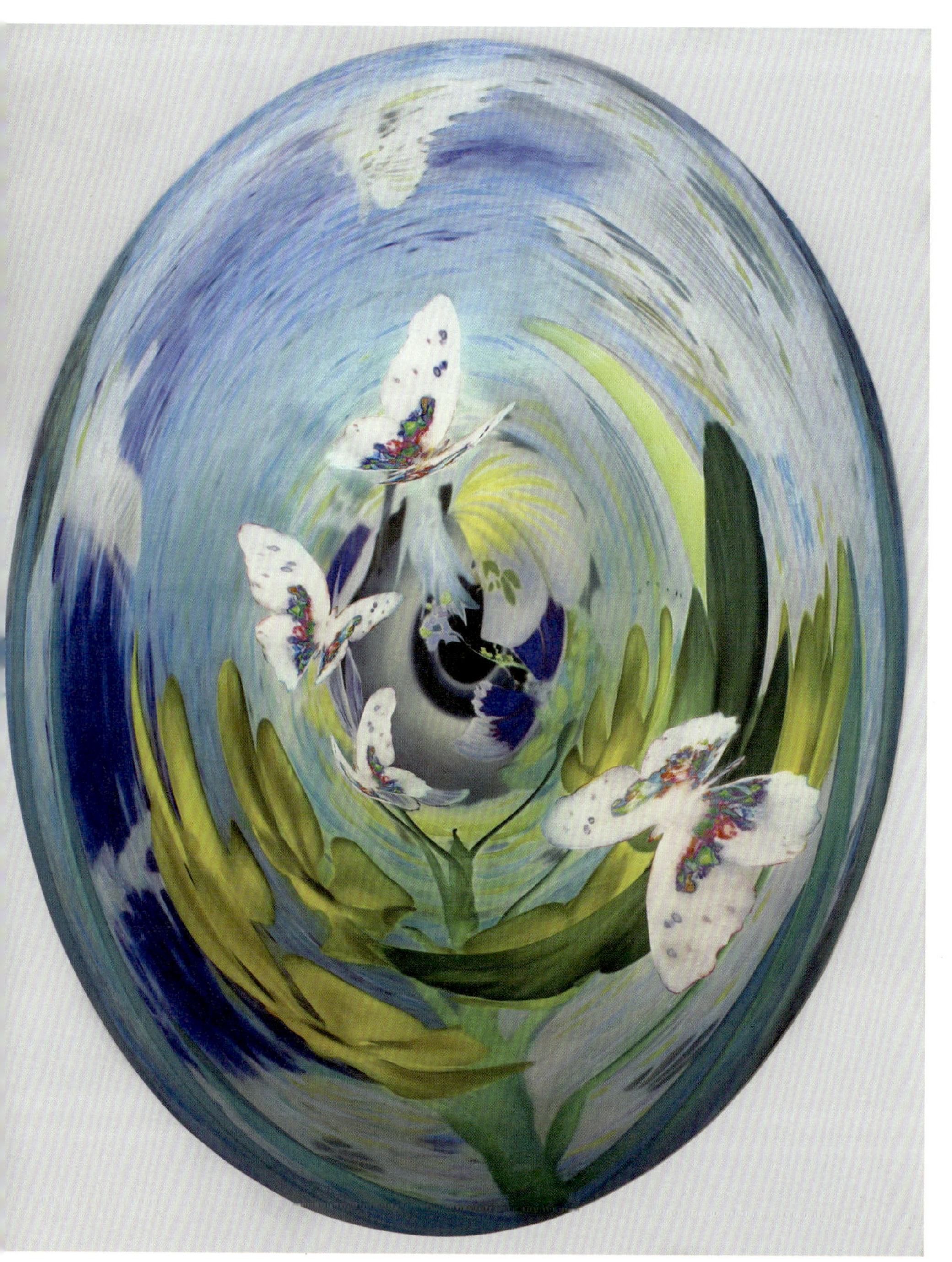

Rebirth 016038_mixed media on canvas_97x130cm_2013

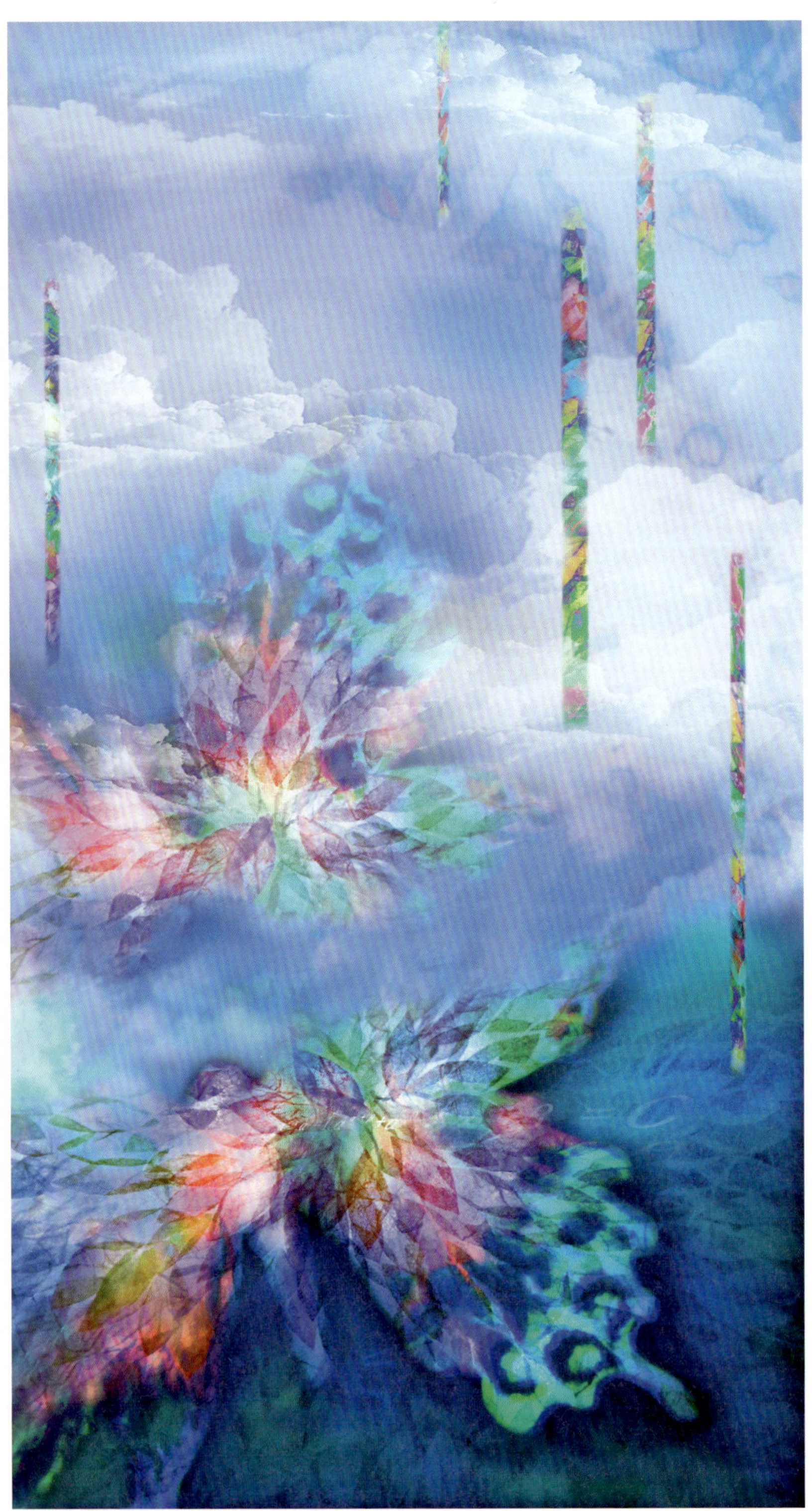

Infinity 9_pigment print_2018

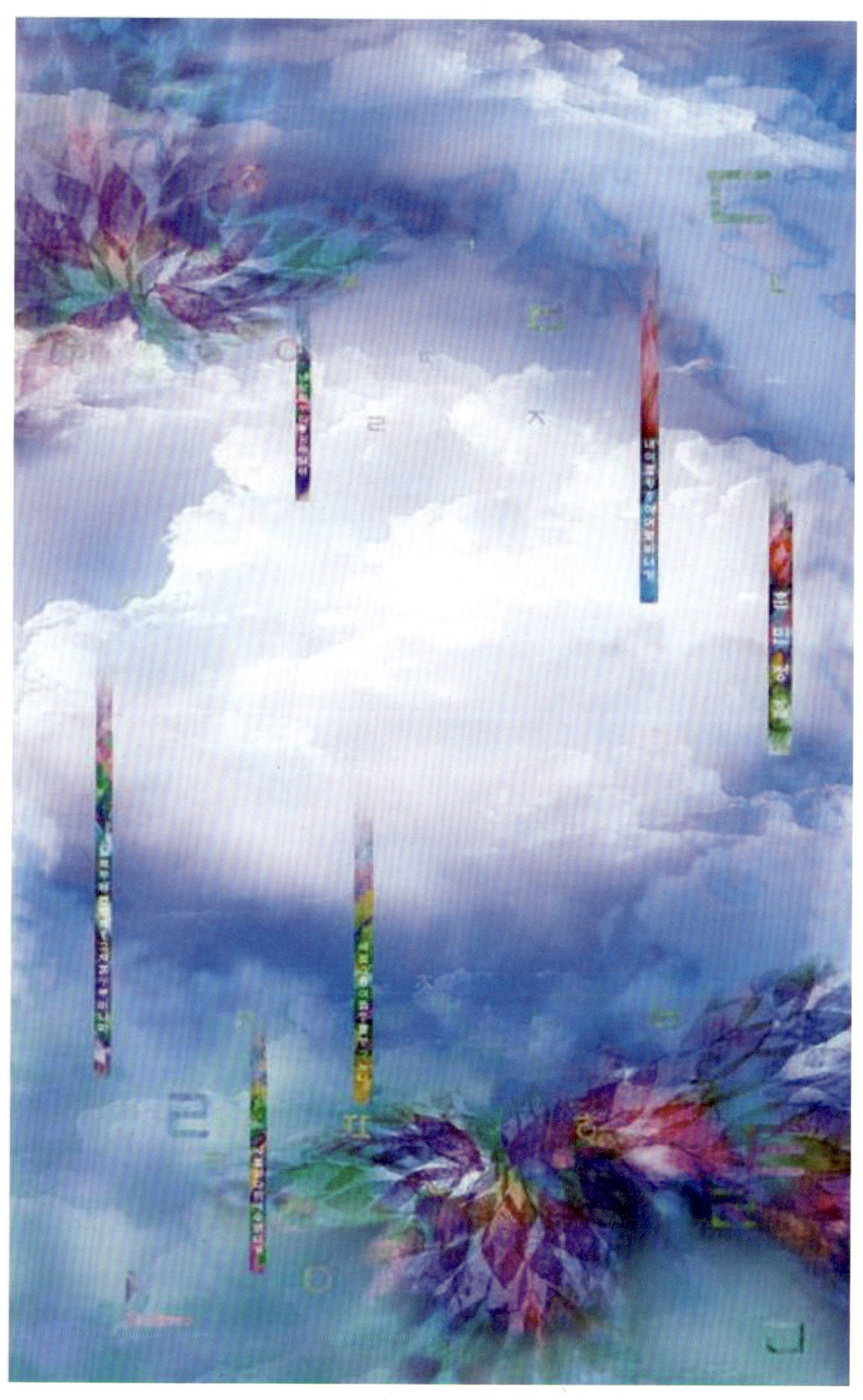

Sky blue light in Korean_pigment print_2019

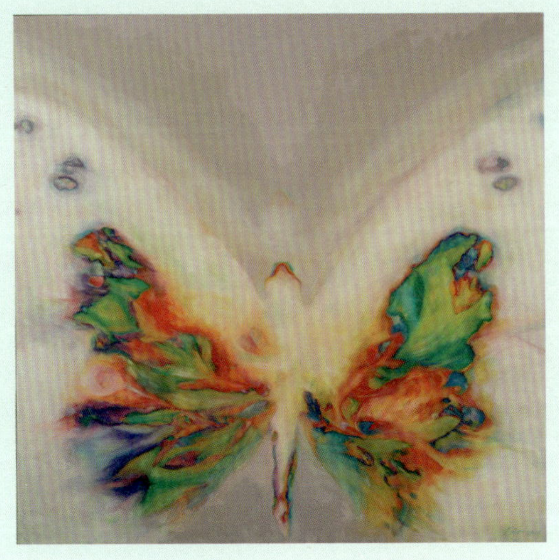

Rebirth 016068
oil on canvas
140x140cm_2016

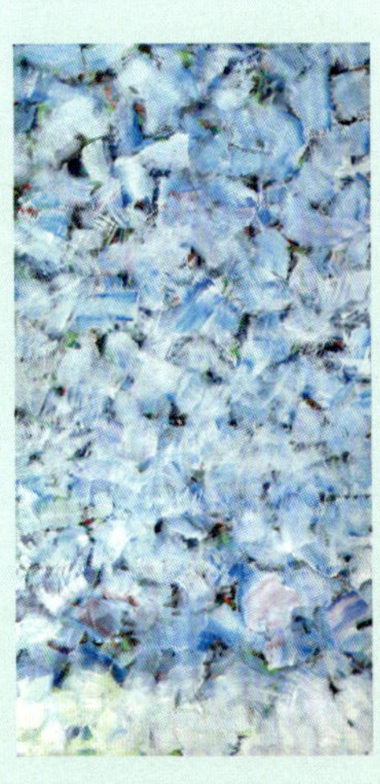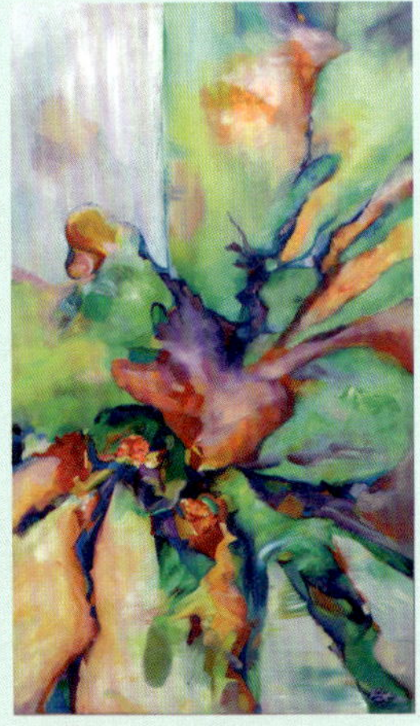

The light inside me 022018
Acrylic on canvas
120x240cm_2022

Rebirth 016078
oil on canvas
100x170cm_2016

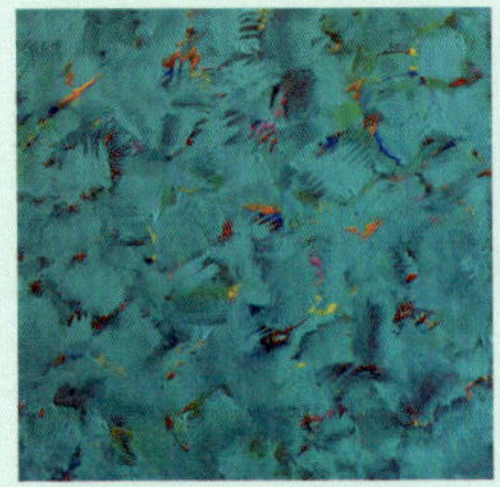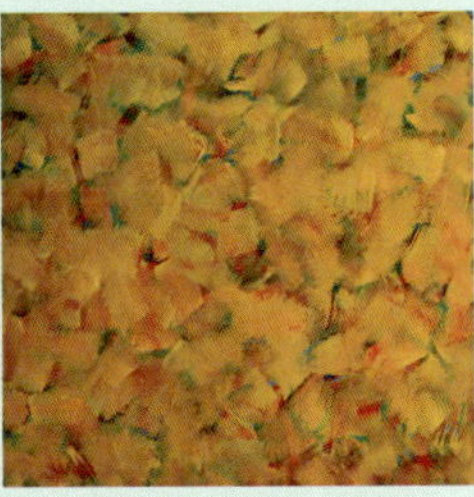

The light inside me 022168
Acrylic on canvas
61x61cm_2022

The light inside me 022058
Acrylic on canvas
91x91cm_2022

Rebirth of Heart 2402
Acrylic on canvas
65x53cm_2024

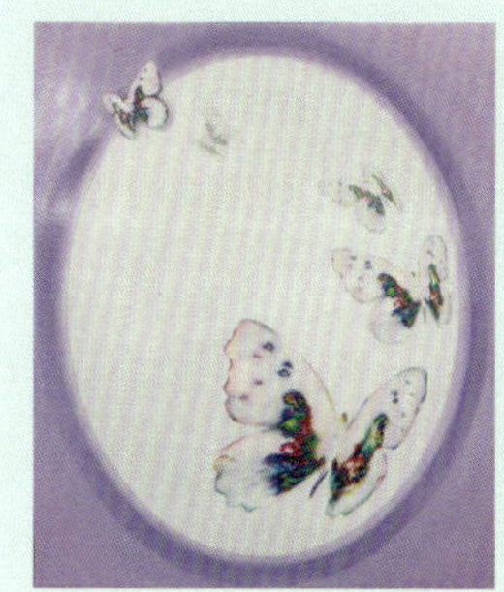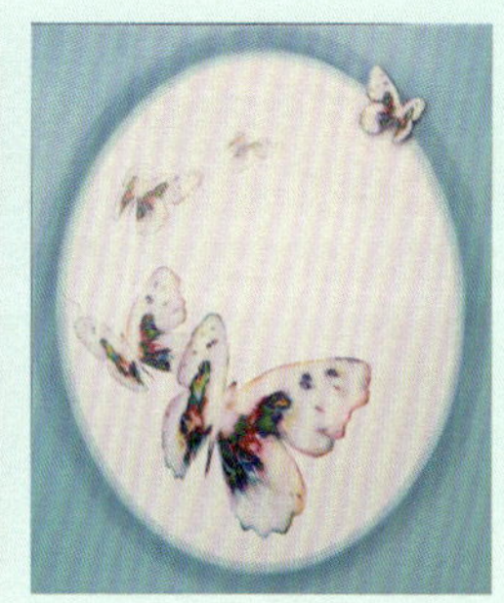

Rebirth of Heart 2401
Acrylic on canvas
65x53cm_2024

Propose–The light of the sky
pigment print,
facemount by diasec
73x46cm_2024

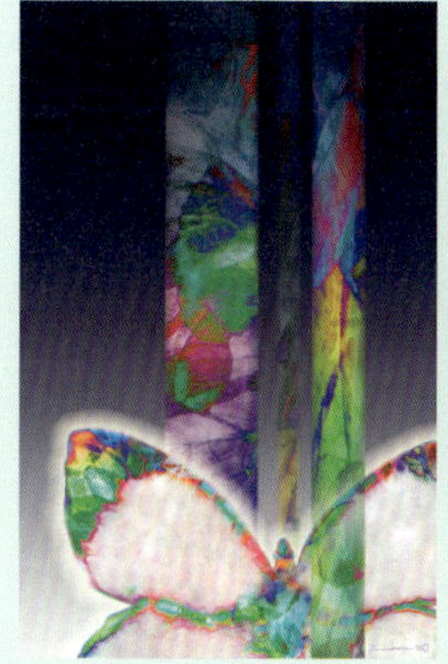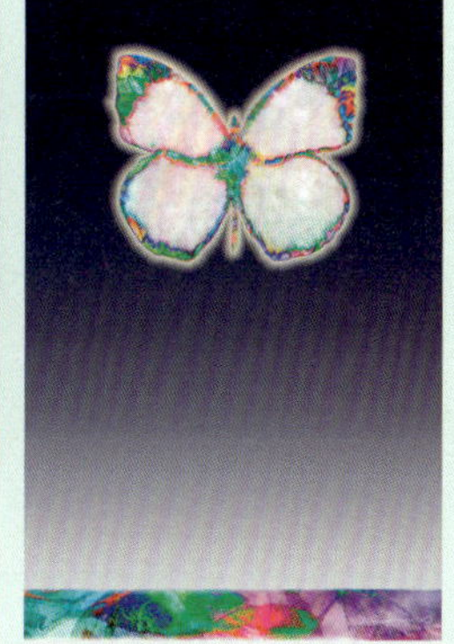

Propose–The light on the earth
pigment print,
facemount by diasec
73x46cm, 2024

Infinity Ray 021128
pigment print,
facemount by diasec
190×110cm_2021

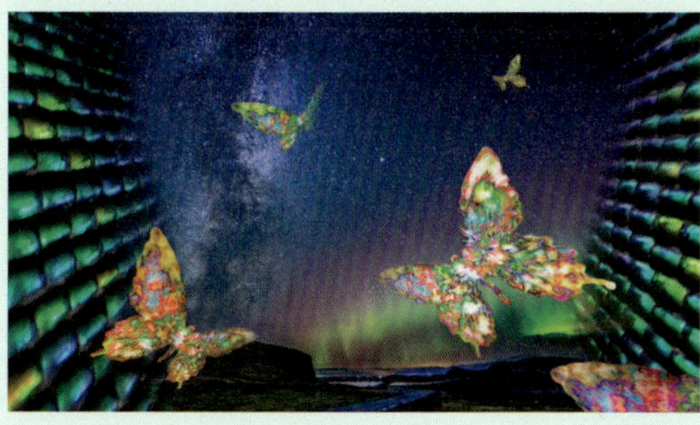

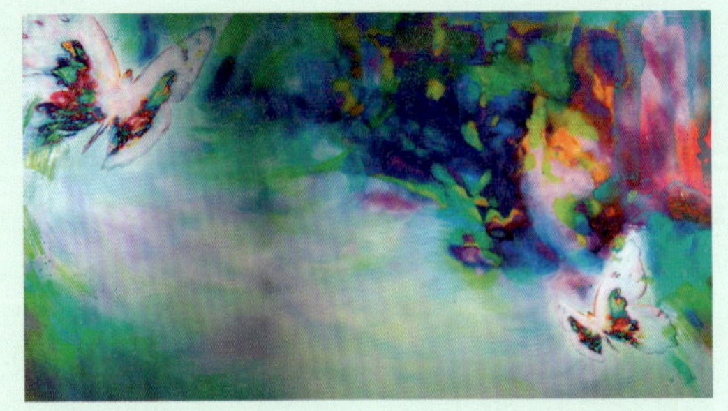

Propose 2408
Acrylic on canvas
130x230cm_2024

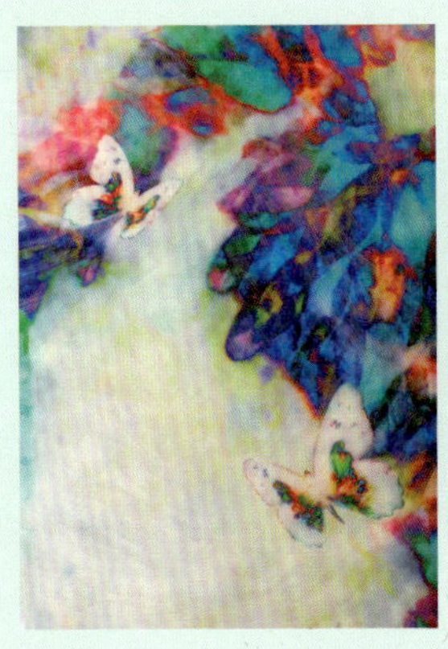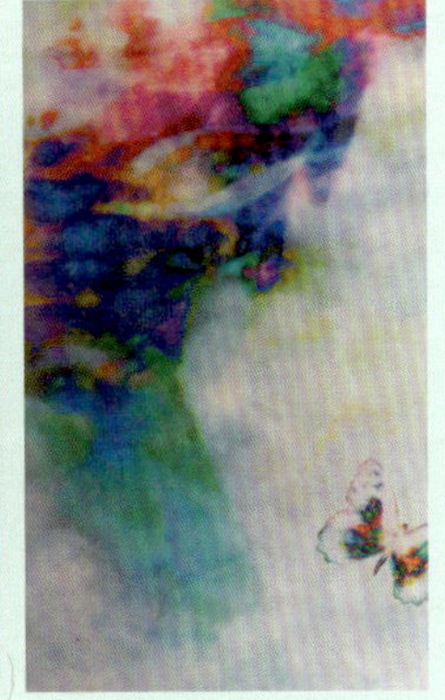

I see you
mixed media on canvas
61x91cm_2022

Time after time
mixed media on canvas
67x117_2022

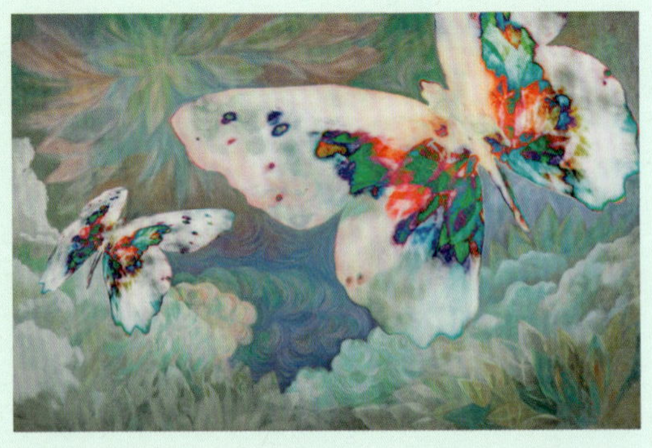

Rebirth 015028
mixed media on canvas
194x131cm_2015

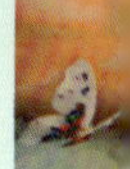

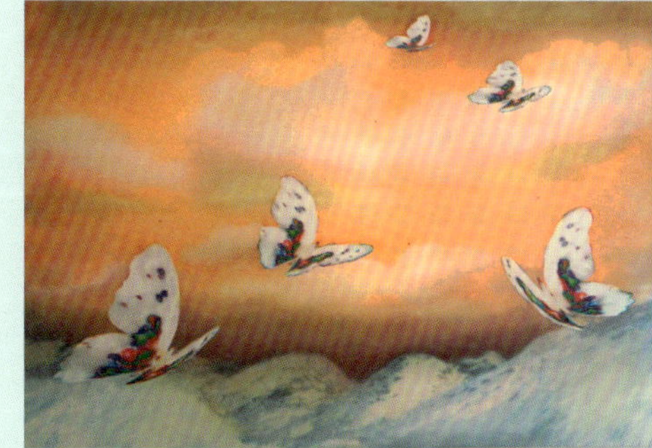

Rebirth 013028
mixed media on canvas
160×115cm_2013

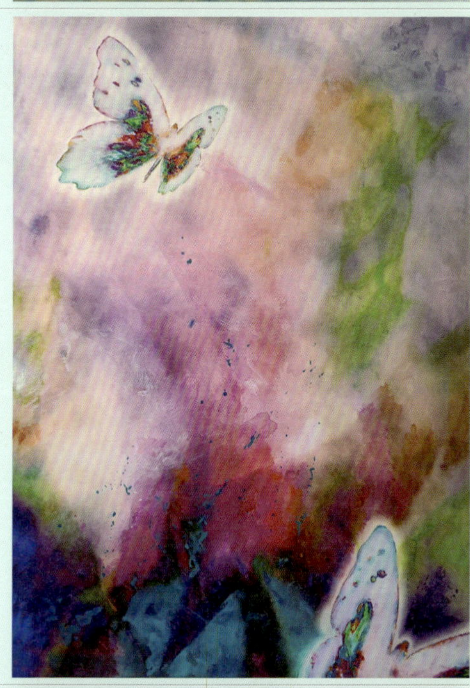

Propose 2407
Acrylic on canvas
80x117cm_2024

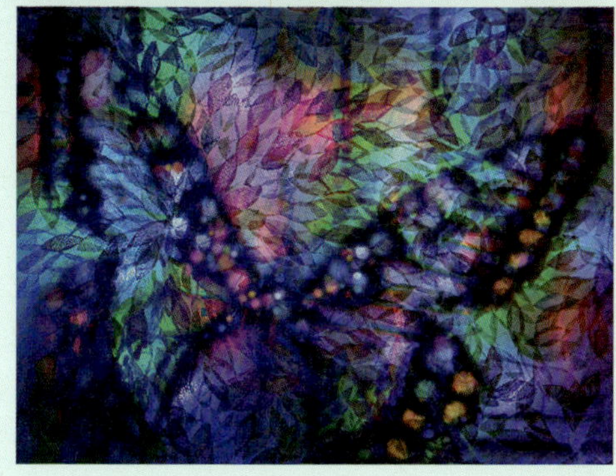

Flying Light 7
pigment print,
facemount by diasec
53×41cm_2024

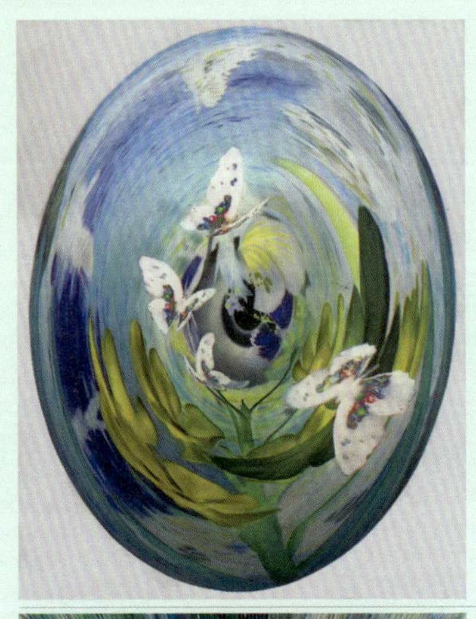

Rebirth 016038
mixed media on canvas
97x130cm_2013

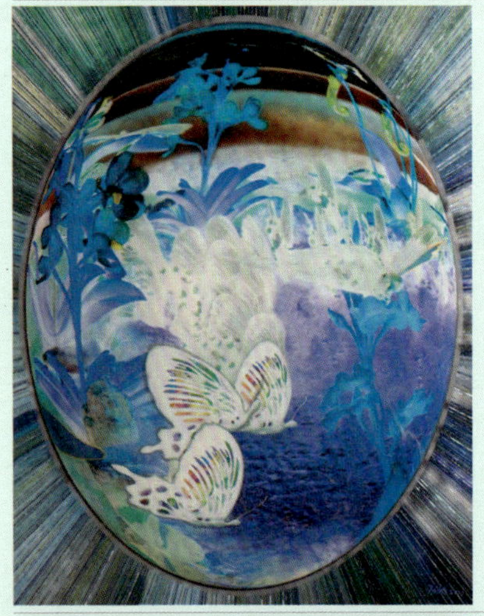

Zero 5
mixed media on fine art paper
122x159cm_2015

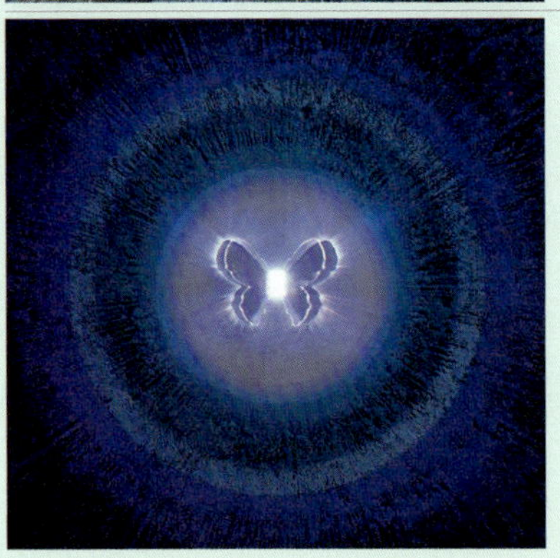

Interstellar 2406
mixed media on canvas
60x60cm_2024

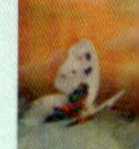

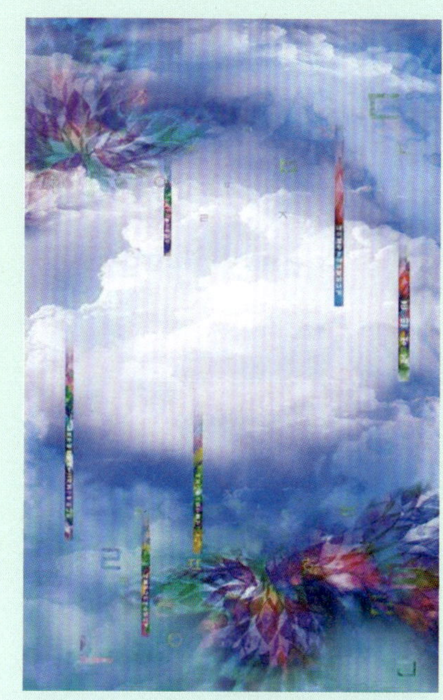

Sky blue light in Korean
pigment print
2019

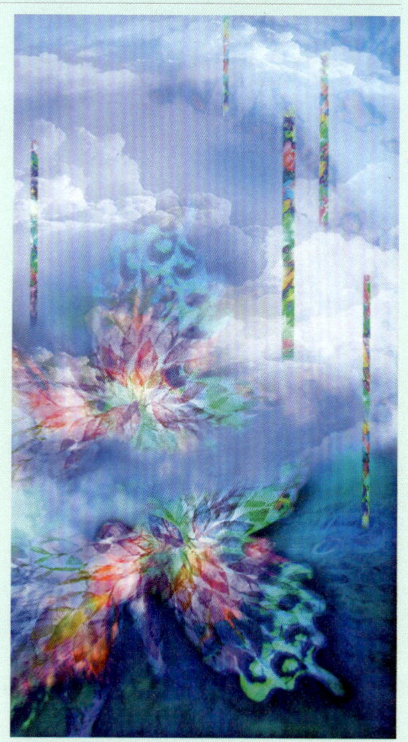

Infinity 9
pigment print
2018

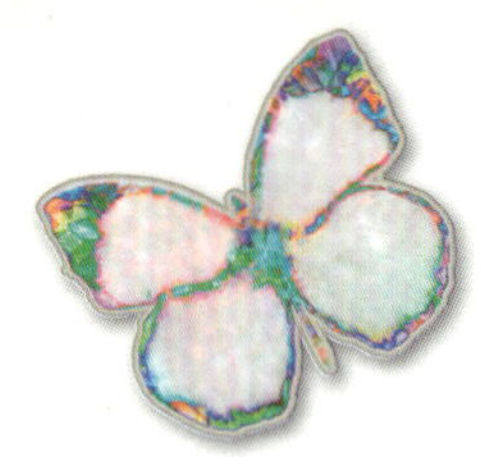

내가 사는
캐나다 트렌튼에서는

2판1쇄   2024년 10월 25일

글쓴이   김병년
그 림   김현정

발행인   박상현
발행처   도서출판 **열린북스**

주 소   서울특별시 서대문구 홍제내2바길 22
전 화   02) 6204-2226
팩 스   0505-116-2226
메 일   bussyfree@naver.com
도서주문   010-7722-2226

디자인   Openbooks Design
제 작   삼일인쇄

등록번호   제25100-2016-000047호
등록일자   2016. 6.16

ISBN   979-11-89338-16-9 03810

© 김병년, Ⓙ 토론토 중앙일보 출판부 2024